基于产出导向的工程教育理论与实践

华尔天 计伟荣 吴向明 著

科学出版社
北京

内 容 简 介

随着全球经济竞争的加剧和科技创新的迅速发展，工程领域对高素质人才的需求日益增长，地方高校在培养本科工程人才方面扮演着至关重要的角色。本书围绕基于产出导向的地方高校本科工程人才培养，总结国际工程教育的发展和我国工程教育的现状，梳理工程教育质量标准及有效教学等相关概念，研究探讨地方高校工程教育的发展策略、人才培养体系构建与实现路径、质量保障体系持续改进机制，并以浙江工业大学为例，从浙江经济转型与人才需求分析出发，建立需求导向的人才培养模式，开展多元协同人才培养过程，建设产教融合的师资队伍，构建持续改进的质量保障体系。

本书适合地方高校的工程教育工作者、教育管理者及相关研究人员阅读，也可供其他高校教育工作者、决策者及对工程教育感兴趣的读者参考。

图书在版编目（CIP）数据

基于产出导向的工程教育理论与实践 / 华尔天，计伟荣，吴向明著. 北京 ：科学出版社, 2025. 6. -- ISBN 978-7-03-082413-4

Ⅰ. G649.21

中国国家版本馆CIP数据核字第20252Z6C35号

责任编辑：朱英彪 / 责任校对：王　瑞
责任印制：赵　博 / 封面设计：有道文化

科学出版社 出版
北京东黄城根北街 16 号
邮政编码：100717
http://www.sciencep.com
北京中石油彩色印刷有限责任公司印刷
科学出版社发行　各地新华书店经销
*
2025 年 6 月第　一　版　开本：720 × 1000　1/16
2026 年 1 月第二次印刷　印张：11 1/2
字数：232 000

定价：98.00 元

（如有印装质量问题，我社负责调换）

前　言

随着世界政治、经济、环境的变化，以及科学技术的快速发展，工程教育经历了从工程技术型、工程科学型到工程实践型的演变和发展。近代以来，工程科技直接把科学发现同产业发展联系在一起，成为经济社会发展的主要驱动力。工程科技改变世界，工程教育领跑创新，工程教育变革创新是全世界高度关注的共同议题。建立和完善工程教育质量标准体系框架是新时代高等教育高质量发展和现代化建设的关键性基础工程。

我国是工程教育大国，现已建成世界最大规模的工程教育体系，这对我国经济转型发展、产业结构优化升级的作用举足轻重。地方工科院校面向基层、亲近产业、直接服务地方经济，作为新工科建设的地方高校实践，地方高校工程教育的使命实质上是地方高校使命在工程教育领域的体现。

本书由华尔天、计伟荣、吴向明提出具体架构并负责统稿。具体撰写分工为：第 1 章由华尔天撰写；第 2 章由华尔天、王建军撰写；第 3 章由吴向明撰写；第 4 章由汤智撰写；第 5 章由高云撰写；第 6 章由张建勇撰写。

在撰写过程中参考及引用了部分文献资料，在此向有关作者表示感谢。由于著者水平有限，对理论研究和实践的认识不一定准确，文本的系统梳理和提炼还不够完善，书中难免存在不妥和疏漏之处，敬请各位同行专家提出修改意见及建议。

目　　录

第 1 章　工程教育发展概论

工程学或工学，是通过研究与实践，应用数学、自然科学、经济学、社会学等基础学科的知识来达到改良各行业中现有建筑、机械、仪器、系统、材料和加工步骤的设计及应用方式的一门学科，即应用科学和技术的原理来解决问题的一门学科。工程学与人们的日常生活密切相关，大至国防、航空航天，小至衣食住行等，都离不开工程学。可以这样说，工程学是决定人类文明进程最重要的学科之一。为此，需要培养大量高素质的各级各类工程人才，统称为工程师。工程师通过想象、判断和推理，将科学、技术、数学和实践经验应用到对象或程序的操作中。培养各级各类工程师的教育称为工程教育。工程教育起步时间并不长，在此之前更多的是基于经验传递的学徒式教育。工程教育是在现代自然科学和高等教育体系不断发展和完善的基础上逐渐发展成熟的。

1.1　国际工程教育概况

1.1.1　国际工程教育发展历程

1. 工程教育的学徒制模式(18 世纪以前)

18 世纪以前，工程教育尚未纳入正规教育体系，一般将这一时期的工程教育视为一种技术和技艺。工程教育知识主要是劳动实践者在日常的生产和生活实践中的经验总结，这种知识尚未形成系统性。个体技能的习得一般是在相关技艺的生产实践场所中完成的。个体以学徒的身份，通过具体的实践以直接体验的方式进行学习。

2. 工程教育纳入职业技术教育(18 世纪～19 世纪末)

18 世纪，法国开始建立起正规的职业技术教育制度，于 1747 年最先建立了具有高等职业技术教育性质的专业学校——皇家路桥学校(现名国立路桥学校)，揭开了现代高等工程教育发展的序幕。皇家路桥学校创建初期，在校学生大约只有 50 名，工程教育的普及率较低，只有少数贵族子弟才有机会入学。学校主要以训练和培养学生职业能力为目标，并不关注科学基础教育。1794 年，法国创建中央公共工程学院(现名巴黎综合理工学院)，该校的成立是世界高等工程教育史上的一个里程碑。学校采用考试招生的形式，在课程设置方面开始注重基础科学知识的学习，学制一般为两年。

3. 工程教育纳入大学教育(19世纪末～20世纪中叶)

随着工业化的进程不断推进，社会开始需要大量既掌握科学理论又有工程技术实践经验的人才。同时，自然科学取得了全面繁荣，工程师开始意识到，工程的进步必须借助科学的力量。因此，仅依靠“学徒制”和行会主办的技术学校的培养已经不能满足当时的社会需要，工程教育只有借助科学才能把经验知识系统化，演化为理论知识的形式进入大学中，才能奠定其在大学教育中的合法地位。实际上当时发展高等工程教育存在两条道路：一条是把“学徒制”、技术学校改造提升为工科大学，走从实践到理论的“自下而上”的道路；另一条则是传统大学除了开展纯理论的学术研究，开始面向产业界兴办注重实用的工科院系，走从理论到实践的“自上而下”的道路[1]。美国在这一时期颁布《莫雷尔法案》，继续推动传统大学的改革及新式工科大学的建立。19世纪中叶，德国对中等技术学校进行升格，争取其与大学同等权利。

4. 工程教育的科学化(20世纪中叶至今)

第二次世界大战促使人们认识到学术研究的重要性，以及工程教育在科学研究领域的不足，各国工程教育向着科学主义方向发展，特别强调将工程实践转化为对技术中所涉及科学原理的探究，并试图提供一个四年制的完整系统的包括通识教育和技术教育的教学计划[2]。工程教育兼顾“广度”和“深度”，在人才培养内容上，不仅强调专业技能的获得，还要求取得专业证书，同时课程中加入了大量非职业技术培训内容，不断增强对理科基础知识的关注。

1.1.2 国际工程教育主要思想

本节主要介绍当代国际工程教育主要思想——大工程观。

1. 回归工程运动与大工程观思想的形成

大工程观是美国工程教育从“技术模式”到“科学模式”，再到“工程模式”的发展结果。在20世纪40年代以前，美国工程教育处于“技术模式”发展阶段，强调某一专业技能教学、研究与运用，重视经验性的实践。20世纪40～80年代，美国工程教育开始设置数学、物理等基础学科和工程理论课程，掀起了一场工程科学运动(Engineering Science Movement)，该运动导致科学化思潮的过度。在20世纪90年代以后，为了纠正这种过度，美国又开始探索工程教育新模式，提出回归工程运动。回归工程运动的关键是改革工程教育的过度科学化，重构工程教育，倡导推进工程教育回归内涵，更加重视工程实际及工程教育本身的系统性和完整性[3]。回归工程运动的内涵包括：从过去过度重视工程科学转变为更多地重视工程系统及其背景；加强工程实践能力的培养；强调采用整合或集成的思想重建课程内容和结构。从工程科学回归到工程实践，回归工程运动不是完全否定式的回归，而是在肯定工程科学理论的基础上对工程实践的恰当强调。

在回归工程运动的影响下，逐渐形成了一套指导工程教育改革实践的教育教学理念——大工程观。该理念于 1993 年由麻省理工学院（Massachusetts Insitutu of Technology，MIT）工学院院长摩西（Joel Moses）提出并获得广泛认同，他指出这是未来工程教育发展的新方向。大工程观不仅仅是一种教育理念，更多的是一种指导解决工程系统基本问题的思想及方法。

2. 大工程观思想指导下的工程教育特征

工程教育的一个典型特征是综合性。大工程观的工程教育改革理论的核心理念认为，工程教育是科学、技术、非技术要素的融合共同体，不仅要注重工程技术本身，还要把非技术因素整合到工程活动中，才能对整个工程系统进行重点研究。随着社会的发展和技术的进步，现代工程系统表现为多种技术的集成和综合，这就要求工程教育培养学生的基础知识、专业知识及实践技能等，并使学生能够对这些知识进行融合。大工程观思想指导下的工程教育主要有以下特征：

(1) 系统化、整体化。利用系统论中的整体性原理、层次性原理、相关性原理和动态性原理来构建课程体系。

(2) 协同化。大工程观下的教学内容注重工程技术与人文、科学的兼顾。

(3) 知识结构优化。在科技快速发展与知识不断膨胀的今天，工程教育的知识结构应进行整合与优化，突出系统性、基础性，强调实用性。

(4) 可持续性。大工程观指导下的工程教育实施过程中，注重人、自然、社会及经济的协调持续发展。

(5) 实践性、应用性。工程教育以工程实践为基础，以提高学生解决实际工程问题的能力为宗旨，全面培养学生的工程实践能力。

(6) 创造性。创新人才培养是教育的根本目的，通过工程教育，培养出具有创造精神与能力的工程人才。

(7) 超前性。教育的超前性应反映在教育目标和规划、教育课程、教育投资的超前。教育课程应能反映当代科学技术的最新成果，使学生学到最新的科学技术[4]。

大工程观思想指导下的工程人才培养目标主要分为工程师类人才和非工程师类人才两类。

(1) 现代工程师应具备工程实践能力和多学科综合知识背景，以及多方面的能力、职业道德和社会责任感。工程师的活动是一种创造性的劳动，工程师的技术素养主要体现为信息吸收能力、信息加工能力和信息输出能力。

(2)非工程师类人才工程素养与专业知识的要求程度浅一些，侧重于了解基本工程知识，懂得工业技术产品的选择、使用、维护与管理，能解决一些最基本、最常见的工程技术问题。

3. 大工程观指导下的工程教育改革实践

以麻省理工学院为代表的工程类大学率先开启了工程教育理论与教学实践探索，主要实践如下：

(1)学校明确提出要培养 21 世纪美国企业界的领袖，为此采取两项措施：①在工学院 8 个系的 4 个系中实行理学学士和工程硕士五年一贯制的改革工作；②设立“系统设计”工程硕士学位，主要招收大学毕业满五年且供职于企业领导层的人员，对其进行具有工程导向的管理、设计方面的教学。

(2)强调与企业的联系和合作。

(3)进行教学内容和课程体系的整合。

(4)加强工程实践环节，以设计为中心，把理论教学与实践教学整合起来。

(5)通过政策引导，吸引高水平的教授承担本科生课程教学。

1.1.3　国际工程教育规模与分布

1. 国际工程教育分布

对 2018 年《泰晤士高等教育(THE)》世界大学排名中前 101 位工程与技术类高校的所在国进行整理分析发现，当前世界工程教育资源分布存在明显的不平衡现象，如图 1.1 所示。这种不平衡主要体现为质量的不平衡和区域分布的不平衡。目前世界优质的高等工程教育资源的分布主要呈现为“北美(主要是美国)—欧洲—亚洲”这样一个倒金字塔模式，如图 1.2 所示。此外，国际工程教育还体现出数量与质量不匹配的现象。

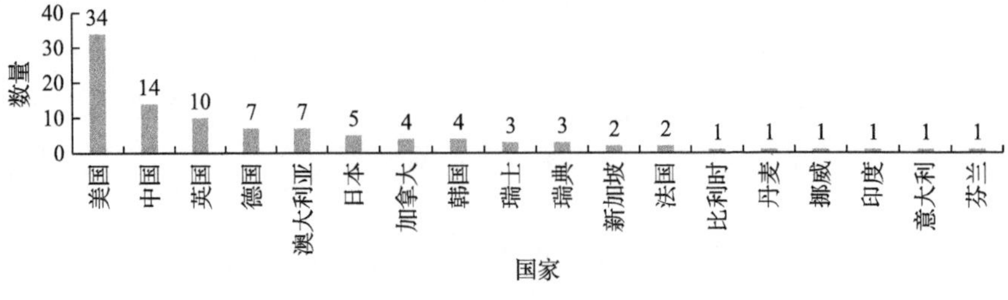

图 1.1　前 101 位工程与技术类高校所在国分布

数据来源：2018 年 THE 世界大学排名

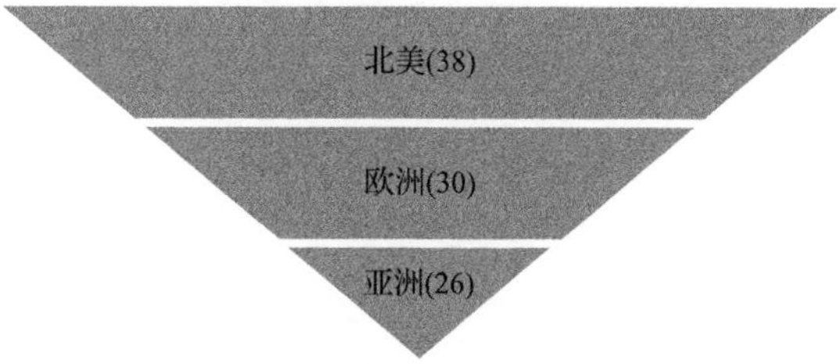

图 1.2　世界优质高等工程教育资源分布

2. 美国工程教育现状

由美国工程教育协会(American Society for Engineering Education, ASEE)对工程教育学士、硕士和博士学位授予人数(2014～2015 年)的统计发现，其专业类别设置较为完善(图 1.3～图 1.5)，包括机械、电气、计算机、土木、化学、生物医药、生物与农业、核能、工程管理、建筑等。其中，机械、电气、计算机、土木在本科和研究生教育阶段都是热门专业。此外，在研究生阶段，除以上热门专业外，生物医药也是美国工程教育的培养重点。可见，美国在工程人才培养上，一方面强调本科生对国家基础建设的服务性，重点学习应用性较强的机械和电气等专业；另一方面注重通过研究生层次的工程类学生培养，不断探索当今时代发展的前沿知识，推动美国科技创新走在世界前列。

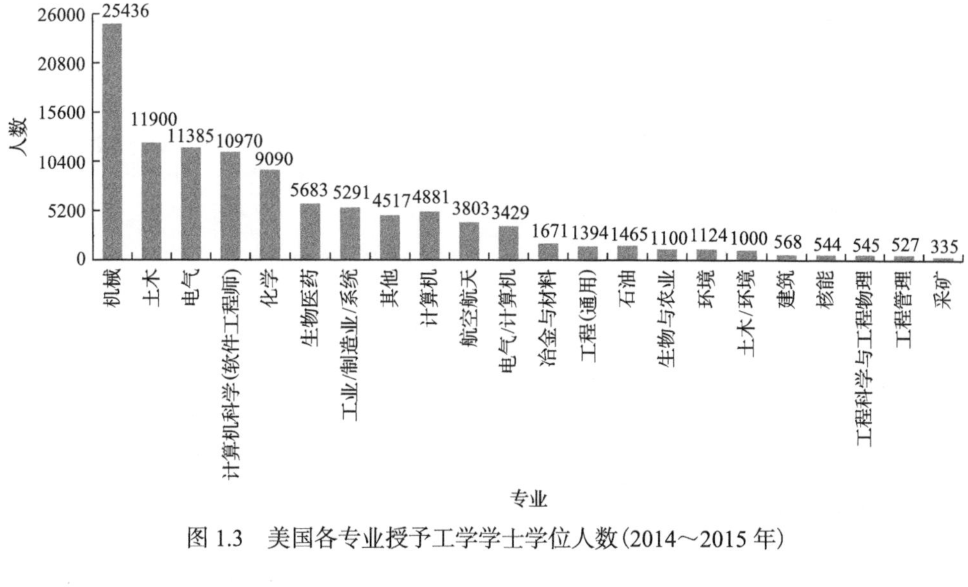

图 1.3　美国各专业授予工学学士学位人数(2014～2015 年)

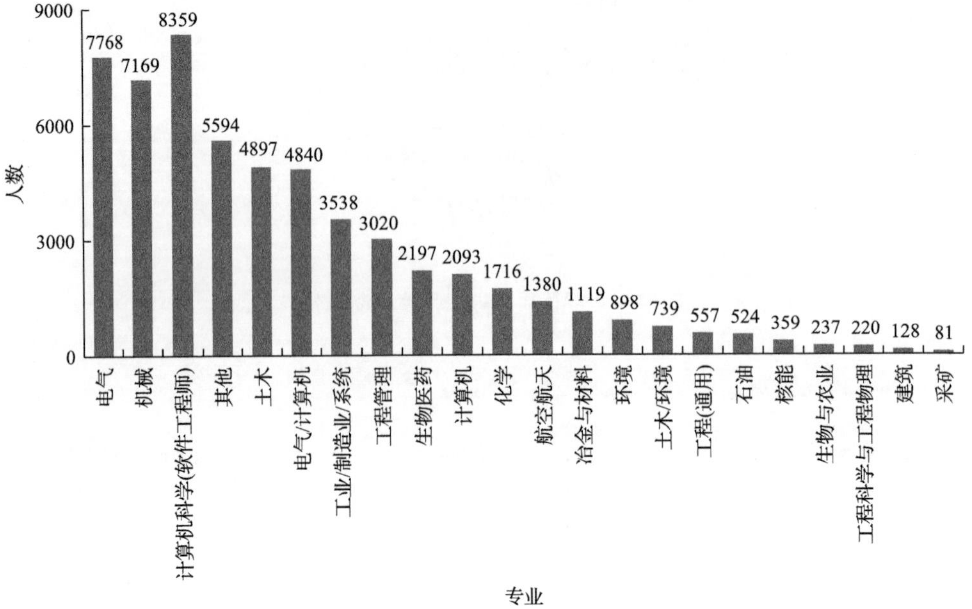

图 1.4　美国各专业授予工学硕士学位人数(2014～2015 年)

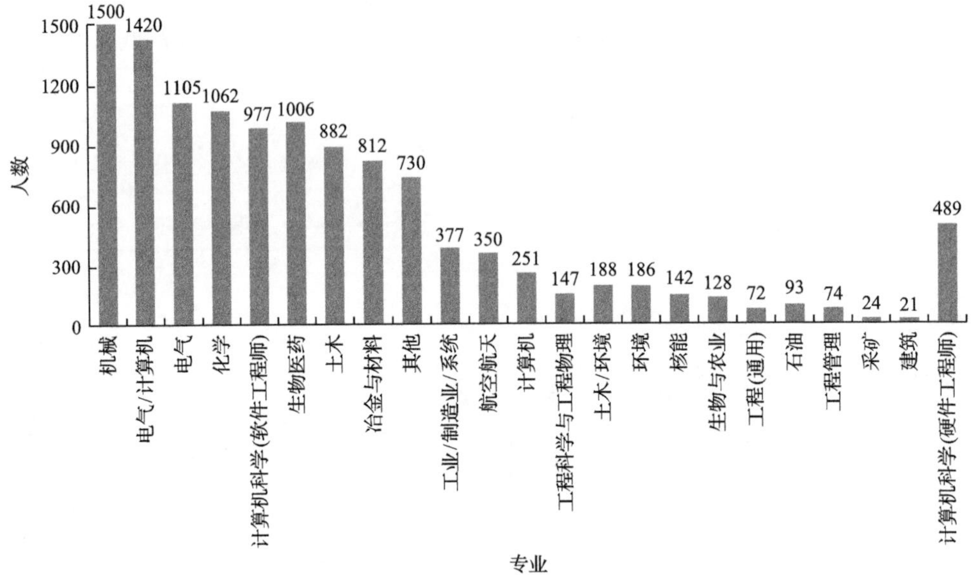

图 1.5　美国各专业授予工学博士学位人数(2014～2015 年)

1.1.4　工程教育与人类发展

工程是人类为满足自身需求有目的地改造、适应并顺应自然和环境的活动。工程教育对人类的发展主要体现在人类认识世界、适应世界和改造世界三大方面。认识世界是为了获得知识，适应世界是为了生存，改造世界是为了获得发展。

工程教育促进人类对世界的认识。一方面，工程教育将已有的工程知识系统地传授给更多的人，提高整个人类群体对自身生存世界的状态与规律的认知水平；另一方面，通过学校的工程科研与创新，不断开拓工程领域知识的未知领域，扩展人类的知识范畴，为人类更好地适应和改造世界奠定基础。

工程教育系统地推动了人类对世界的适应。从古代开始，便有了通过农民和工匠个人积累代代相传的经验，虽然当时的传授方式以学徒制为主，知识与技能的传递速度比较慢，但人类通过对工程知识与技能的传授，提高了自身应对自然变化和适应社会发展的能力。

工程教育提升了人类改造世界的能力。随着人类对世界认识的不断加深和适应世界能力的不断提升，人们开始不满足于仅停留在生存需求层面，而是要获得更好的发展，特别是在工业革命对生产方式的大变革后，生产力迅速发展。工程教育不仅要发挥人才培养的使命，还要不断推动工程创新，从而提升人类改造世界的能力，最终全面提高人类生活的福祉。

1.1.5　国际工程教育典型高校与人物介绍

1. 国际工程教育典型高校——麻省理工学院

美国不同高校的高等工程教育发展模式不尽相同：哈佛大学追求“大而全”，加州理工学院坚持“小而精”，斯坦福大学强调对技术进行成果转化，康奈尔大学仍坚持将“农夫革命”进行到底。本节主要介绍麻省理工学院的工程教育，具体分析其办学理念和人才培养特点。

19 世纪下半叶，美国正面临着一场工业革命，但其高等工程教育几乎空白。为改变美国工程师不足的现状，美国著名的高等工程教育家威廉·巴顿·罗杰斯(William Barton Rogers)主张创办一所以培养工程师为主的大学。他认为新一代工程师应该掌握广泛的科学知识背景，于是参照法国中央公共工程学院的模式于 1861 年创立了麻省理工学院，并成为首任校长。他坚持科学理论与工程实践相结合的办学模式，逐渐使学校成为美国高等工程教育的先锋，并成为世界顶尖的工程类大学，为美国近现代工业高速发展作出了重要贡献。

1) 麻省理工学院的办学理念

麻省理工学院提倡引领意识、首创精神和合作精神[5]，这些理念体现在其具体的办学过程中。麻省理工学院工程教育的引领意识是学校办学宗旨和发展定位。

Leader 一词经常出现在学校的各类文件中，可见其对自身的高远定位和争当世界一流工程教育大学的决心。麻省理工学院具有明显的领导者意识和世界贡献意识，其发展愿景明确表明，学校致力于有效促进科学、技术及其他领域前沿知识的发展，培养具有创造性与合作精神并能为人类发展作出贡献的未来领袖，其目标始终是培养第一流工程人才。第 10 任校长詹姆斯·瑞恩·基利安(James Rhyne Killian)于 1949 年春在就职演说中指出，麻省理工学院必须创造引领意识的环境和气氛。同时，这种办一流教育、培养一流人才的意识不仅存在于麻省理工学院的校园中，也普遍存在于麻省理工学院共同体之中，即存在于所有的任职教师和管理人员、在校学生、已毕业的校友，以及为麻省理工学院提供过服务的人当中。在过去几十年里，麻省理工学院通过对世界工程发展态势的准确预测和把握，不断调整和创新其工程教育，建立了各种工程实验室。

麻省理工学院的首创精神体现在方方面面，从宏观上的发展计划与方向到具体的教学实践与实验室的建立，具体如下：

(1)在麻省理工学院成立后的十年里，分别建立了全美第一个环境卫生工程、舰船结构工程及气象工程的计划。

(2)在麻省理工学院成立后的两个十年里，提出了全美第一个建筑工程和电机工程的课程体系。

(3)1950年，麻省理工学院首创工程科学运动，为工程的教学和实践奠定了严谨的科学基础。

(4)1969 年，麻省理工学院启动“本科生研究机会计划”(Undergraduate Research Opportunity Program, UROP)，创造了一种新的教育模式，给本科生提供机会，把精力用于“刀刃方向”的研究上。

(5)20 世纪 80 年代初，麻省理工学院提出“Athena 项目”，这是一次探索在教学中应用计算机的全校范围的试验。

(6)鉴于近 40 年来生命科学振奋人心的进展，麻省理工学院从 1993 年起把细胞和分子生物学列入全校性必修课。

(7)麻省理工学院近年来首创性提出“Engineering with a Big E”(大工程概念下的工程)，强调团队精神基础上的面向工程实践的教育，强调工程教育要涉及经济和社会因素。

合作精神是麻省理工学院长期以来的办学理念与传统，学校特别注重与工商业界的联系。麻省理工学院首任校长罗杰斯就非常强调教学的实践性和实效性。工学院的化工系和电机系分别从 1916 年和 1919 年起开始实施由学院和参与公司共同主持的合作教育计划，称为“化工实践学校”(Chemical Engineering School of

Practice）和“实习计划”（Internship Program）。其他各系也相继建立了类似的合作教育计划。1948年，麻省理工学院提出了一个面向全美及欧洲和日本企业的重要计划——“工业联络计划”（Industrial Liaison Program）。1961年，麻省理工学院又启动了“MIT合作者计划”（MIT Associates Program）。麻省理工学院设有组织严密和分工明确的大学企业合作委员会等专门机构，下设有一批专职的联络员，他们分工联系美国和世界范围内的一批大小工业企业，以争取合作项目和各种形式的捐助。

工商业界合作开展促进麻省理工学院的人才培养与科学研究。通过合作培养强化学生对相关工程理论知识的深入理解，提高具体的实践技能，为毕业后进入劳动力市场打好基础。同时，麻省理工学院的相关研究中心同企业建立科研合作关系，促进了麻省理工学院的科研成果转化，也提高了其科研成果的社会影响力。此外，工商业界也为麻省理工学院的工程人才培养提供资金与设备等物质支持，丰富了麻省理工学院的资金来源渠道与物质保障。在同工商业界合作的过程中，麻省理工学院也加强了对工程人才市场需求的了解，有利于确保人才培养方向和科学研究的前沿性和有效性。

2）麻省理工学院的人才培养理念

麻省理工学院致力于培养具有专业技能和科研能力的领导型人才。麻省理工学院不仅培养掌握工程专业知识与技能的学生，还培养具备相关研究能力和领导能力的通才。麻省理工学院主要通过设置学科课程、选修课程、核心课程培养工程人才。通过学科课程向学生传授相关学科领域的专业知识，夯实学生的专业技能基础；通过开设大量的选修课程丰富学生相关领域的学科知识基础，拓宽学生的学科视野；通过由自然科学、人文科学和社会科学构成的核心课程，培养学生全面掌握知识基础，为提高其领导能力奠定基础。

麻省理工学院不仅注重研究生的科研能力培养，也强调发展本科生的科研能力。在UROP中，本科生从入学就可以参加教师的研究课题，也可以自行设计课题并请教师给予指导。大学四年中，大约有80%的学生至少参加过一项UROP。

此外，麻省理工学院还关注学生工程领导力的培养。在麻省理工学院，工程领导力主要包括三方面的知识和素质：①核心价值观和个人品质，如勇于开拓、擅长决策、行动果敢、有责任感和危机意识、富有激情、足智多谋等；②领导才能，如对环境的悟性、社交能力、富有远见、能够实现目标等；③丰富的知识，如学科知识、基础知识、技术知识、工程思维、批判思维等。为了培养学生的这些能力，麻省理工学院发起了一系列教育计划，如“伯纳德·戈登领导力计划”“雷蒙森计划”“本科生实践计划”“创业竞争计划”等。这些计划旨在运用新的教学方法将麻省理工学院的毕业生培养成为工程界的领袖，巩固和加强麻省理工学院在美国工程技术领域的领导地位。

2. 人物介绍——威廉·巴顿·罗杰斯

威廉·巴顿·罗杰斯是麻省理工学院的创建者，也是其首任校长。他凭借高瞻远瞩的工程教育思想、丰富的工程教育和科研经验、卓越的组织管理能力，带领麻省理工学院逐步成为高等工程教育的典范。

1）罗杰斯的宏观工程教育观

罗杰斯拥有一种宏大的工程教育观，他认为工程教育应超越学校的系统教育，提升到整个国家的层次。他指出，为促进国家和人民对创造发明的兴趣，提高工业的效益，应为青年人进行系统的科学实践教育提供场所，还应为美国的创造发明、工程应用的重大成果展示提供场所。同时，为了提高实践技艺和科学水准，还应提供自由交换意见和评价推广有价值的思想的机构。因此，罗杰斯认为工业科学学院、工业工艺博物馆，以及工业、工艺和科学学会是形成“工业的智力动力、改善公众的基本兴趣和利益”的“三位一体”[6]。

2）罗杰斯的工程教学观

罗杰斯的工程教学观具体如下：

（1）罗杰斯强调科学理论与工程实际相结合的工程教学观，并将其作为麻省理工学院办学的指导思想。他认为学生不仅应该具备工程类专业技能，还需要掌握扎实的工程类理论知识基础，同时，人文、社会、自然等领域的学科知识也是成为一个优秀工程师的必备基础。

（2）罗杰斯认为办好大学的关键是师资。在办学初期，麻省理工学院的教师无论在数量上还是质量上都存在不足，罗杰斯不拘一格地广招人才，大胆提拔新的毕业生担任教学骨干，重视发挥教师的独立自主性，尊重教师在教学科研中的自主权，使教师充分发挥积极性。在罗杰斯的师资观影响下，麻省理工学院培育了一大批工程大师，并对学校的发展起到了积极的推动作用。

（3）罗杰斯是美国工程教育中开创实验室和工程实践教育的先驱。在他的倡议和指导下，麻省理工学院先后建立了物理实验室、化学实验室、采矿选矿实验室。作为美国第一批实验室，它们对美国高等工程教育影响深远，也成为其他高等工程院校仿效的样板。为了使建筑系的学生能在学习时期就有设计实践的机会，罗杰斯于 1868 年在建筑系成立了一个为期两年的“设计、构建与专业实践的项目”。为了加强学生对工业的了解和热爱，学校在罗杰斯的支持下创办和组织了暑期工厂或工地参观实习。罗杰斯作为麻省理工学院的第一任校长，对麻省理工学院的发展起到了难以替代的作用。

1.2　我国工程教育概况

1.2.1　我国工程教育发展历程

1. 清末民初的萌芽与起步阶段

1) 清末中等职业技术性质的实业学堂

我国真正意义上系统化的工程教育始于清朝末年。手工作坊中学徒制的工程教育在两次鸦片战争的打击下逐渐走向终结，在“救亡图存”的历史背景下，工程教育成为洋务派开展“师夷长技以制夷”的突破口。我国的高等工程教育是在西方“坚船利炮”的打击和我国民族企业“自强求富”的双重压力下催生出来的，因此在本质上具有外源性和移植性的特点。我国工程教育从最初就完全照搬西方工程教育的发展模式，将工程教育纳入具有本科性质的新式实业学堂中。1866 年，洋务派创办了福州船政学堂，这也是我国第一所实业学堂。后来又陆续创办了 9 所实业学堂，这些学堂都是以抵御外敌侵略为目的而建立的，因此这些学堂以军事领域的教学为重点。新设立的 9 所学堂中有 6 所为电报学堂，其余 3 所分别是船政学堂、矿务学堂和操炮学堂。每个学堂都是为了培养掌握某一项专业技能的专业技术型人才而设立，从这个意义上来看，清末的实业学堂是一种中等技术学校。

2) 具有本科性质的天津中西学堂的头等学堂

1895 年，盛宣怀创办了天津中西学堂的头等学堂，该校学制四年，毕业生授予文凭。当时国内的高等工程教育经验不足，学校聘请了美国传教士丁家立对学校办学进行指导，因此从教师聘用与评估到人才培养、课程设置，基本上都是照搬哈佛大学和耶鲁大学的模式，与清末的实业学堂仅培养工程技能不同，学校开始强调对学生理学基础的培养。1902 年，天津中西学堂更名为北洋大学堂，正式成为我国近代第一所工科大学。《癸卯学制》颁布后，北洋大学堂按照学制要求将二等学堂和头等学堂分别改为大学预科和本科。彼时我国的工程教育是对西方模式的移植，因此北洋大学堂的课程设置已经体现出了公共基础和专业课、人文社科课程和科学课程、理论课和实习课的简单分类。《癸卯学制》的颁布对工程教育的另一个重大影响在于，工科下设的学科专业由完全的“军需”转向能富国强民的“民用”，土木、采矿、冶金、铁路、电气、机器等专业纷纷在这一时期设立。

3) 民国时期培养专业性人才的专门工科大学

1912 年，北洋政府教育部颁布《专门学校令》，这是民国初年关于专门教育的第一个通令，规定专门学校以教授高等学术、养成专门人才为宗旨，分为法政、医学、药学、农业、工业、商业、美术、音乐、商船、外国语等10类，并通过《大学规程》和公立、私立《专门学校规程》等有关高等教育的系列法规法令，对本科和专科层次工科的专业门类进行完善与细化。1922年，“新学制”（又称“壬戌学制”）中相应地放宽了大学的设置条件，即规定大学只要设数科或一科都可称某科大学，工业专门学校纷纷升格改制，促进了一批独立的专门工科大学的产生。我国许多著名工科大学也产生于此时，如北洋政府交通部上海工业专门学校改为交通大学、北京工业专门学校改为国立北京工业大学、同济医工专门学校改为同济大学等。升格后的工科大学特别突出强调专业性，不仅加大了专业课的比例，还加深了专业程度。课程体系结构布局较清末时期更为合理，改变了基础和专业之间“头重脚轻”的比例。在保证工程教育向着“通才”模式整体方向不变的情况下，大学工科教育提高到了高等专业化的层次。

2. 中华人民共和国成立后的逐步发展与探索阶段

中华人民共和国成立以后，为了建设工业化强国，工程教育领域开展了一场历时近七年的改革。改革以对哈尔滨工业大学的改造为起点，按照国家建设的需要，把原有空泛的专业划分成若干种具体的专业，通过专业培养专门人才。改革后，高校的工程教育开始将培养专门人才作为其指导思想。大学开始将“专业”作为大学开展教学与科研的基本单位，工程教育的专才培养模式基本成型：院系设置的专门化、专业设置以服务为导向，开始注重学生专业技能的实践培养，并适当地延长学制以配合专业化的培养目标。此外，人才培养开始按照标准的教学计划、教学大纲及教学实施过程来推进培养过程的统一化。

3. 改革开放后的稳步发展阶段

1）工程教育向学科化迈进

1977年恢复高考制度后，我国工程教育逐渐回到专才培养与通才培养相结合的轨道。1984年教育部颁布了《高等学校工科本科专业目录》，推进工程教育向学科化迈进，将过去按部门、对象、产品划分的原则，转变为要求“工科专业主要按工程对象的范围划分，也可以按工程技术的学科划分；按工程对象的范围划分必须有明确的主干学科（或主要学科基础）”，不断强化学科、淡化专业。国家教育委员会于1987年发布了《高等学校工科本科部分基础课课程教学基本要求目录》，进一步强化了以学科为基础的工程教育发展方案，对工科基础课程明确提出了参考学时，确保以学科为基础的工程教育原则的落实。此后，在“强基础，宽口径，多方向”的指导下，国家教育主管部门于1993年和1998年又分别进行了第三次和第四次专业目录的调整。经过四次调整，工科专业数量大幅减少，从根本上改变了专业划分过细、过窄的弊端。至此，高等工程教育体系中专业门类的学科导向建制基本成型。

2）不断寻求工程教育中理论与实践的平衡

20 世纪 70 年代末工科院校恢复教学后，各院校的理学院也被恢复，工程教育逐渐强调理论基础，部分忽视了学生的实践能力培养。1980 年，教育部颁布了《教育部关于直属高等工业学校修订本科教学计划的规定(草案)》，对工科大学本科的实习和专业劳动时间作了硬性规定。1999 年，在教育部的倡导下，全国各类普通高校开始大规模地修订本科教学计划，由 20 世纪 50 年代初期的学科为专业服务转变为专业以学科为中心，按照学科大类培养宽泛的专业人才，强化基础课程。

3）院校调整后的综合化改革

1993 年中共中央、国务院发布《中国教育改革和发展纲要》，标志着我国高等教育史上第二次体制改革与院校调整的正式启动，加快了高等教育的改革步伐。在院校合并的影响下，我国工科大学也开始增设与自身学科相关的专业，推进综合化发展。1983 年，综合性大学有 36 所，仅占高校总数的 4%，2000 年，综合性大学所占比例提高到了 8%；专门工业院校有 215 所，占高校总数由 27%下降到了 23%。工程教育单科性的学科布局被打破，多科性的工科大学和专门工科院校不断改造和合并为文理工管等多学科交叉融合的综合性大学。综合性的发展平台为工程教育提供了多学科支撑，便于培养具有广泛知识理论基础的工科人才，有利于开展跨学科的工程创新与研究。

1.2.2　我国工程教育主要思想

1. 古代重实践轻理论的传统工程教育观

我国古代的科学技术活动是与现实紧密联系的，主要用于解决现实生活中面临的实际问题。科技探索和创新与自然和社会密切关联，这就造成了我国古代的工程知识具有强烈的实用性特征。我国古代的科学技术大多数是在劳动人民的生产实践中总结出来的，劳动人民通过劳动实践发现和总结技术，同时也在劳动与实践中不断应用、创新已有技术，并在实践中不断开发新技术。

总之，我国古代的科学技术多数是最为直接的经验与操作，对原理和规律进行系统研究比较欠缺。

2. 近代理论与实践并重的工程教育观

我国近代工程教育是在西方列强侵略的外部压迫下建立起来的，具有很深的美、英、法等西方国家工程教育思想烙印。以清华大学梅贻琦工程教育思想为代表的理论与实践并重的工程教育观认为，工程人才培养既要有一技之长，也要有宽泛的知识，能够解决企业的大部分问题；既要有很强的动手能力，也要有扎实的理论功底。因此，在教育实践中非常强调大师的引领作用，同时也高度重视实验室与图书馆的建设。

3. 现代的全面工程教育观

我国的工程教育正面临着一系列的挑战。一方面，我国工程教育面临着学校自身发展的挑战；另一方面，学校外部环境的变化，特别是环境与资源问题的日益严峻、全球科技的迅猛发展及我国建设创新型国家的目标，都要求工程教育走向全新的发展阶段。为使工程教育更好地适应我国当前发展阶段的需要，华东理工大学前副校长涂善东教授提出了“全面工程教育观”，引导政府、社会和教育界树立全新的工程教育观，并据此开展工程教育实践。全面工程教育观以人为本，主张技术与人文相互结合，旨在促进学生的全面发展。该理念指导下的工程教育不仅要培养学生的专业理论与实践技能，还要培养学生树立一种工程思维。全面工程教育观主要包含三个特点，即全过程的工程教育、全包容的工程教育和全民的工程教育。

(1) 全过程的工程教育。全面工程教育观主张将工程教育思维融入人类全部教育过程的各个阶段，覆盖学前教育、初等教育、中等教育、高等教育各个阶段。在学前教育阶段，教师主要借助教具帮助幼儿形成对工程的初步认识。例如，通过积木的搭建，建立幼儿对建筑、桥梁等日常生活中最基本的工程对象的认识。在初等教育阶段，教师开始培养学生的数学知识，并且可以在手工课中尝试着做一些模型。在中等教育阶段，教师开始教授生物、物理、化学等更为专业的工程知识，并适当地开展工程教育实践活动。到了高等教育阶段，学生的基础知识积累到了一定程度，开始接受某一固定专业的工程教育，并开展相关工程领域的科研与具体实践。

(2) 全包容的工程教育。全面工程教育观强调综合性人才的培养，培养学生观察世界的全面视角。该理念主张将工程教育纳入通识教育中，非工程专业学生也要对工程方法有基本了解，树立一种工程思维。工程思维是人类认识世界的一种重要思维，很多问题的解决不能仅依靠某种单一思维方式，而须融合自然科学、社会科学、人文科学，最终养成一种综合性的思维方式。因此，全面工程教育观下培养的学生不仅要具备工程理论知识、实践技能与思维方式，同时还要成为一个具备多学科的视角，沟通、管理、创新等能力并拥有团队合作精神的综合性发展人才。

(3) 全民的工程教育。作为工程教育发展的新哲学，全面工程教育观主张通过工程教育的普及来影响整个社会的发展。全面工程教育观强调开展广泛的工程教育，将工程教育对象从学校的学生扩展至社会全体国民，从而提升全民工程素养。

我国正致力于建设创新型国家，而建设创新型国家不是一蹴而就的，需要教育培养具有创新思维和创新能力的人才。工程素养是培养创新型人才的重要基础，因此提升全民工程素养将为我国建设创新型国家奠定广泛的人才基础。

1.2.3 我国工程教育分布现状

1. 区域分布现状

根据《中国教育统计年鉴(2016)》的统计数据，对我国各省、自治区和直辖市(西藏自治区数据缺失)的高等理工院校本科、专科毕业(结业)人数和在校生人数进行分析，发现我国工程教育在区域分布上主要呈现出发展不平衡与发展趋向平衡的特点。

(1)区域发展不平衡：一方面，东西部发展存在明显的不平衡，东部地区的高等理工院校学生数量明显多于西部；另一方面，各省、自治区和直辖市之间发展不平衡。江苏、湖北、河南三省的发展尤为突出，在校生总人数超过 80 万人，而宁夏、青海、海南三地的理工院校的在校生总人数不足 4 万人，其中青海的在校生人数还不足 1 万人(图 1.6 和图 1.7)。

(2)努力推进区域发展趋向平衡：七大地理区分别通过个别省(直辖市或自治区)的高等理工院校带动该地区的工程人才培养，包括东北地区的辽宁、华东地区的江苏和山东、华北地区的河北、华中地区的湖北和河南、华南地区的广东、西南地区的四川和重庆及西北地区的陕西(图 1.6 和图 1.7)。

2. 学科分布现状

2012 年教育部发布的《普通高等学校本科专业目录》(以下称《目录》)中共有哲学、经济学、法学、教育学、文学、历史学、理学、工学、农学、医学、管理学和艺术学 12 个学科门类，如图 1.8 所示。其中，工学共设有 31 个专业大类，占所有学科门类设置专业大类总数的 34%，是拥有本科专业大类数量最多的一个学科门类。此外，根据《目录》，工学共设有 104 个本科专业，其专业数量也是所有学科门类中最多的，如图 1.9 所示。可见，工科的体量巨大。

此外，在我国现行工学专业大类下，拥有专业最多的专业大类是机械类、材料类(各 8 个)；排在第二位的是兵器类(7 个)；排在第三位的是电子信息类和计算机类(各 6 个)；排在第四位的是交通运输类、航空航天类、农业工程类和食品科学与工程类(各 5 个)(图 1.10)。可见，我国工科专业设置主要有以下几个思路：

(1)社会发展的基础需求导向。机械、材料、交通运输、航空航天、农业工程、食品科学与工程类专业是一个社会发展的基础性保障条件。

(2)国家安全导向。兵器类专业的数量凸显出国家对军队建设的重视。

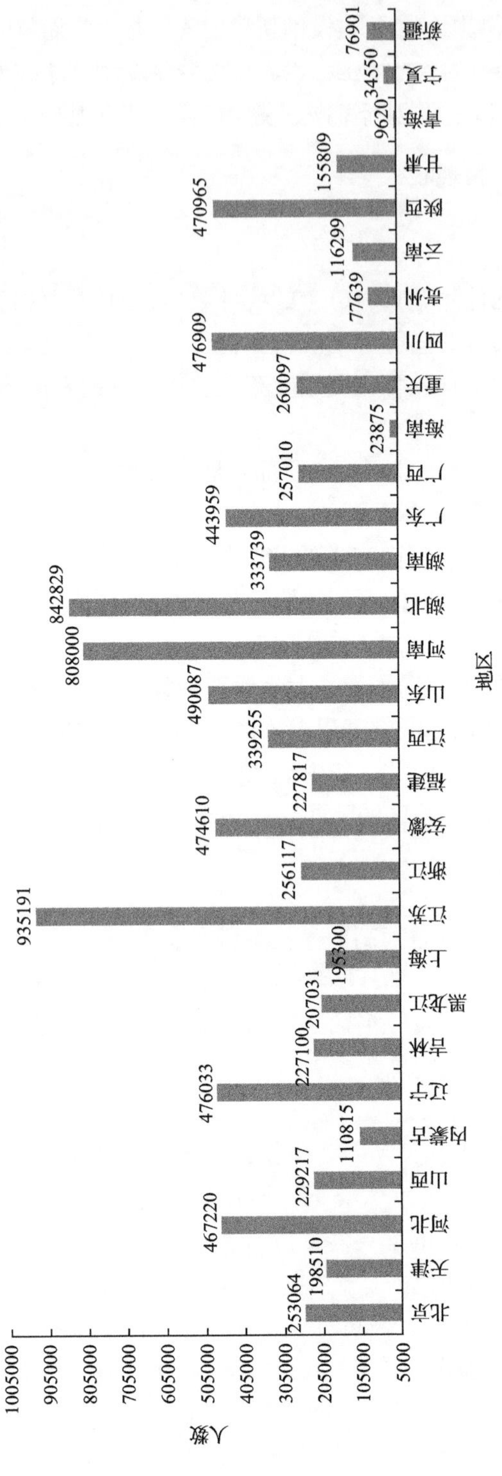

图 1.6　高等理工院校本、专科在校生人数

数据来源：《中国教育统计年鉴(2016)》

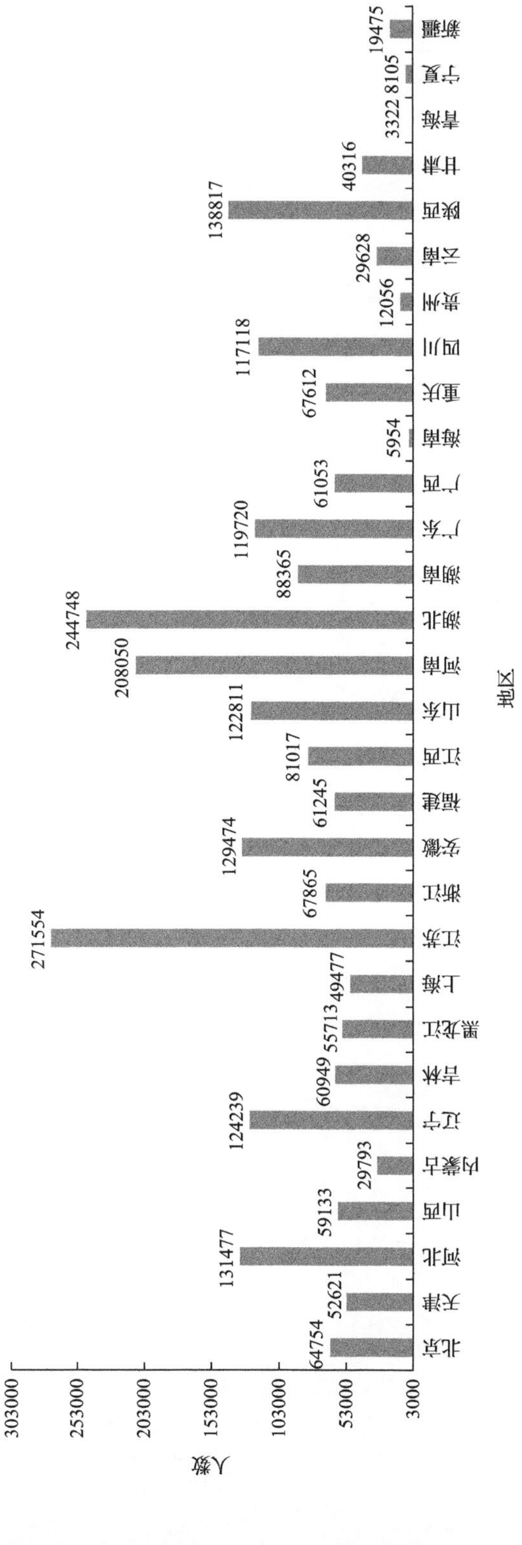

图 1.7　高等理工院校本、专科毕业(结业)人数

数据来源：《中国教育统计年鉴(2016)》

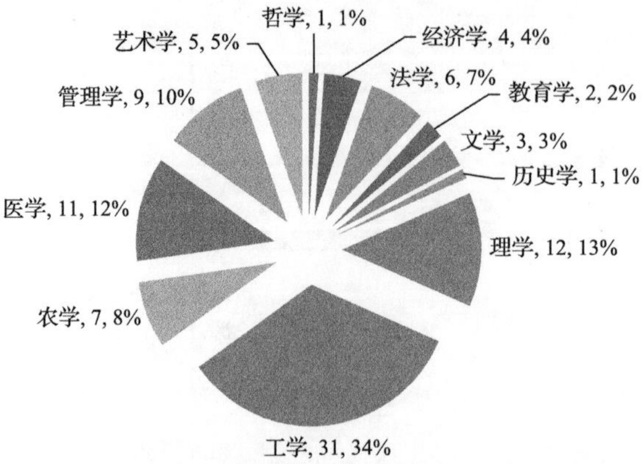

图 1.8　国内现行各学科门类的专业大类数量与占比(本科)

数据来源：2012 年教育部发布的《普通高等学校本科专业目录》

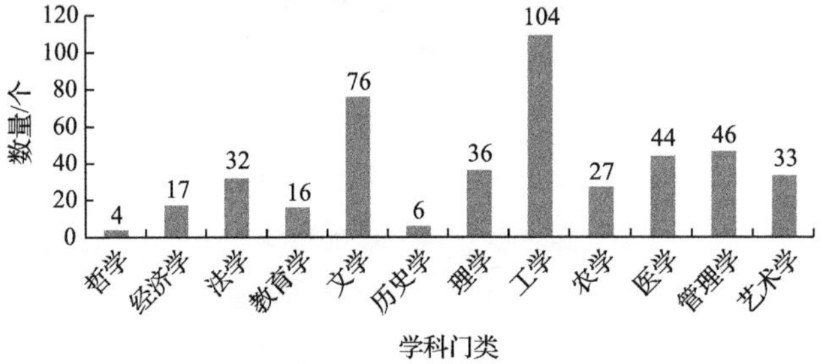

图 1.9　国内现行各学科门类下设的专业数量(本科)

数据来源：2012 年教育部发布的《普通高等学校本科专业目录》

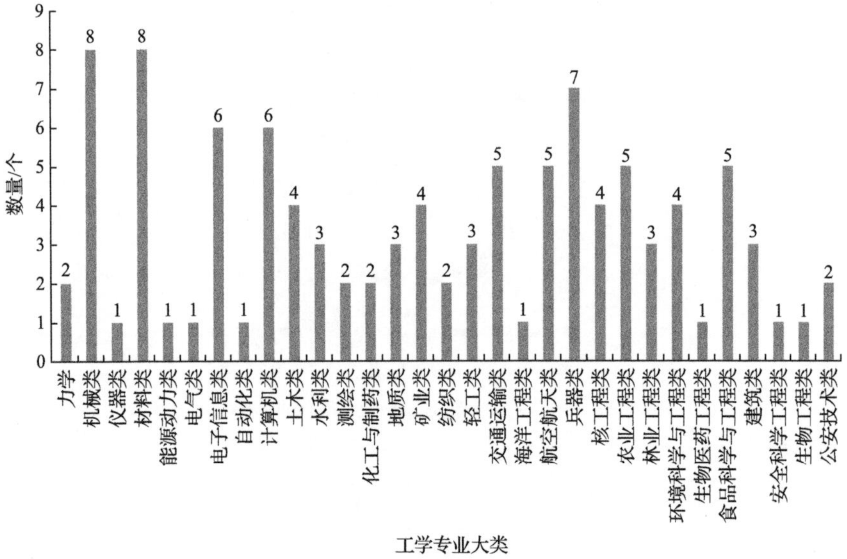

图 1.10　国内现行工学专业大类下设专业数量(本科)

数据来源：2012 年教育部发布的《普通高等学校本科专业目录》

(3)时代发展趋势导向。当今时代是信息技术飞速发展的时代，发展电子信息和计算机技术是我国适应时代发展要求的必然选择。

与工学本科专业数量相比，研究生的专业(二级学科)数量呈现出比较平衡的现状，如图 1.11 所示。图中表明，学者已经对工学下设的一级学科有了较为全面的拓展和深入的研究，构建了较为完善的一级学科体系。为研究生开设更为细化的专业，不仅推进了研究领域的拓展，也进一步促进了研究的深入。

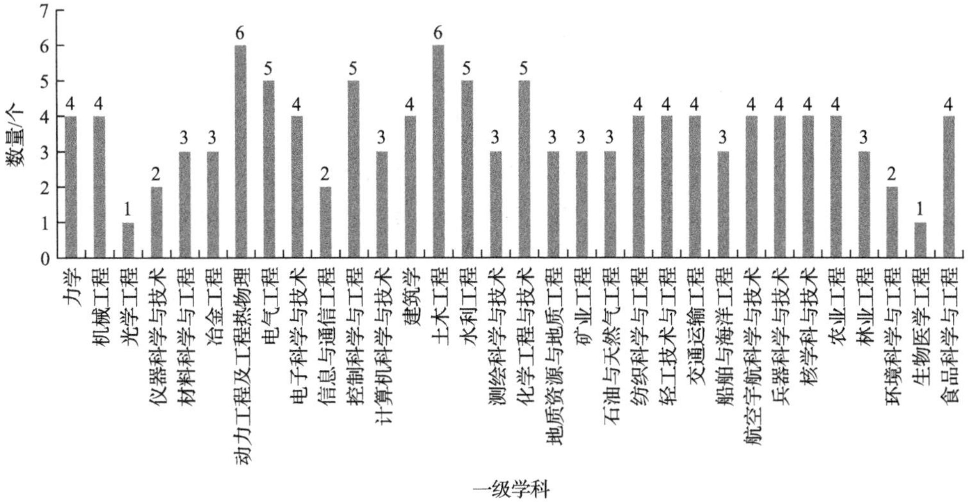

图 1.11　国内现行工学专业大类(一级学科)下设的专业情况(研究生)

数据来源：1997 年国务院学位委员会和国家教育委员会发布的《授予博士、硕士学位和培养研究生的学科、专业目录》

1.2.4　工程教育对我国经济社会发展的贡献

1. 工程教育与经济社会发展的关系

工程教育与经济发展相辅相成、互为条件，是既相互促进又相互制约的关系。一方面，工程教育发展水平影响着技术创新能力和人力资源数量与质量；另一方面，经济发展水平是工程教育发展的经济基础，同时在一定程度上决定着对工程教育的需求情况，从而影响工程教育的数量。因此，一方面，工程教育需要适应经济社会的发展趋势，从宏观层面来看，需要根据经济社会发展总体发展情况，从整体上调整工程教育机构、师资和招生规模，从微观层面来看，也需要根据产业结构的现状及发展趋势不断调整专业布局和研究重点；另一方面，工程教育需要在一定程度上引领经济社会的发展，通过教育带动产业结构调整，为推进产业结构调整培养相关人才。

2. 工程教育促进我国第二产业发展

王章豹和童月[7]通过实证研究，对工科本科院校在校生人数和第二产业国内生产总值对数序列之间的关联关系进行了分析，并得出以下结论：

(1)高等工程教育规模与第二产业国内生产总值之间存在着长期均衡的协整(线性)关系。从长期趋势来看，高等工程教育与第二产业之间是相互影响、相互促进和共同发展的。因此，高等工程教育规模在长期内对第二产业增长具有正向的促进作用。一方面，高等工程教育通过培养人才和提供科技成果等，促进了产业的技术进步及劳动者素质和生产效率的提高，从而直接或间接带动了第二产业的发展和结构升级；另一方面，高等工程教育的发展总是离不开经济特别是第二产业发展的需要，一定的工业化发展水平，要求有相应的高等工程教育发展水平与之相适应，第二产业发展和结构升级对高素质人才的需要以及对专业化人力资本投入的增加，都会促进工程教育的发展。

(2)高等工程教育规模在短期内对第二产业增长没有产生较大的影响。究其原因，可能是工程教育从投入到产生实际人力资本效应需要一定的周期，其投资效果不大可能在短期内得以呈现，第二产业经济发展也不会很快对工程教育发展产生作用。但随着时间的推移，高等工程教育对第二产业增长所起的作用越来越大，短期作用则越来越小，这也体现了高等教育滞后性的特点，要想在短期内通过扩张高等工程教育规模来推动第二产业经济的发展是难以实现的。

3. 工程教育促进经济社会发展的途径

世界经济发展的规律显示，教育水平与国民收入、人均国内生产总值及一个地区经济社会发展的程度呈正相关关系。工程教育是整个教育系统极其重要的组成部分。一个国家或地区，工程教育发展的状况与其工业化程度之间的关系极其密切，特别是高等工程教育和经济生活紧密联系在一起。

(1)工程教育培养工科类人才，为我国经济社会发展奠定人力资源基础。在知识经济社会，经济发展更多地依赖于知识与科学创新，依赖于具有创新思维与技能的高级知识分子与技术型人才。通过开展各级各类的工程教育，为经济社会发展培养了不同类型、不同层次、不同领域的工程类高级人才，为经济社会发展积累了大量而又优质的工程类人力资本。

(2)工程教育开展科学研究，为我国经济社会发展奠定科技基础。新经济增长理论认为，经济增长的动力是经济体系的内部力量作用的产物，而非外部力量作用的产物。内生的技术进步是经济增长的决定因素，技术或知识、人力资本的溢出效应是实现经济持续快速增长所必不可少的条件。首先，学校利用其人力资源和科学技术方面的优势，为高科技产业和诸多企业提供技术咨询与服务；其次，以科研推动区域经济发展是当今工程教育促进经济社会发展的重要形式之一。高校通过知识创新，将创新成果转化为现实生产力，带动经济发展，成为现代社会经济发展中的重要支撑。此外，大学科技园区的建设与发展也成为地方经济发展的新动力。

1.2.5　我国工程教育典型高校与人物介绍

1. 我国工程教育典型高校——清华大学

清华大学的工程教育主要受美、英、德、法等当时先进的工业化国家，特别是美国的影响。秉持勤奋、严谨、求实、创新的优良学风，清华大学在建校 100 多年期间，培养了众多知名的工程师和科技创新人才，为我国科技和经济社会的发展作出了重大贡献。

1) 清华大学工程教育的萌芽

清华大学的工程教育始于 1925 年建立的大学部下设的工程系。1925 年清华学校开始筹备大学部，同年 4 月，北洋政府外交部批准大学筹备委员会提出的《清华大学工作及组织纲要(草案)》和《北京清华学校大学部暂行章程》，自此清华大学分为大学部、留美预备部和研究院三部分。大学部设普通科、专门科两级[8]。1925 年 9 月，梁启超在《清华周刊》发表了《学问独立与清华第二期事业》一文，阐述对清华大学部前途和办学方针的思想，“一国之学问独立，须全国各部分人共同努力，并不希望清华以独占。但为事势便利计，吾希望清华最少以下列三种学问之独立自任：第一，自然科学——尤注重者生物学与矿物学；第二，工学；第三，史学与考古学。”1926 年 4 月 26 日，经学校第一次评议会议决定设立 17 个学系，工程系正式成立，并成为先行设立专修课程的 11 个系之一。

清华大学工程教育最初的办学理念受到了美国的影响，除了传授专业技能，还注重培养学生具备宽口径的通识基础知识。1927 年，梅贻琦对于清华学校办学的指导方针是这样表述的：“清华大学之教育方针，概括言之，可谓为造就专门人才，以供社会建设之用。”对于新设立的工程系办学，他提出：“今日社会上所需要之工程人才，不贵乎有专技之长，而以普通工程训练为最有用，是以本校设立工程系之始，即以此为原则。”

2) 清华大学工程学院的建立

工程系成立之后，经历了曲折的发展。1928 年 8 月，清华学校改为国立清华大学，时任校长罗家伦推行新的办学方针和理念，工程系一度遭遇裁撤。1929 年，《国立清华大学规程》开始实施。规程规定大学本科设立文理法三学院，停办市政工程系，恢复工程系专办土木工程科。直到 20 世纪 30 年代，国民政府为加强国防和推进工业化国家建设，开始强调实科教育，同时国家经济建设也需要大规模的工程人才提供技术支持。1931 年 10 月，梅贻琦就任校长，工学院建院事宜正式启动。1932 年 1 月，工程系学生发起了“改院促进会”，推动学校扩大工程系规模，改系建制为学院。1932 年 1 月 28 日，评议会议决定动用庚款余款，并呈请国民政府教育部开办工学院。同年 6 月，国民政府教育部指令大学筹建工学院，当年暑假开始招收新生和插班生，工学院即宣布成立。

成立后的工学院由梅贻琦担任院长。梅贻琦和其他三位系主任均在美国接受过工科教育，因此工学院的办学理念和教育模式在一定程度上有美国烙印，尤其有特别明显的麻省理工学院的痕迹。在选择教材方面，清华工科以麻省理工学院、加州理工学院和密西根大学为蓝本；在教师组成方面，主要是以麻省理工学院的留美学生为主体。1927～1937 年被认为是中华人民共和国成立之前高等教育发展的黄金十年，也是清华大学工程教育飞速发展的阶段。此后，学校设备不断扩充完善，招生数量增加，学术能力提升，清华大学的机械工程学院成为全国著名的工程教育院系。

3）清华大学工程教育的发展现状

（1）工程教育的科学化探索——清华大学工程教育研究中心。为进一步提高工程教育质量，加强工程教育研究，更好地为我国新时期工程教育的改革与发展提供服务和决策支持，经清华大学校务会议讨论，于 2008 年 12 月批准成立清华大学工程教育研究中心。

清华大学工程教育研究中心为非实体跨学科研究机构，挂靠在教育研究院（原教育研究所）运行。中心是由清华大学教育研究所、工业工程系、电机工程与应用电子技术系、机械工程学院、信息科学技术学院、继续教育学院、基础工业训练中心等院系单位共同发起，在教务处、研究生院、科研院、企业集团的大力支持协助下，形成的“学-研-产”跨学科和跨单位共同合作的研究机构。中心积极开展工程教育的教学研究和学术研究、高水平的政策和发展战略研究、组织学术会议、资助研究课题出版以及其他符合中心宗旨的学术活动。

清华大学工程教育研究中心努力提升研究实力和水平，致力于成为我国工程教育界有影响的教学研究、学术研究、政策与发展战略研究中心；中心努力发挥学校优势，与国内从事工程教育的高校和研究机构合作，推进我国的工程教育改革与发展研究，探索培养创新型工程人才的有效途径；中心努力促进国际合作，提高我国工程教育研究的国际影响力。

（2）工程教育的创新性探索。清华大学工业工程系开展工程教育创新。工业工程系加入了 CDIO 全球工程教育改革组织，正式采纳该组织以构思（conceive）、设计（design）、实施（implement）和运作（operate）四个阶段性的工程内容为学生能力培养目标的理念，将工程教育视为一系列的服务性工程产品制造过程，并以层次化的架构组织师生的学习活动。其模式分为三层：①教师根据社会科学和数理逻辑的相关理念来构思教学大纲并确立学生分组规则；②使用基于系统工程理念开发的互联网信息技术工具，加强师生有规律的互动学习；③师生将课堂环境演化为知识交换市场，让学生分享他们的共同学习成果，并展示他们在开放性作业设计中的创造性[9]。

(3) 提升在国内与国际的影响力。一方面，注重服务国内经济社会发展需求。学校着重强调教育要更好地适应我国国民经济建设和发展社会主义市场经济的需要，不断加强学科建设，拓宽专业方向，以社会需求调节指导教育改革，同时十分关注经济建设的新变化和对工程技术人员的新要求，注重培养人才的全面素质，要求学生具有深厚的理论基础、宽广的专业知识以及对实际工作的适应能力。

另一方面，学校不断提升在国际社会的影响力。自 2011 年起，清华大学工程教育研究中心与国际工程教育发展研究院联合举办了国际工程教育工作坊。截至 2018 年，有超过 100 所大学的 800 余位管理者、工科一线教师、工程教育研究人员参加了工作坊，对加强工程教育国际学术交流、推动国内高校工程教育改革与发展发挥了积极作用。

2. 人物介绍——梅贻琦

梅贻琦于 1931～1948 年任清华大学校长，是任职时间最长的校长。在长达 17 年的任职期间，他致力于不断推进清华大学的建设。在长期教育实践基础上，经过深入思考并参考和借鉴国外先进教育理论，他认为培养高等工学类人才须适应我国国情，并重视以“通才教育”思想指导工程学科教育模式改革，培养现代工业社会发展急需的工程类专门人才[10]。

1) 梅贻琦的人才观——通才观

1927 年，梅贻琦在《清华学校的教育方针》一文中提出，在工程教育方面，应扩大学生的知识面和基础训练：“盖今日社会上所需要之工程人才，不贵乎专技之长，而以普通基本的工程训练为最有用。是以本校设立工程系之始，即以此为原则。凡工程学之基本知识，或属于机械，或关乎电理，或为土木建筑之要义，使学生皆得有确切的了解，即运用之能力，俾将来在社会遇凡关工程问题，皆能有相当的应付；且工程事业往往一事关系数门，非简单属于一门者，在今日中国之工商界中，能邀至数专家以经业一事者甚少，大多数则只聘一工程师而望其无所不能。斯故本校之工程学程中，认普通之基本训练较若干繁细之专门研究为重要也。”因此，梅贻琦认为工程人才不应是仅有一技之长的工匠，而是具有全面的基础知识根基的全面发展的工程型人才。因此，工程教育除了需要传授专业的技能外，还需要使学生掌握人文、自然、科学等各学科的全面基础知识。

2）梅贻琦的教学观——理论与实践相结合

梅贻琦留学美国，深受美国教育思想的影响。因此，在梅贻琦治理下，当时的清华大学办学理念有着明显的理论与实践相结合的痕迹。他认为："西洋工业文明之有今日，是理工并重的，甚至于理论的注意要在技术之上，甚至于可以说，技术的成就是从理论的成熟之中不期而然地产生出来的。真正着重技术，着重自然科学对于国计民生的用途，在西洋实在是比较后起的事……工业建国的效果当然也不是一蹴而就，如果我们在工业文明上也准备取得一种独立自主的性格，不甘于永远拾人牙慧，则工程上的基本训练……至少不应在其他部分之后，这一层就目前的趋势说，我们尚未多加注意。"因此，梅贻琦认为，工程教育需要培养学生扎实的理论基础主要有两个方面的原因：一方面，工程人才的专业技术培养需要建立在扎实的科学理论基础之上，理论是实践的基础；另一方面，理论与科学知识是技术创新的基础，若仅停留在西方国家的具体技术层面，无法从根本上摆脱我国科技发展依赖其他国家的局面，也就无法建设现代化的工业强国。

3）梅贻琦的保障观——师资与设备

梅贻琦认为，"所谓大学者，非谓有大楼之谓也，有大师之谓也"。庚款留美学生陆续回国，成为清华大学工程教育的主要师资队伍。此外，在梅贻琦"大师观"理念的影响下，清华大学努力聘请世界顶尖科学与技术领域的大师访问讲学。工学院成立之后的 1935 年，清华大学聘请麻省理工学院数学系教授、数学家诺伯特·维纳（Norbert Wiener）访问讲学。维纳到清华大学后，为数学系师生系统讲解了傅里叶级数、傅里叶积分和勒贝格积分的理论，此后清华大学数学系将傅里叶级数论和近代三角级数论正式列入清华研究院理科研究所算学部的选修科目。

培养工程人才离不开具体的实验与实践教学。梅贻琦认为培养卓越的工程人才、开展工程技术创新与研发需要有高水平的实验室。1928 年，清华大学《校务进行计划大纲》规定：清华大学的经费，固定每年为 120 万元；每年图书仪器购置费，至少为总预算的 20%。在当时动荡的国内外环境下，清华大学保持了相对稳定的发展。1933 年以后，根据发展理工的方针，实验室及设备有了较大扩充，每年至少有 14 万元的仪器设备费。1936 年，清华大学共设有 43 个实验室，大都是用当时最先进的仪器装备起来的。土木系的水力实验室是仿照德国类似实验室建造的，其中水力机械等方面的设备与当时美国大学相比也不逊色。西南联合大学时期，办学经费极度缺乏，购置设备资金不足。1946 年，清华大学师生全部回到清华园，学校从庚子赔款利息中得到的 70 多万美元大部分用于添置图书和仪器设备，一些实验室得以恢复，并新建了几个实验室。1948 年，理学院和工学院的实验室总计 44 个，其中理学院 26 个，工学院 18 个。

1.3　新时代我国工程教育战略需求

1.3.1　新时代我国经济社会发展现状及基本趋势

党的十八大以来，我国全面深化改革取得重大突破，供给侧结构性改革深入推进，经济结构不断优化，基础设施水平全面提升，数字经济等新兴产业蓬勃发展，区域发展协调性增强，对外开放成绩显著，生态文明建设取得新进展，综合国力显著增强。中国特色社会主义制度的不断丰富和发展，国家治理体系和治理能力现代化水平明显提高，全社会发展活力和创新活力明显增强，这些都体现了新时代我国经济社会良好发展的现状。

与此同时，经过四十多年的高增长，我国经济发展进入新阶段，亟须实现经济的转型升级，改善发展不平衡不充分、创新能力不强、实体经济落后、生态环境破坏等问题。新形势要求创新宏观调控思路和方式，充分发挥市场的活力，加快经济转型升级和结构优化，更好地改善民生。未来，我国经济社会发展将呈现出下述趋势：①保持经济中高速增长，提高经济发展质量和效益；②落实可持续发展理念，加快经济结构战略性调整；③坚持全面深化改革，促进经济社会可持续健康发展。

1.3.2　新时代我国工程教育发展基本趋势

当今世界各国之间的科技竞争和经济竞争日益激烈，发展经济和科技靠的是人才，因此这种竞争实质上是高端人才的竞争。而人才培养靠的是教育，因此各国之间的竞争归根结底是教育的竞争。由于全球生产方式和制造模式的转变，对高级工程人才的需求更为突出。因此，加快我国工程教育的发展进程，培养具有国际竞争力的工程人才，对门类齐全、独立完整的工业体系的形成与发展发挥着不可替代的作用，更是提高我国综合实力和科技实力的关键。

《国家中长期教育改革和发展规划纲要(2010—2020 年)》指出，教育是民族振兴、社会进步的基石，是提高国民素质、促进人的全面发展的根本途径，寄托着亿万家庭对美好生活的期盼。因此，要实现中国经济结构转型的目标，需要一支能够适应中国特色新型工业化建设的高级工程人才队伍，为把我国建成创新型国家提供智力支撑和人才保障。面对新的目标、新的要求和新的任务，工程教育必须担负起以人才培养促进国家经济社会发展的使命，牢牢把握时代变革的脉搏，顺应国家发展的大背景、大趋势，坚持质量第一、效益优先，为我国全面建成社会主义现代化强国提供人才支撑和知识贡献。

面对前所未有的机遇和挑战，工程师所面临的环境日趋复杂，因此需要增强他们的创新能力和国际竞争力。这就要求从整体上规划和改革工程教育，适应全球发展趋势，满足国家经济社会发展需要和人民群众接受优质教育的需求，培养出具有创新创业精神、专业知识技能、终身学习能力、全球视野和责任感的工程人才。因此，新时代我国工程教育发展将呈现出以下基本趋势。

1. 进一步明确工程教育培养目标，更新课程体系与教学内容

我国工程教育经历了从“专才”型培养模式向“通才”型培养模式的转变，但各高等院校工程教育在办学目标、培养目标上存在的严重趋同现象，制约了工程教育的创新性和多样性。相似的人才培养体系培养出来的工程类毕业生在一定程度上千人一面，难以适应社会的多样化需求，也难以满足人才的多样性发展需求。未来，我国需要进一步明确不同类型高校在工程人才培养方面的多样化目标，建立起层次分明的高等工程教育体系；高校在吸收国际 CDIO 工程教育模式等优秀特质的基础上，要建立起适应中国国情、具有中国特色的工程教育培养模式。此外，高校还要解决课程体系不够合理和教学内容相对落后的问题，这需要政府、高校和市场厘清权责，构建起“政府引导、高校自觉、市场参与”的工程教育变革体系，发挥政府的宏观战略规划和引导职能，扩大市场在工程教育办学方面的参与权，使企业参与到高校工程教育培养目标制订、课程体系完善和教学内容更新的过程中，确保工程教育课程的市场适切性。未来，新型的课程体系和教学内容将克服技术人才的“工具化”现象，改善培养过程缺乏实践性的问题，培养兼具工具理性和价值理性、具有问题解决能力和国际视野的工程师。

2. 加强工程教育的实践性，注重学生创新能力的培养

外部配套环境和地方激励政策不够完善，使得企业和工厂接受工程专业学生实训的积极性不高，在一定程度上阻碍了工程人才参与实训的机制发展，最终导致工程教育的实践性不足，工程专业毕业生的市场适应性不强。因此，开展以校内实训基地和企业实践基地为主的工程训练模式，加强工程教育的实践性，为本专科生、研究生提供面向实际工程环境的体验式课程，加强工程教育与国际组织、跨国企业及世界各国的交流与合作，是未来我国工程教育的改革重点和发展趋势。此外，我国在国家层面上提出“科教兴国战略”和“创新教育战略”，在学校层面也开始进行创新型工程人才培养研究、卓越工程师教育培训计划、现代学徒制试点等人才培养方面的探索，对于我国教育培养模式的优化具有积极意义。但是我国实践层面的工程教育对于创新能力培养的贯彻力依然不足，缺乏培养创新型工程技术人才的意识、方法和环境，没有自觉地将增强工程创新意识和技术创新能

力的要求贯穿于人才培养的全过程。因此，未来如何培养一大批创新能力强、适应经济社会发展需要的高质量工程人才，助力于创新型国家建设、工业化和现代化发展，是工程教育的改革重点。

3. 加强学校与企业间的联系，建立起产学研合作体系

由于工程类专业与实践紧密联系的特殊性，工程教育能够直接为经济发展、社会进步服务。但企业和高校之间缺乏利益共鸣，也缺乏将科研成果转化为生产力的激励机制。目前我国工程教育与产业、企业的联系性较少，培养模式单一且相对封闭，难以适应经济社会变革对高级工程技术类人才的需求。因此，为了落实产学研合作，各方需要积极打造多主体参与的创新教育生态系统，通过税收减免等福利政策调动企业的积极性，密切学校与企业之间的合作伙伴关系，建立起长效的产学研合作体系，为学校的成果转化提供制度保障和资金支持，同时鼓励企业参与到工程人才培养目标设定和培养过程中。产学研合作是一个对学校、学生和企业都有利的体系，具体体现在以下方面：

(1)企业实习经历和工程项目参与经历，有利于学生提前适应工作环境和提升就业竞争力。

(2)产学研合作为学校合理利用企业资源、成果转化提供了可能，学校导师和企业联系人共同培养学生的方式也提升了学生的整体素质，有利于学校在社会上的良好声誉。

(3)实习生参与企业设计项目，往往是直接为公司解决实际问题，帮助企业获得高于投资成本的利益。此外，实习生培养也是企业吸收优秀人才的一个重要途径。

4. 规范工程教育专业认证体系，促进工程师的国际资格互认

工程教育认证对达到既定教育质量标准的学校和专业给予认可，是保障和提高工程教育质量的一种重要方法和途径。目前我国主要由中国工程教育专业认证协会负责工程教育认证工作的组织实施，由《工程教育认证标准》规定工程教育本科培养层次的基本标准。由于我国工程教育专业认证的制度和体系仍然处于不断成熟阶段，如何保证工程教育的质量及完善工程教育认证体系，已成为当前我国工程教育面临的首要问题。《华盛顿协议》于 1989 年由来自美国、英国、加拿大、爱尔兰、澳大利亚、新西兰 6 个国家的民间工程专业团体发起和签署，旨在建立共同认可的工程教育认证体系，实现工程师资格互认的目标。2013 年，中国科学技术协会(以下简称中国科协)代表我国作为预备成员加入《华盛顿协议》，2016 年 6 月 2 日，中国科协代表我国成为国际本科工程学位互认协议《华盛顿协议》的第 18 个正式成员。我国工程教育按照国际标准培养人才，我国工程专业学

士学位得到其他协议成员的认可，这对推进中国工程师资格国际互认和中国工程技术领域应对国际竞争、走向世界，具有十分重要的意义。

1.3.3 工程人才培养从规模扩张向质量提升转变

我国高等工程教育的人才培养规模和数量经历了一个急剧扩张的阶段。根据教育部公布的相关数据，2011 年，全国有普通高等学校 2358 所，其中绝大多数院校开设有工学专业，工学专业布点数占普通高等教育设置专业总数的 34%以上，并呈现出比例逐年略有增长的趋势；2005 年以来，工学专业普通本专科在校生人数一直占普通本专科在校生总数的 35%以上，同时呈现出比例逐年略有增长的趋势；截至 2016 年，我国工学专业普通本科毕业生人数为 1226730（占全部毕业生总数的 32.8%），普通高校工学硕士生毕业生人数为 175443（占全部毕业生总数的 34.9%），普通高校工学博士生毕业生人数为 18673（占全部毕业生总数的 34.8%），且呈现出人数逐年增长的趋势。我国已经成为世界上高等工程教育规模最大的国家。

我国工程人才培养的规模虽居世界领先地位，但并不能掩盖我国工程教育的深层问题，即工程人才的整体素质不够高、实践能力较差、专业面较窄、人文修养较缺乏、国际竞争力不够强。《2013—2014 年全球竞争力报告》表明，我国在“科学家和工程师的可用性”指标中仅排名第 44 位。据瑞士洛桑国际管理学院 2013 年发表的《国际竞争力报告》，中国工程科技人员国际竞争力在全球 60 多个被调查国家和地区中处于中等水平，且工程师的合格程度在全球范围内处于末端水平。由此可见，虽然我国的工程人才数量具备很大的优势，但是在质量方面仍有很大的提升空间，“量”和“质”悬殊的问题仍然存在。对于拥有超大规模工程教育的中国，质量问题已经迫在眉睫。未来，工程人才培养将实现从规模扩张向质量提升的转变，强调质量优先的发展模式，以适应我国经济社会的发展现状和趋势。为了促进工程人才培养质量的提升，要求我国工程教育能够应对结构体系、培养层次与人才类型、课程设置、师资队伍建设等方面的挑战。

在结构体系上，我国工程教育的专业结构失衡，机械、土建、化工、电机等传统专业的培养规模较大，发展较成熟，而国家紧缺的如新能源、材料、环境、信息等产业的合理学科专业结构尚未形成，新兴交叉学科的发展仍处于起步状态。因此，为解决我国目前在新能源、材料、环境等领域人才稀缺的问题，改善在制造业、建造业等领域人才结构不合理的现象，解决交叉学科方面发展落后等问题，我国迫切需要以专业结构调整为切入点进行改革，具体如下：

(1)应准确把握市场需求，瞄准在新能源、环境等领域的巨大人才缺口，鼓励高校开设相关的主修或辅修专业，争取在新能源等新兴专业领域的人才培养方面走在国际前端，助力国家先进技术发展。对于新开设的专业，更要配有优厚的师资条件、教学设备和社会资源，以保障新兴专业的长效发展。

(2)交叉学科是新工业革命的发展需求。工程教育应聚焦国家发展战略、国际新技术和新产业发展、高端制造业等前沿和未来领域的发展，发挥自身与行业产业紧密联系的优势，优化高校专业结构，推动现有工科间的交叉复合、工科与其他学科的交叉融合。交叉学科的发展，可以通过高校在原有专业基础上的合作得以实现，合理利用原有师资和设备资源，丰富工程人才的专业知识结构，优化工程教育的专业结构。

在培养层次和人才类型方面，我国工程教育的多层次培养目标和多类型培养目标尚不明确，没有能够根据经济社会的发展要求，形成层次多样、分工明确、类型多样的培养层次和人才类型。因此，一方面，我国迫切需要在培养理念转型、学科专业调整、课程体系更新、培养模式改革等方面做出快速应对，培养出能够为开发新能源等服务的复合型工程人才，以及能够促进高新技术密集型产业发展的研发型工程人才和创新型工程人才；另一方面，我国还需要厘清研究型大学与应用技术型大学之间的不同培养层次。研究型大学着重培养学生的理论知识基础和科学研发能力，科研性和创新性是该类高校学生的优势。应用技术型大学侧重培养学生的工程应用能力，旨在培养中级或实际操作的技术人才，实践操作能力和灵活运用能力是该类高校学生的主要特点。研究型大学应该做到小而精，主要关注与国家发展战略密切相关、处于前沿领域的国际新产业和未来技术的发展及趋势。应用技术型高校应该做到专而深，即发挥与地方产业紧密联系的优势，专门集中在与行业紧密联系的门类上，力求把这些新工科建成有深度、有特色的学科专业，主要聚焦关联行业和产业当前急需和未来需要的领域，涉及国家发展战略、国家战略性新兴产业、我国优势产业等领域。

在课程设置方面，新工业革命对多知识结构复合型人才的需求，要求课程体系向交叉型多学科改革。20 世纪 90 年代以来，美国工程教育领域兴起了“回归工程”的浪潮，提出要建立“大工程观”，即工程不再是狭窄的科学与技术，而是建立在社会、经济、文化、环境等诸多因素影响下的大工程。“大工程观”要求工程教育不仅要培养学生在工程科学和技术方面扎实的专业素养，还要培养学生扩展多学科知识领域的潜力和创造性。美国工程类高校在能源工程、信息技术及新兴产业等学科的课程设置上都显示出了多学科融合的特点。工程专业的这种多学科课程特点，满足企业和毕业生就业的实际需求，符合国家优先发展战略和国际发展趋势。反观我国工程教育的课程体系，公共基础课、专业必修课、专业选修课之间的割裂性和独立性，为综合课程的开展带来一定障碍。因此，从课程体系来看，要合理分配通识教育、专业教育之间的比例，在提升专业教学质量的同时，加大人文科学、社会科学和自然科学等通识教育课程的比例。此外，开发多学科融合的课程体系，在一定程度上避免机械组合的情况，真正建立起课程间的联系性，为学生提供更为宽泛的课程体系，是我国工程教育实现质量飞跃的关键。

在师资队伍建设方面，我国工程教育多以高学历为门槛，缺乏具有工程实践背景和经历的师资，导致在课堂教学中出现重理论、轻实践的现象。在教师类别的构成上，我国多专职教师，而兼职教师队伍较弱。要实现工程教育的质量提升，优秀的师资队伍是重要基础。良好的师资队伍建设，一方面要求高校能够选拔出优秀的专职教师。专职教师的选拔标准不应局限在教学能力和理论研究水平的单一标准上，还应注重教师本身的工程实践能力、学科集成能力和自主创新能力等综合素质。选拔渠道可以从国内的高水平研究型大学拓展到海外工程类高校专业研究人员、具有海外工程经历的技术人员、国内企业的高级工程技术人员和高层次管理人员、校企合作建设的博士后工作站等多种渠道[11]。另一方面，兼职教师队伍是对专职教师实践能力薄弱的重要补充。工科兼职教师主要依托产业链协同发展的行业、企业，同一产业领域的企业在生产实践、研究领域、前沿生产等方面与高校的学科发展较为吻合。因此，工程专业的兼职教师主要来源于企业工程领域的专家、高层次管理人员、行业内较有成就和影响力的专家等，其中负责过工程项目或产品的生产制造设计开发，具备较强业务水平和研究能力，工程实践丰富的研究人员，可以适当承担研究生的培养指导工作。

1.3.4　工程教育教学内容、模式与考核评价方式的转变

《国家中长期教育改革和发展规划纲要(2010—2020年)》指出："把改革创新作为教育发展的强大动力。教育要发展，根本靠改革。要以体制机制改革为重点，鼓励地方和学校大胆探索和试验，加快重要领域和关键环节改革步伐。创新人才培养体制、办学体制、教育管理体制，改革质量评价和考试招生制度，改革教学内容、方法、手段，建设现代学校制度。"改革开放以来，我国的工程教育在规模上有了大幅增长，在教育质量、科研水平和成果转化上均有较为显著的发展。但是，在助力信息化社会发展、国家经济结构转型、高等教育实现内涵式发展方面，工程教育的发展仍然存在巨大的短板。

随着全球化和经济一体化的推进，全球经济的区域结构迅速调整，世界产业格局面临重新洗牌，信息化、科技化和创新化主导着国际新一轮产业结构调整。我国要实现自身经济结构的转型，必须将发展的重点放在第三产业上。以信息技术为先导的新兴产业的发展对工程教育的人才培养质量提出了更高的要求，部分教学内容陈旧、教学模式单一、考核评价方式失范等客观现实，严重制约了我国工程教育的发展。因此，我国工程教育必须实现教学内容、教学模式和考核评价方式等方面的转变。

(1)工程教育要实现教学内容的转变。教学内容的转变是工程教育改革的重点

和难点，高校必须要根据科学技术发展的特点、经济社会发展的特征、现代工程建设的实际需求和人才培养目标的定位，设置科学合理的课程体系，将现代工程的新理念、新方法、新知识、新技术融入教学内容中，同时将培养创新型工程人才的理念贯穿到人才培养的全过程。我国工程教育要实现教学内容的转变，需要在加强人文社科教育、注重实践环节等方面有所突破。一方面，在通才教育的影响下，我国在注重工程人才知识纵向发展的同时，也开始强调知识结构的多元化，在教学内容中增加通识类课程的比例，通过人文、艺术、社会科学类课程的学习，提高工程人才的人文素养；另一方面，要实现教学内容从知识性向实践性的转变，学校必须大力增加实践性教学课程的比例，改变当前重科学知识传授、轻工程实践训练的现状，通过实践性课程培养学生的工程设计能力和创造性能力。加强工程教育实践基地的建设，在优势互补、互利互惠的原则下加强学校与企业的联系和合作，让学生能够受到良好的工程实践训练，同时让企业作为重要利益相关者参与到合作教育计划的制订、学生学习实践成果评估、毕业设计指导和评估等环节中。

(2)工程教育要实现教学模式的转变。从现阶段工程教育教学模式的发展情况来看，我国仍处于以教师为主体、以教室为场地、以教材为载体的传统模式阶段，随社会信息化发展而不断完善的网络化教学、研究式教学、实践性教学依然发展受阻。多样的教学模式，恰恰是培养工程类学生良好的创新能力、实践能力、问题解决能力最重要的实现途径。从国际先进经验来看，CDIO 工程教育模式是麻省理工学院和瑞典皇家理工学院等四所院校经过四年的研究而创立的最新研究成果，是一种基于项目、问题的，结合探究式课堂教学与实践教学的教学模式，让学生以主动的、实践的、课程之间有机联系的方式学习工程，旨在提高工程人才的工程基础知识、个人能力、人际团队能力和工程系统能力，CDIO 工程教育模式代表当代工程教育的发展趋势。实现线上教学与线下教学相结合、知识性教学与研究性教学相统一、基础性教学与实践性教学相补充的混合式教学模式，是改进国内高等工程院校培养体系的重要内容和应有之义。线上教学能够打破课堂教学的地域限制，让学生可以就地获得更具丰富性、时效性的教学资源。研究性教学有助于培养学生的工程素养、分析和解决问题的能力，为后续开展工程创新实践活动奠定基础。实践性教学有助于学生融会贯通地将知识运用到生产操作中，形成分组式学习、经验式分享的主动状态，增加学生对工程知识的掌握程度。

(3)工程教育要实现考核评价方式的转变。工程教育的考核包括对学生学习成果的评价和对教师教学过程的评价两方面，良好的评价机制是保证培养成效的重要监督方式。在对学生学习成果的评价方面，书面考核是我国目前工程教育教学性成果反馈的主要途径，对教师教学过程的考核以不定期的学生问卷为主。因此，我国工程教育亟须转变考核评价方式。一方面，学生学习成果评价需要从原来以对学生学习成果的终结性评价为主的方式向诊断性评价、形成性评价和终结性评价相结合的方式转变，通过对学生学习过程的全面考核，不断调整教学内容和教学进度，让工程教育的理念贯穿于人才培养的全过程中。此外，由于工程教育的实践性特征，除了对理论知识的考核之外，还要注重对操作能力和实践素养的考核和评价，以期培养能够学以致用的实用型人才。另一方面，加强对教师教学成果的自评和他评，建立系统的教学管理制度、教学质量监控机制、考核评价与监督机制，是保障工程教育教学质量、提升工程教育整体水平的重要方式。其中，定期审查的教学质量监控应包括内部审查和外部审查两方面。内部审查主体包括校企协同培养领导小组、教学相关职能部门、学校教学督导小组、协同模式参与院系等。外部审查主体包括协同模式合作企业、工程人才用人单位、校外行业质量监督协会、政府教学职能部门等单位机构。多方通过选定教学过程的某个质量监控点进行教学监控，在比较质量结果、分析质量问题的基础上进行纠正偏差、改进质量，以达到教学质量监控的目的。

1.4　本 章 小 结

本章基于国际工程教育视角，将工程教育的历史划分为四个阶段，以此为线索梳理了工程教育从学徒制到科学化发展的历程，最终演化出国际工程教育的主要思想——大工程观，工程教育体系日趋完善。“大工程观”是美国工程教育从“技术模式”到“科学模式”，再到“工程模式”的发展结果，在这一思想指导下，工程教育逐渐呈现系统化、整体化、协同化、知识结构优化、可持续性、实践性、应用性、创新与创造性、超前性等多样化特征，全球涌现出以麻省理工学院为代表的一大批工程技术类大学，在高等工程教育家威廉·巴顿·罗杰斯等杰出人物的影响下，引领意识、领导意识、首创精神、合作精神逐渐融入工程教育中并成为不可分割的一部分，对我国的工程教育发展也产生了深远影响。我国工程教育始于清末中等职业技术教育性质的实业学堂，但多从事直接的经验操作，对原理规律研究不足。民国时期以培养专业性人才为目的的专门工科大学深受美、英、法等西方国家工程教育思想的影响，认为工程人才既要有一技之长，也要有宽泛的知识基础，理论与实践并重的工程教育观逐渐形成。当代我国的全面工程教育观涵盖全过程的工程教育、全包容的工程教育和全民的工程教育特性，涌现出以清华大学为代表的大量工程教育领域优秀代表实体。随着经济结构战略性调整，工程人才培养将从规模扩张向质量提升转变，教学内容、教学模式与考核评价方式等一系列内涵亟待变革。

参 考 文 献

[1] 邓波, 徐德龙. 从工程哲学反思工程教育及其思想[J]. 自然辩证法研究, 2014, 30(1): 83-89.
[2] 彭静雯. 高等工程教育改革: 对学科规训的突围[D]. 武汉: 华中科技大学, 2013.
[3] 李润, 关志强, 邹刚明. “大工程观”研究综述[J]. 南方论刊, 2011, (5): 42-45.
[4] 刘利平, 马晓建. 全面发展工程素养的“大工程”教育观[J]. 辽宁教育研究, 2007, (12): 59-61.
[5] 陈希, 郑大钟. MIT 工程教育的办学意识[J]. 清华大学教育研究, 1997, 18(1): 26-30.
[6] 曾晓萱. MIT 的奠基者: W.B.罗杰斯及其工程教育思想[J]. 高等工程教育研究, 1993, (2): 57-66.
[7] 王章豹, 童月. 高等工程教育规模与第二产业发展的协整分析[J]. 高教发展与评估, 2016, 32(1): 37-46.
[8] 刘继青. 清华大学早期工程教育的发展及其外来影响[J]. 高等工程教育研究, 2011, (1): 83-89.
[9] 姚琳. 探讨创新理念 搭建创客平台: 记第二届中国创客论坛[J]. 中国发明与专利, 2014, (6): 10-11.
[10] 吴洪成, 甘少杰. 梅贻琦高等工程教育思想述论[J]. 扬州大学学报(高教研究版), 2011, 15(3): 28-32.
[11] 李冉. 新工业革命背景下我国工程人才培养模式研究[D]. 大连: 大连理工大学, 2015.

第 2 章　工程教育质量标准

《国家中长期教育改革和发展规划纲要(2010—2020 年)》明确提出“制定教育质量国家标准，建立健全教育质量保障体系”；《教育部关于全面提高高等教育质量的若干意见》(教高〔2012〕4 号)明确提出“建立健全符合国情的人才培养质量标准体系……鼓励行业部门依据国家标准制订相关专业人才培养评价标准”；《教育部关于加快建设高水平本科教育全面提高人才培养能力的意见》(教高〔2018〕2 号)提出“根据学校自身办学实际和发展目标，构建教育基本标准”。据此，构建或完善工程人才培养的教育质量标准现已成为地方本科高校建设高质量人才培养体系的重要任务之一。

人才培养是高校的根本任务，教育质量是高等教育的生命线，提高教育质量是推进教育教学改革的核心任务，而质量标准是教学质量的基本保障。1999 年，国家提出《面向 21 世纪教育振兴行动计划》，之后高校超常规扩大招生，《全国教育事业发展统计公报》显示，1998 年普通高校招收本专科生 108.36 万人，到 2023 年增加至 1042.22 万人(另有专科起点本科招生 95.92 万人、五年制高职转入专科招生 60.70 万人)。高考实际录取率也从 1998 年的 33.86%上升至 2023 年的 90.00%(图 2.1)，浙江省 2023 年高考录取率已达到 95.19%。

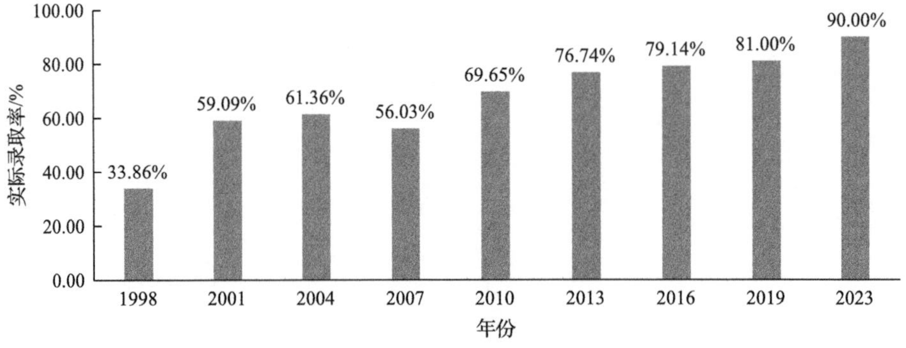

图 2.1　1998～2023 年全国高考的实际录取率

我国现已形成世界上规模最大的高等教育体系，高等教育在学总规模和毛入学率有较大幅度的提高(图 2.2)，2023 年各种形式的高等教育在学总规模已达 4763.19 万人，全国高等教育毛入学率已达到 60.2%(浙江省为 66.3%)，这也标志着我国高等教育已经进入普及化阶段。与此同时，区域高等教育规模、院校类型、招生类型、课程和教学形式等也发生了显著的变化，地方本科高校从区域经济和社会发展出发，其高等教育的质量标准必然不同于精英教育阶段和大众化教育阶段的教育教学质量标准，工程教育亦是如此，要根据地方经济社会发展需求和学生实际情况构建教育教学的质量标准，这样才可以保证标准切实可行。

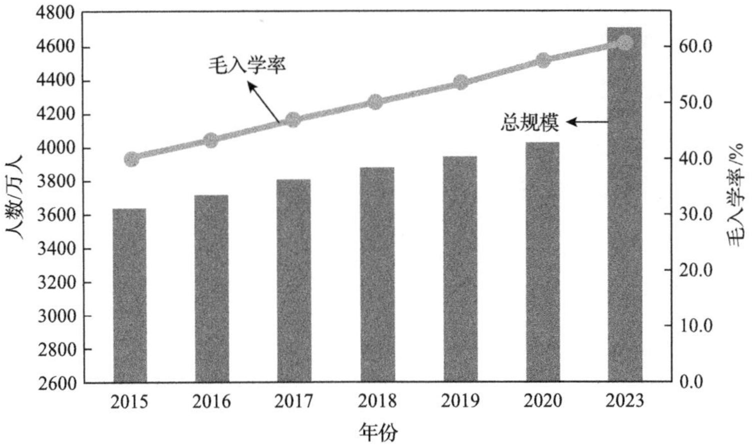

图 2.2　2015～2023 年高等教育在校学习总规模和毛入学率

2.1　高等教育质量标准的概念及相关理念

2.1.1　高等教育质量标准的概念

高等教育质量相对比较抽象，评价质量的高或低，要有一个可供遵循且相对可靠的标尺，这把标尺就是质量标准。高等教育评价就是拿标尺衡量教育质量的过程，也可以说拿自己的尺子量自己，拿自己的标准评价自己做得怎么样。换种说法，高等教育评价最终使高等教育质量以一种外在的结果显现，而高等教育质量标准就是质量最终的外在形式。

高等教育质量标准有狭义和广义之分。狭义是指从高校毕业的学生的质量和规格，广义是指考虑投入产出过程中的一系列因素，包括教育制度、教育资源、教育过程和教育评价等多方面因素的水平。教育质量标准也可说是在一定时期内为实现既定教育目标而制定的教育质量规范。英国学者格林(Diana Green)把教育质量分为五类：①独有的和优秀的，如牛津大学、剑桥大学等提供的教育服务是其他地方性普通本科高校无法相比的，也不能以少数名牌大学的教育作为标准衡量其他地方性普通本科高校的教育；②与预定的规格和标准相一致，可以为不同类别的院校规定不同的标准；③适合于目的，该定义为大多数教育界人士所接受；④实现学校目标；⑤满足消费者期待。

国内有学者[1]提出教学质量标准是指为达到人才培养目标和规格而制定的相应的关于教与学等方面的质量规定，它是教育目标的核心部分，包含过程质量标准、教学效果标准、时间效益标准等三方面。教学达到或未达到其标准可通过“三个满意度”来衡量：①学生对教学内容、教学方法和学习环境，以及通过学习过程对获取知识、培养能力和提高素质作用的满意度；②社会对高等学校毕业生的满意程度；③作为社会总体利益的代表和协调者的政府对高等教育工作的满意程度。

2.1.2　高等教育质量标准相关理念

“学生中心、产出导向、持续改进”的高等教育质量标准相关理念[2]已被广泛应用于院校评估或认证中。

1. 学生中心理念

罗杰斯(Carl Rogers)构建了“以学生为中心”的学习理论，包括教学原则、教育目的、对教师的要求等，强调最大限度激发学习者的动机，各国高校也越来越重视和强调以学生为中心的评价理念。例如，英国 2011 年发布的《把学生置于体系中心》高等教育白皮书，将“以学生为中心”的理念上升为国家政策。英国质量评估常设委员会(UK Standing Committee for Quality Assessment, UKSCQA)和高等教育质量保障局(Quality Assurance Agency for Higher Education, QAA)在 2018 年发布的《英国高等教育质量规范(修订版)》中也强调将保护公众和学生利益作为高等教育质量保障的重点。

在高等教育质量保障领域，“以学生为中心”的理念主要体现在关注学生的学习发展、学生与教育环境互动的性质与特征、学生对质量评估中质量标准的认识等方面。落实“以学生为中心”的理念，高校教育质量评价要从对教师教学的评价转向对学生学习的评价，这点我国高校已经开始重视，但“以学生为中心”的理念还没有得到非常充分的体现。例如，教学条件尤其是学习空间的设计，普遍还是以教师为中心，而自主性学习、探索性学习、小组学习等学习理念尚未在高校教学建设中普及。

2. 产出导向教育理念

斯派蒂(William Spady)提出产出导向教育(outcome-based education, OBE)概念/理念，该概念从基础教育领域逐步扩展到高等教育领域。例如，在以“博洛尼亚进程”为核心的欧洲高等教育区域整合进程中，依据 OBE 概念构建了欧洲学位资格框架和欧洲高等教育质量保障体系；《华盛顿协议》在美国工程教育专业认证基础上发展起来，全面接受了产出导向的评价方法，并将其运用于工程专业的国际互认。OBE 概念强调顶峰(culminating point)成果和基于学习结果的反向设计，强调学习与未来生活的联结，强调可视化的、可观察的学习结果。

国际高等教育质量保障领域已将学生的学习产出作为评价教学质量的重要标准，具体如下：

(1)注重学生学习结果的评价和记录。如哥伦比亚大学教师学院尝试将教师教学效率和课程负荷分析、学生学习结果评价、学生成绩等级分布分析、课程评估、学生满意度等多项内容作为评价指标。

(2)注重资源使用效率的评价。如关注图书的使用效率，而不是单纯地评价图书总量和生均图书，关注毕业生、用人单位对学生学习效果的满意度评价等。

(3)开发学习结果评价工具，包括访谈、调查问卷和标准化测试等。如墨尔本大学采用课程体验调查(subject experience survey, SES)量表进行学生评教，提供标准化的问题以了解学生对课程的学习体验，教学评价的重点从对教学行为的评价转向对学生有效学习的评价。

(4)充分利用大数据等信息技术手段，实现教学过程中学习结果的留痕，使得教学质量评价可以摆脱专家观点等模糊、主观的经验。

综上所述，基于产出导向的评价方法适应了普及化阶段高等教育结构的变化，可以有效应对新高考模式下学生生源结构多元化、生源质量差异大等新问题，已经逐渐在我国高校教学各类评估中得到重视，很多高校借鉴此理念并结合校情开展了大量实践探索。

3. 持续改进理念

持续改进的概念来源于以威廉·爱德华兹·戴明(William Edwards Deming)提出的全面质量管理理论，致力于建立常态性的评价机制并不断改进。持续改进是质量保障的理论核心，也是质量保障的行动关键。无论是高校内部质量保障还是外部质量保障，其根本目的都是促进学校不断提升办学水平、不断改进教育教学质量。

目前，世界各国或地区教育质量保障体系中都将促进教育质量改善与提升作为基本原则，如新西兰高校将“以提升为导向”作为教育质量保障的原则，美国田纳西州的大学评议会组织的审核评估将“高校的自我调查和自我改进”作为重点，我国香港地区高校开展的“质素核证”中将“教育质量改善与提升”作为评审报告的主要内容，日本大学认证协会(Japan University Accreditation Association, JUAA)组织的院校认证评估的核心理念之一就是“以评估促进高校持续改进”。普及化阶段的教育质量评价强调培养目标、毕业要求、课程教学等不同层面上的评价与持续改进，持续改进的效果体现在学生学习效果的改进与提高，包括学生能够对学习更负责、能够做出合适的学习策略选择、能够独立地进行学习与思考、能够自我评价学习效果以及能够获得成功等。

2.1.3 高等教育质量的评价

世界各国的高等教育相互借鉴，质量评价也呈现出共性的发展趋势，如政府主导的评估模式开始关注多元参与，而第三方评估的模式开始强调政府部门的宏观调控等。

高等教育质量评价可梳理为以下四种类型：

(1)以美国为代表的院校认证模式。由第三方中介机构组织设计、实施认证的基本标准，并据此对高校的办学理念、教学、科研、服务等方面做出引导性要求，判断被认证高校是否具备通过认证的最基本条件。

(2)以英国为代表的院校审核模式。不直接鉴定高校办学水平，只是对高校保障学术水准和质量水平的机制的有效性、真实性和可靠性，为达到既定目标而采取的思路举措和方法技术，以及维持质量的规则程序和实际运行情况进行考察和评议，为高校提高教学质量提供借鉴。

(3)以法国为代表的政府评估模式。由政府组织实施高校教育质量评估，在政府机构中设有专门评估组织，作为独立行政主体，不受教育或其他行政主体的干预，评估活动经费由政府提供。

(4)以日本为代表的自我评估模式。以高校自身为评估主体，通过各种评估手段和方法进行内部评估，发现自身在教学、科研等方面的不足，明确改进方向，最终达到改善教育质量的目的。

2.1.4 教育质量标准的分类

从层级上来看，教育质量标准可分为国际或区域教育质量标准、国家教育质量标准、地方教育质量标准和学校教育质量标准等；从效力上来看，教育质量标准可分为强制性教育质量标准和推荐性教育质量标准。但从国际基本共识上来看，一般从三个维度来理解教育质量标准，分别为内容标准、评价标准和保障标准[3]。

1. 内容标准

内容标准也称学术内容标准，描述在核心学术性领域，最初表现形式是课程框架或课程体系的总体结构，在高等教育领域中包括学分、专业设置标准等，是课程设置的重要参照，但又不是课程。正如美国《国家科学教育标准》的阐释，课程是传授内容的方式，包括课堂所讲内容的结构、组织安排、轻重处理及传授方式，而内容标准所描述的各部分内容可以根据不同侧重点或视角组织成多种不同的课程。

2. 评价标准

评价标准也称绩效标准，主要是基于内容标准描述如何评估学生对知识和技能的掌握程度。绩效标准旨在回答“怎样好才算足够好”的问题，明确学生如何展示他们对内容标准所规定知识和技能的掌握程度，主要表现为学生评价标准、教育质量监测等。内容标准和评价标准的主要区别在于，内容标准侧重于对学生应掌握的知识和技能的总体描述，而评价标准旨在展示对内容标准所要求的知识和技能的掌握程度。

3. 保障标准

保障标准也称学习机会标准，一般是指为保证学生达到内容标准和绩效标准的要求，对受教育者提供的教育资源和质量规定，包括人力、财力、物力投入和管理水平方面的标准，如教师标准、办学条件标准、经费投入标准和管理质量标准等，办学条件是教育质量保障的基础，教师是教育质量的关键，教师标准是提升教师队伍专业化水平的基本准则和重要保障，如生师比、硕士研究生教师占比等。

三个维度的标准在不同国家各层级教育标准中的表现形式和名称也不相同。以内容标准为例，在基础教育领域，英国、美国和澳大利亚使用的课程标准、课程框架或学科框架，在日本则称为学习指导要领；在高等教育领域，主要表现为各种专业设置标准和专业评估标准；在职业教育领域，主要表现为课程认证标准、关键能力框架等。内容标准、评价标准和保障标准是教育质量标准的三个维度，不是严格区分的三类不同标准，三个维度的内容并不是也不可能截然分开，而是紧密结合在一起、相辅相成的。教育质量标准始终以一个整体存在并发挥作用，其构成和发展也随着教育实践的开展而不断丰富和完善。

2.1.5　高等教育质量标准构成

丛昕[4]将高等教育质量标准归纳为目标标准、条件标准、过程标准、结果标准等四个方面。目标标准包括办学定位、办学理念、办学特色等；条件标准包括教师的水平、高学历教师比例以及教学仪器设备、经费等硬件条件；过程标准体现在对教学过程的关注及管理上，如专业设置、课程设置和对教学过程质量的监督等；结果标准也可称为评价标准，从学生培养的质量本身来看，评价学生的学业、能力、整体素质等，从对人才培养的满意程度来看，评价主体为学生本身、用人单位、家长三方。

杨清和谢献忠[5]规划高校教学质量标准体系构成要素包括学校章程、学校教学质量标准、专业教学质量标准、专业人才培养方案四个部分(图2.3)。学校章程能够为教学质量标准提供最基本的准则，回答“学校培养什么样的人”“如何培养人”的问题，规定人才培养规格和基本质量要求。学校教学质量标准是规定学校发展定位与目标、师资队伍、教学资源、培养过程、学生发展和教学质量等内容的文件、制度、办法的总和。专业教学质量标准是根据国家标准、行业标准和学校教学质量标准的总要求，结合办学实际而制定的各专业教学质量要求，主要内容包括培养目标、毕业要求、课程体系、师资队伍和支持条件等要素。专业人才培养方案是学校全面贯彻国家教育方针、实现人才培养目标、保证教学质量和人才培养规格的根本文件，是培养过程设计、实施培养计划和课程配置的依据，主要包括培养标准、知识结构、课程体系、主要课程、学制或学分、毕业条件、授予学位、教学进程等要素。

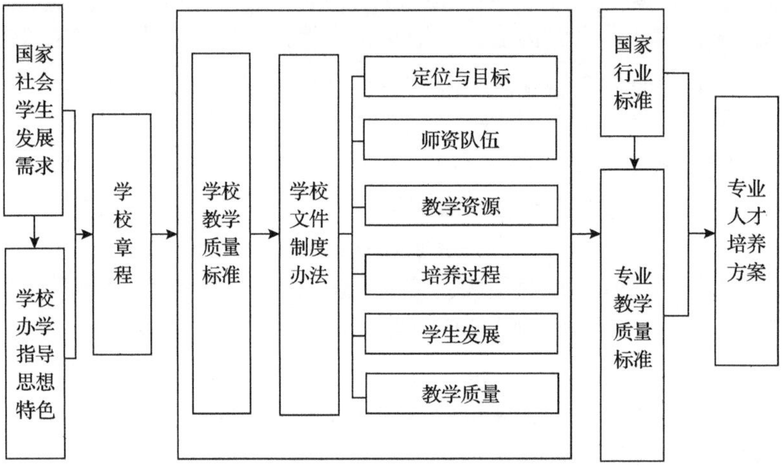

图 2.3　高校教学质量标准体系构成要素

为了实现高等教育质量标准体系的可持续发展，需对其经过执行实施后所产生的效应进行及时的评价反馈。杨清和谢献忠[5]将审核评估的“五个度”(达成度、适应度、保障度、有效度和满意度)作为教学质量标准体系实施及其反馈环节有效运行的基本依据，如图 2.4 所示。学校办学定位决定人才培养目标，人才培养目标呼应学校办学定位，高校须按照国家教育发展总体要求，根据经济社会发展对人才的需求合理定位，结合自身办学传统、优势特色和服务面向，制订符合行业发展、社会需求的人才培养目标。教师和教育教学资源是保障教育质量的基本条件，国家对高校办学基本条件有明确标准和要求，同时高校还应该依据自身设定的人才培养目标建立教师与教学资源内部标准，提供与之相适应的人、财、物条件支撑，以保障培养目标的实现。达成度是指从学校培养目标出发，经过具体的教育教学活动，实现预先设定的人才培养目标的程度。适应度是指学校人才培养目标及各专业人才培养目标与社会需求的契合程度。保障度是指高校在办学定位及人才培养方面，对师资队伍和教学资源的支撑程度。有效度是指教学活动及包括质量标准、质量评价、质量监控、信息收集、反馈改进等的教学质量保障体系运行的有效程度。学生和社会用人单位的满意度是指学生和用人单位对学校教育教学环节、教风学风、自我学习与成长及毕业生素质、知识和能力等内容的满意程度，学生和社会用人单位的满意度是衡量教育质量的根本尺度。

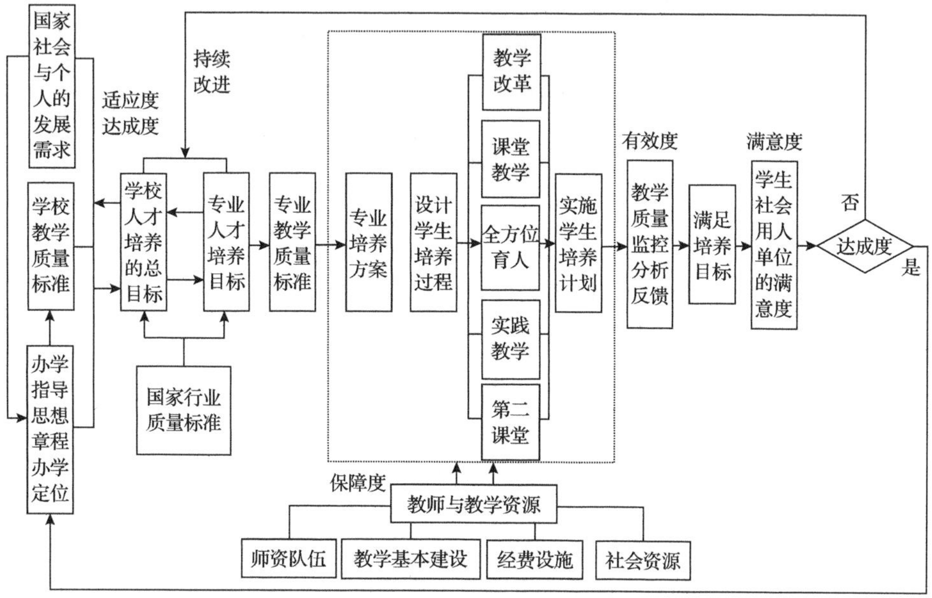

图 2.4　“五个度”与教学质量标准的关系

2.2　有效教学的概念、内涵和评价

2.2.1　有效教学的概念

人才培养是高校的五大职能之一，专业是人才培养的现实体现，教学活动是高校教育活动的主体，教师的第一要务是教学，课堂教学是人才培养的主渠道，教学的有效度是判断教学质量的重要依据。围绕“教与学”的评判或评价，国内外学者开展了大量研究。20 世纪前，西方教育理论中占主导地位的教学观是“教学是艺术”，但随着科学思潮的影响，人们意识到，教学也是科学，即教学有科学的基础，还可以用科学的方法来研究，有效教学(effective teaching)就是在此背景下提出的。

有效教学理念源于 20 世纪上半叶的教育科学化运动，在受到美国实用主义哲学和行为心理学影响下的教学效能核定运动后，该概念频繁出现，但对于“什么是有效教学”“如何去定义”“如何去评估”之类的问题，国内外学者从哲学、教育学、心理学等不同角度有不同的理解，也即评价维度不同，概念表述形式也不同。

刘桂秋[6]对有效教学的概念进行了梳理和辨析，提出了综合有效教学观之下的有效教学概念，把有效教学界定为“在具体教学过程中根据课前预设的教学方案而实施的兼顾预设教学目标的实现和动态有效生成的教学”。林德全在《有效教学研究透视》一文中定义：“有效教学是指在达成教学目标和满足发展需要方面都获得成功或表现俱佳的教学行为，包括教师有效地教和学生有效地学这两个不可分割的方面。”伍春兰[7]从价值取向角度，把国外学者对有效教学的概念界定为三种：①目标取向，主要关注预期的教学目标达成度；②技能取向，主要对教师教学技能测评；③成就取向，主要通过学生成绩考量。

2.2.2 有效教学的内涵

通过梳理各学者的观点，有效教学有两种解释较为经典[8]。

(1)由教学投入(或教学所耗)与教学产出(或教学所得)的关系来界定有效教学，即从教学效果、教学效益、教学效率三方面综合描述教学的有效性，也可认为是基于产出导向评价教学的有效性。

(2)从学生的学习出发来界定有效教学，即从学生有效学习和发展的角度规定教学的有效性，包括三个方面：①促进学生的学习和发展是有效教学的根本目的；②激发和调动学生的学习主动性、积极性和自觉性是有效教学的出发点和基础；③促进学生形成有效的学习是有效教学的实质和核心。

关于有效教学的内涵，余文森[9]采用经典解释之一，沿用经济学概念，从效果、效用、效率三个维度阐述有效教学的内涵，总结提出有效果是学有所得、所获，有效用是学到的东西是有价值的、有用的，有效率是学的过程和方法是科学的、简洁的、省时的。下面从教学投入与教学产出的关系说明有效教学的三个方面，即教学效果、教学效益和教学效率。

1. 教学效果

教学效果指的是教学活动下的成果，强调教学产出的结果，落脚点在“学”，学生有无进步或发展是衡量是否有效果的指标，且既要考虑社会和个人的教育要求，也要考虑教学投入的产出或所得。与有效果相对应的是无效，绝对无效不存在，一般对应的是低效或负效(对学生造成伤害或消极影响)。苏联著名的教育家苏霍姆林斯基(Vasyl Sukhomlynsky)曾说：“如果学生在掌握知识的道路上，没有迈出哪怕是小小的一步，那对他来说，都是一堂无益的课。”

教学效果的评判标准主要表现在以下三个方面：

(1)学生学业成绩的评判，即最大限度提高学生的学习成绩，是教学效果的外在表征，具体表现为相同课程标准下的及格率和优良率。近些年，有些高校推行的考教分离、同卷同考，是从学业成绩角度评判教学效果的一项具体举措。

(2)学生认知变化的评判，即学有所得，从不知到知、从不懂到懂、从不会到会等，是教学效果的内在要素，是对课程规定内容和目标是否完成或完成情况的评判。

(3)学习态度变化的评判，即通过教学，学生学习态度、学习情感、学习品质等发生的变化和改进。从这个角度来看，有效教学就是让学生越学越爱学的教学。

教学要有效果，重点关注学生学了什么、学会了什么，在具体操作中，教学目标需要明确，教什么要放在第一位考虑，教学内容需要清晰，怎么教紧紧围绕教学目标。

2. 教学效益

教学效益是指有效用，是教学价值的体现，强调学到的东西能够为学生所用，体现教学与社会和个人发展需求是否吻合及吻合程度。具体来说，对于社会效益，符合社会对培养人才的要求；对于个人效益，促进个人成长和发展。

教学效益的评判标准主要表现在以下三个方面：

(1)学会应用，学生能够把所学知识应用到生活中以解决实际问题，只有能被应用的教学，才能显示其价值。

(2)学会学习，即更加关注学生怎么学，重在掌握方法，主动探求知识，目的在于发展新知识、新信息，以及提出新问题、解决新问题。

(3)学会做人，教学生学会做人是教学的根本目的，教师要从教学生学会做人的高度从事教学，既要充分挖掘和展示教学中的各种道德因素，也要积极关注和引导学生在教学活动中的各种道德表现和道德发展，从而使教学过程成为学生的一种高尚的道德生活和丰富的人生体验。

教学要有效益，就是要全面挖掘教学的育人价值，提高有效知识量，让学生真正理解并能灵活运用知识，且有助于学生智慧和人格的发展。

3. 教学效率

教学效率是指单位教学投入内所获得的教学产出。高的教学效率即在一定的教学投入内产生了尽可能大或多的教学产出，也可理解为用尽可能少的教学投入或教学所耗获得尽可能多的教学产出或教学所得，可将教学效率表达为：

$$\text{教学效率}=\frac{\text{教学产出(效果)}}{\text{教学投入}}\times 100\%=\frac{\text{有效教学时间}}{\text{实际教学时间}}\times 100\%$$

由表达式容易看出，教学效率与教学产出成正比，可以说，有效率的核心就是教学投入与教学产出的关系比较。

教学效率的评判标准主要表现在以下两个方面：①减负增效；②解放学生。

提高教学效率的具体要求如下：

(1)减少教学时间浪费，把课堂教学时间用在指向教学目标的教与学的活动上。

(2)精选教学内容，使教与学的活动指向价值最大化的教学内容，提高教学活动价值。

2.2.3　有效教学的评价

什么样的教学才能算是有效教学？由于有效教学的定义多样化，评价标准也是多样化的，国内外有效教学的评价标准在理念、指标、重点和方法等方面都存在差异。

美国教育、多样性与卓越研究中心(Center for Research in Education, Diversity and Excellence, CREDE)发表了《有效教学实践标准》(Pedagogy Matters: Standards for Effective Leaching Practice)，该标准是美国最具影响力的教师有效教学评价标准之一，其包含五个评价维度，具体如下：

(1)师生共同参与创造性活动，以促进学习。

(2)语言发展：通过课程发展学习者的语言，提高学习者的素质。

(3)学习背景化：把教学与学生的真实生活联系起来，以此创造学习的意义。

(4)挑战性的活动：教学生复杂的思维技能，通过思维挑战发展学生的认知技能。

(5)教学对话：通过对话进行教学。

梳理国外对有效教学的评价标准，具有以下三个特点：

(1)注重对教师教学行为的评价，标准主要从教师专业性的角度制订。

(2)采用自下而上的归纳方法，让教师开放性地描述自己认为有效的教学行为。

(3)注重情感评价，关注教师是否注意到了学生的学习兴趣、是否创设了有效的学习环境等。

我国有关有效教学的研究起步较晚，许多学者对有效教学的评价标准提出了独特见解。钟启泉[10]认为，有效教学主要是指有助于学生成长的教学，也即学生成长成为衡量教学成效的标准；崔允漷[11]提出“学生有无进步或发展是教学有没有效益的唯一指标”。孙亚玲[12]将有效教学评价标准设计成两级四层次结构，主要包括教学目标、教学活动、教学能力、教学反馈和教学组织与管理 5 项一级标准。

围绕“教师教”和“学生学”两方面，国内学者也提出一些具体的评价指标。张立珍等[13]针对教师教学有效性评价标准筛选了教学态度、教学目标、教学内容、教学方法、教学考核、教学效果等 6 个评价指标，针对学生学习有效性评价标准筛选了学生学习态度、学习配合性、学习能力、学习效率和学习效果 5 个评价指标，每个评价指标又由优、良、中、差四个等级确定具体的评定标准。黄丽薇等[14]在评价应用型本科“教师教”的有效性方面，提出教学理念、教学内容、教学能力、教学模式和教学有效性等 5 个一级指标，以及理论与应用、知识与能力、内容科学性、实践性、前沿性、教学基本功、项目运用及教学方法等 13 个二级指标及其评价标准；在评价应用型本科“学生学”的有效性方面，提出学习态度、学习能力、学习效率、学习效果和学习效益等 5 个一级指标，以及学生在教学纪律遵守、课堂内外活动、知识与能力获取等 12 方面的评价标准。

2.3 博洛尼亚进程

“博洛尼亚进程”(Bologna Process)是在欧洲政治经济一体化、高等教育国际化、欧洲跨文化学习与研究的背景下产生的，该进程启动了欧洲高等教育一体化，拉开了 20 世纪 60 年代以来欧洲波及面最广的高等教育改革序幕。其发展趋势是进一步完善三级学位制度、加强高等教育质量保障、促进学历学位互认，以及建立欧洲高等教育区(European higher education areas, EHEA)，实现欧洲高等教育国际化。

2.3.1 博洛尼亚宣言

“博洛尼亚进程”全面启动前，部分欧洲国家的教育部门已就欧洲高等教育教学改革做出了一些努力，产生了《里斯本公约》和《索邦宣言》两个重要协定。

1997 年 4 月，欧洲理事会与联合国教科文组织在葡萄牙里斯本召开会议，签订《欧洲地区高等教育资格承认公约》，即《里斯本公约》(Lisbon Recognition Conventions)。该公约的框架纳入了 1953 年的《欧洲相互承认大学学位的条例》、1956 年的《欧洲大学学习期限的换算条例》、1959 年的《欧洲大学资格的学术互认条例》、1979 年的《欧洲地区国家有关高等教育的学位、学位文凭、学习研究的互认条例》和 1990 年的《欧洲大学学习时间的换算条例》等内容。《里斯本公约》在提高学生学术认证公平性、学位评定透明度等方面，为欧洲各国高等教育提供综合性法律框架，成为奠定“博洛尼亚进程”的基础文件。

1998 年 5 月，法国、德国、意大利、英国四国的教育部部长在法国索邦大学(Sorbonne University)集会，研究如何加速推动欧洲地区高等教育人员流动、资历互认等工作，形成旨在促进四国高等教育体系相互协调的《索邦宣言》(Sorbonne Declaration)。该宣言呼吁建设一个开放的欧洲高等教育区，加强欧洲国家间学位互认，提出协调欧洲高等教育体制的问题，率先明确提出建立欧洲高等教育区的理念，为欧洲的高等教育交流与合作规划出一个明确且长远的目标。

1999 年 6 月，欧洲 29 个国家的教育部部长在意大利博洛尼亚举行会议，研究如何提升欧洲高等教育的全球声望与整体吸引力，主题是促进师生和学术人员流动，具体内容为：消除欧洲国家间学生流动障碍；提高欧洲高等教育在世界范围的吸引力；确定欧洲范围内高等教育系统的共同框架，并建立本科生和研究生两阶段的高等教育结构。会议形成《欧洲高等教育区：欧洲教育部部长在博洛尼亚会议上的联合宣言》，简称《博洛尼亚宣言》(Bologna Declaration)，确定到 2010 年建立“欧洲高等教育区”的发展目标，该宣言达成六项行动策略，标志着“博洛尼亚进程”正式启动。这六项行动策略分别是：①建立容易理解的、可以比较的学位体系；②建立一个以本科生和研究生为基础的高等教育体系；③建立欧洲学分互认体系；④促进师生和学术人员流动；⑤保证欧洲高等教育的质量；⑥促进欧洲范围内的高等教育合作[16]。

徐辉[15]对“博洛尼亚进程”的发展趋势概括为：①进一步规范欧洲国家高等教育体系；②大力增强学习单元、学位和各种资格的认定；③有效促进教师和学生学习期间的自由流动；④加强以提高质量为目标的高校合作，全面提升欧洲高等教育质量；⑤增强欧洲高等教育区发展的目的性和针对性；⑥进一步拓宽欧洲高等教育的国际视野。2018 年，巴黎部长级会议联合公报指出，“博洛尼亚进程”的实施为大规模学生多向流动铺平了道路，提高了欧洲高等教育系统的可比性与透明度，从整体上提升了欧洲高等教育的质量和全球吸引力。最为关键的是，“博洛尼亚进程”的成功正是基于超国家权力主体、政府机构、高校和高等教育利益相关者的有效协作。

以下就“博洛尼亚进程”中的几项与教育质量标准明确相关的事项进行简单说明。

2.3.2　欧洲学分互认体系

建立欧洲学分互认体系是《博洛尼亚宣言》的六项行动策略之一，是建设欧洲高等教育区的重要措施。

1. 欧洲学分互认体系溯源

欧洲学分互认体系，也称为欧洲学分转换系统，或称为欧洲学分转换和累积体系(European credit transfer and accumulation system, ECTS)，是欧洲唯一的经过实践证明比较成功的欧洲高等教育学分体系，可溯源至欧洲著名的大学生流动计划——伊拉斯谟计划(Erasmus programme)。其目的是采用统一的衡量标准评价学生在欧盟成员国的学业，确保不同大学对学生所获学分的认同，促进大学生流动，增强欧洲高等教育的国际吸引力。

1979 年，英国的托恩(Derek Toyne)将学分转换系统表述为“一个必不可少的过程，通过对资格或部分资格以及学习经历的识别与认证，使学生不必重复学习而在学业上取得进步，从一门课程转到另一门课程，避免时间和其他不必要的损失，并且可以获得进一步的教育经验和资历”。该系统将高等教育学分简单地理解为“知识货币”，学生完成高等教育课程以获得“知识货币”，不同课程学分转换为“知识货币”以后，便可以进行等价交换，从而实现学生的流动。

初期阶段，欧洲 145 所高校参与了试验性计划，该计划开始仅用于学分在空间上的转换，即将学生在国外学习所获学分转换为国内高校的学分，从而获得学位，其核心是学分的授予是建立在所完成的学习任务和通过考试所获得的学习成绩上的。随着“博洛尼亚进程”的深入，欧洲学分互认体系将学分积累内容纳入，其运行变为基于学生学习成果和课程工作量，即学习量。相比于传统意义的学时，学习量所包含的内容更广泛，几乎包括所有与学习有关的时间。该体系不仅能够基于工作量和学习成果转换学分，还可实现学位课程的学分累积与互认，从而既可以在空间上转换学分，也可以在时间上转换学分，使得不同国家间学生的流动变得更加容易，高等教育的研究和课程更加透明化，提高高等教育的质量。

2004 年，欧盟委员会发布《ECTS 用户手册》(ECTS Users' Guide)，就学分互认体系的实施背景、基本原则、具体操作和核心文件等作出了统一规定。该文件为引入 ECTS 的高校提供了指引，也为学生、教师和管理人员提供了参考。此后，欧盟委员会根据欧洲高等教育改革的最新发展，分别于 2009 年和 2015 年对《ECTS 用户手册》进行了修订。

2. 欧洲学分互认体系策略

欧洲学分互认体系是一个以学生为中心的体系，包括 ECTS 学分(ECTS credit)、课业负荷量(workload)、学习成果(learning out-comes)和 ECTS 等级(ECTS grading scale)四个要素[17,18]。

ECTS 学分按学生达到学习成果所需时间，即课业负荷量来计算。按规定，1 学年学习成果和负荷量为 60 学分，这 60 学分又被分解成几个部分，每部分由相应的教育内容构成。学分一般是整数，多数国家 1 学年的负荷量在 1500～1800h 不等，意味着 1 学分对应 25～30h 负荷量。不同的国家实现学习成果所需时间会有所不同，如德国 1 学分对应 30h 负荷量，芬兰对应 27h 负荷量等。只有完成培养计划中规定的课业负荷量并获得相应的成绩，才能拿到学分。在 ECTS 中，学生的课业负荷量是完成所计划学习活动(达到学习成果)的时间，学习活动包括讲座、研讨会、自学、安排和准备计划、考试等。按照学习计划的组成部分分配学分，如模块、课程、安排、论文等，以反映获得特定教育目标的负荷量或学习成果。

与传统的学分制度相比，ECTS 的最大特点是不再以教师授课的学时为计算学分的基础，而是全面考虑学生取得学分需要投入的时间和精力，其评分能够客观反映学生的学习效果，也即产出导向的理念。ECTS 诞生之初，其主要功能是简化学生在不同国家、不同学校取得的学分之间的转换过程，促进学生和教师的国际流动。按照欧盟的目标，到 2020 年至少有 20%的大学毕业生应具有在国外学习或实习的经历，且学习时间达到 3 个月以上或至少取得 15 学分。ECTS 对高等教育的各个方面产生了积极影响。例如，它帮助高校和教师有效地根据学生的需要提供课程，学生能够根据自己的实际情况选择并组合课程模块。此外，它还大大提高了高等教育的透明度，为毕业生的雇主提供了衡量毕业生能力的标准。

ECTS 将学习成绩分为及格和不及格两个层次，其中及格又分为 5 个档次，并设定每个档次的人数比例，及格的成绩计算如下：成绩前 10%者为 A 档，次 25%为 B 档，再次 30%为 C 档，随后 25%为 D 档，最后 10%为 E 档。不及格分为 2 个档次，分别为 FX 和 F 两档，其中，FX 是部分学习工作没有完成(适当努力后可以及格)，F 是大量的学习工作没有完成(需要补充大量工作才有可能达到及格)。

参与欧洲学分互认体系的高校需要提供相关课程的详细内容、课程要求和学术水平等信息，并提供学生表现的学习成绩单和能力证明，也即参与欧洲学分互认体系的国家在颁发学业证书的同时，要为学生提供能够具体说明学业证书的性质、水平、内容、学习成绩等相关情况的文凭说明(diploma supplement)。

3. 欧洲学分互认体系重要特征

学分以学生获得预期学习成果所需要的课业负荷为基础。学分是一个可量化的值，即由课业负荷和学习成绩刻画，学分代表一定额度的课业负荷。学习成果描述的是学习者成功完成学习过程之后，应该知晓、理解并且会应用的知识和内容。课业负荷是学生完成所有学习活动(如讲座、讨论、项目、实践工作、自学和考试)所需要的时间。60 学分是完成一学年全日制正规学习的所有任务获得的相应学分。当学生证明已经取得与学分有关的学习成绩时，才能授予学分。学分和课业负荷之间是线性关系，学生承担的课业负荷应与其取得的学习成绩所要求的课业负荷大致相当。学分分布贯穿于整个资格证书的获得或教学计划及其课程的各个组成部分之中(如模块、课程、论文写作、工作实习和实验)，每个组成部分所分配到的学分数是根据学生在正规教育环境中完成相应学习任务所需的课业负荷进行界定的。要获得学分，学生(全日制或非全日制)需完成正规教学计划中的课程学习或完成由不同活动组成的教学计划中的单一课程学习，并取得预期的学习成绩[19]。

4. 欧洲学分互认体系案例

1）德国

德国作为《博洛尼亚宣言》的首批签署国，也是“博洛尼亚进程”的倡议国和积极推动者。1998 年德国政府颁布的《联邦高等教育基准法（修订版）》就已经提出应建立一个用于证明学习和考试成绩的学分体系，使得学生将取得的学分转换到本校或其他高校的其他专业成为可能。2000 年，德国高校校长联席会议建议使用 ECTS 评分体系代替德国原有的评分体系，并确定了原有分值与 ECTS 等级的换算标准，这为课程模块化和学分制的实施提供了基本的原则。2010 年，德国各州文教部长联席会议提出，不再按照 A～E 的等级给出分数，而是附上获得每个分数的学生人数比例，即在学生的毕业成绩中必须附上 ECTS 分级表。根据德国高校校长联席会议 2018 年统计，2017～2018 年冬季学期德国高校提供学士学位和硕士学位的专业已占所有专业的 91.4%，在所有专业中都实施了统一的学分制管理。

2）意大利

意大利首先将每个学位课程群的教学活动分成六个课程模块：①一个或多个学科领域的基础教育课程；②相关学位的专业课程；③一个或多个相类似或辅助学科课程；④任选课程；⑤毕业考试准备课程和外语课；⑥提高语言技能、计算机技能、远程信息处理技能、交际技能，以及涉及劳动力市场、特殊工作经验和培训的其他课程。其次，确定每种课程模块类型的最低学分，如基础课不少于 25 学分、相关学位的专业课程不少于 40 学分等，每个模块中各科目的学分由大学自行规定。再次，通过师生的实践评价分配给教学活动的时间与教育计划的目标是否一致，也就是说一个具备良好入学准备的普通学生的课业负荷量是否符合实际，是否能确保学生在规定时间内完成学业，一般以学生评价为基础。最后，调整学生课业负荷量和教学活动，如果监控过程中出现对学生课业负荷量的评估与实际不相一致的情况，必须立即调整课业负荷量和课业活动。

1999 年，意教育部 509 号令对学分与学生课业负荷量的换算进行了如下规定：①1 学分相当于 25h 课业负荷量，学生一学年 60 学分的课业负荷量等于 1500h 的不同形式的学习；②如果一门课为 4 学分，平均一个学生在学校上课及课后自学的时间为 4×25h=100h；③一般来说，1 学分中有 8h 用于上课，也就是说用于个人自学和自行安排的学习时间是上课时间的 2 倍。同时提出，大学可以根据具体情况对学分换算成学业负荷量进行上下 20%的浮动。该令还规定了学科课程群中各类型课程的最低学分，包括基础课、专业课、相类似或辅助学科课、任选课等不同教学活动。

3) 俄罗斯

俄罗斯国家教育标准的制定与实施源于 1992 年颁布的《俄罗斯联邦教育法》。该法规定，俄罗斯将国家教育标准的制定、实施与监控作为国家教育质量管理的重要手段，每 10 年左右对教育标准进行修订，如表 2.1 所示。20 世纪 90 年代至今，俄罗斯先后制定了三代国家教育标准：第一代国家教育标准于 20 世纪 90 年代后期被引入，标准中没有给高等教育机构任何设计教育方案的自由；第二代国家教育标准于 2000 年被引入，赋予了 20%的教育方案设计自由，确定了高等教育培养方向和专业目录及相应国家标准，第二代高等教育国家标准有 500 多个，两代国家教育标准设定了教育课程内容的“最低”标准，确定了一系列固定的必修课程以及课程的固定课时数；2003 年，俄罗斯加入“博洛尼亚进程”，为确保俄罗斯的教育模式与欧洲的教育实践在术语、规范、内容等方面相互兼容，政府重新修订了学习课程领域分类标准，开发了第三代国家教育标准并获批通过，标准提及要以培养能力为方法，以学习成果为导向，以学分为单元评估学生的学业，还涉及将模块原则引入课程设计的可行性[20]。

表 2.1 俄罗斯高等教育基础教育大纲的期限、课时量、毕业生技能(学位)

基础教育大纲名称	毕业生技能(学位)		基础教育大纲期限(学制)	基础教育大纲课时量
	基础教育大纲分类代码	名称		
学士基础教育大纲	62	学士	4 年	240 学分
硕士基础教育大纲	68	硕士	2 年	120 学分
文凭专家基础教育大纲	65	文凭专家	5 年	300 学分

2.3.3 欧洲教育结构调整计划

欧洲教育结构调整计划是“博洛尼亚进程”的子计划之一。2000 年，欧盟委员会委托西班牙德乌斯托大学(University of Deusto)和荷兰格罗宁根大学(University of Groningen)主持开展“欧洲教育结构调整计划”(tuning educational structures in Europe)，旨在提出一套适用于欧洲各国大学人才培养的能力指标体系，其总体目标是整个高等教育系统要为每个学生创造最合适的高等教育机会和环境，并保证和不断提高高等教育质量，具体任务是对高等学校课程的发展、质量的提高达成共识并创造合适的工具。欧洲 32 个国家、39 所高校的 135 位学科专家参与了这项计划，针对欧洲高校内部质量保证要求，通过对行业变化、社会需求、毕业生及各学科专家的综合调研，提出了数学、地质学、历史学、欧洲研究、护理学、化学、物理学、商业企管学、教育学等 9 个学科的专业学位目标、专业能力要求及课程改革的整体参考方案。

针对高等教育的质量标准，欧洲曾流行过优秀标准论、目标适应论、基本标准论和消费者满意论。欧洲教育结构调整计划综合优秀标准论和消费者满意论，在判断质量好坏中，选择“策略是否能达到目标”和“目标是否合适”两项基本标准，目标合适与否取决于课程是否满足学生、教师、雇主和社会上更多利益相关者的期望，设定目标时要考虑学生的研究能力和就业力。

以西班牙德乌斯托大学为例[21]，作为该计划主持单位之一，西班牙德乌斯托大学率先实践了基于欧洲教育结构调整计划的内部教学质量管理计划，形成了德乌斯托模式(Deusto model)。该模式旨在帮助学生主动学习，拥有主动学习过程，其主要途径是将“能力”纳入教学过程，实现个人、社会、道德、学术和职业五个方面的发展，核心理念(图 2.5)为：①通过学生整体能力发展实现四大使命，即“引领道德文化，承担社会责任”“加强跨学科意识，促进团队合作”“引领教师发展，鼓励教学创新”“成为学习型大学，以学生为中心”；②在教学过程中落实三项基本能力，即实用能力、人际关系能力和系统能力；③明确整体能力的三个维度，即学习能力、态度养成和价值观树立，其中学习能力包括个体反思、理论与实践相结合以及批判性学习的能力，态度养成指的是自主学习的态度、承担责任的意识及对团队合作的重视，价值观树立包括道德的理念与社会的担当。

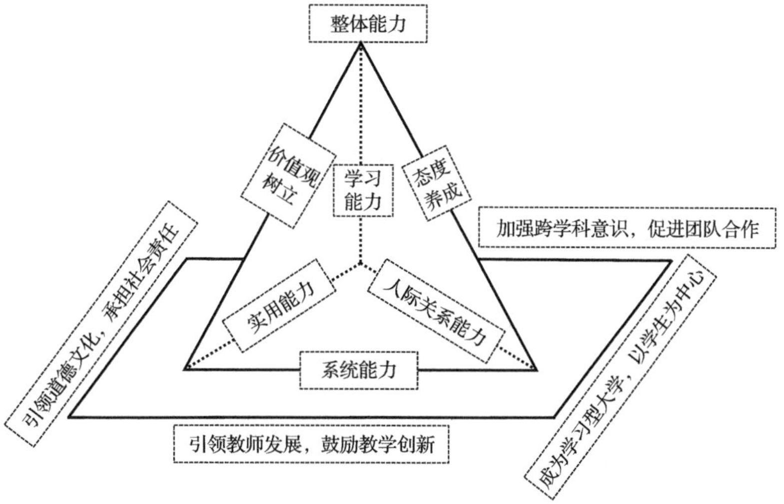

图 2.5　教学质量质量管理的德乌斯托模式的核心理念

德乌斯托模式下教学质量管理具有一系列特征，如课程设计要满足明确的、公认的学科发展需求，且要根据详细的专业发展目标而定，要促进用“专业能力指标”展现学习成果，课程设计不仅要对每门课程进行正确的学分分配，还需考虑学生课业负荷以及恰当的教学方式和多元的评估方法。对应在内部教学质量管理中采取的系列措施为：设计专业发展目标并制订课程设计方案；形成用“专业能力指标”表述的学习成果；考虑学生学习的负荷量；评估学生的学习效果。为保证课程质量，德乌斯托大学对课程进行审核，只有满足下列条件的课程才能通过审核：广泛的调查咨询、必要的教学资源、详细的课程大纲、质与量并重的课程设计、能力本位的多元教学评估策略。

2.3.4 欧洲高等教育区质量保障标准与指南

《博洛尼亚宣言》形成之后，“博洛尼亚进程”缔约国高等教育部部长每两年召开一次双年度评估会议。2001 年布拉格会议呼吁建立一个质量参考框架，2003 年柏林会议把提高高等教育质量确定为欧洲高等教育区建设核心，2005 年发布了《欧洲高等教育质量保障标准与指南》(通常简称为 ESG2005)。随着高等教育性质的变化、终身学习的兴盛、互联网学习的引入和学生本身的改变，学习、教学和评估的方式也在不断更新。为了应对高等教育发展的新状况，2015 年形成了新的质量保障标准 ESG2015。

ESG 作为欧洲高等教育区质量保障活动的标准和指南，为欧洲高等教育质量保障提供了一套普遍意义上的准则，既是高等教育内外部质量保障活动和质量保障机构遵循的一般准则，也是欧洲高等教育质量保障协会(European Association for Quality Assurance in Higher Education, ENQA)和欧洲高等教育质量保障注册局(European Quality Assurance Register for Higher Education, EQAR)的会员纳入标准。ESG2015 主要内容(表 2.2)分为三部分[22]：内部质量保障标准、外部质量保障标准和质量保障机构标准。每项标准都含一个指南，以解释标准意义或会员纳入标准，其目的是建立欧洲高等教育区的质量保障通用标准，提升高等教育的流

表 2.2 ESG2015 主要内容一览表

内部质量保障标准	外部质量保障标准	质量保障机构标准
1.1 质量保证政策	2.1 对内部质量保障的考察	3.1 质量保障活动、政策和过程
1.2 专业设置与审查	2.2 设计适合目标的方法	3.2 官方认证
1.3 以学生为中心的学习、教学和评价	2.3 实施过程	3.3 独立性
1.4 学生录取、培养、认可和认证	2.4 同行评议专家	3.4 专题分析
1.5 教师	2.5 结果的标准	3.5 资源
1.6 学习资源和学生支持	2.6 报告	3.6 内部质量保障和专业指导
1.7 信息管理	2.7 申诉	3.7 周期性的外部评审
1.8 信息公开		
1.9 专业的持续监控和定期审查		
1.10 周期性的外部质量保障		

动性和国内外的互认性。

三部分为一个整体，相辅相成，内部质量保障标准是外部质量保障标准的基础，外部质量保障标准是对内部质量保障标准的审查，质量保障机构标准则是外部质量保障活动得以有效开展的前提。

ESG2005 内部质量保障标准强调教师质量、学习资源等保障条件，突出学生参与质量评价过程，ESG2015 又通过独立设置专业持续监控和定期评审标准，加强质量保障政策的完整性和规范性，并把学生评价进一步扩大和放大，专门设置了以学生为中心的学习、教学和评价(student-centred learning, teaching and assessment)及学生录取、培养、认可和认证(student admission, progression, recognition and certification)两大标准。

外部质量保障活动是在承认内部质量保障活动的基础上，对内部质量保障活动的有效性进行审查，其根本目的是促进高校教育质量的持续改进。外部质量保障活动的实施应具有透明性和持续性，评估专家组应具有多样性、独立性和专业性，评估报告应为被评高校提供明确的后续行动指导，还应建立完备的上诉程序。以学习成果(产出)为导向的外部质量保障体系是将教育产出作为高校教育质量评价的主要要素和证据，以高校学生学习成果作为主要标准对高校的办学水平和质量进行评价。学习产出导向教育评价聚焦于学生受教育后“学到了什么”和“能做什么”，目的是通过转变教育评价理念，改革人才培养模式，最终实现教育质量的提升。

“博洛尼亚进程”的一个重要目的是推进质量保障机构的有效运作，促进不同国家教育质量保障机构的互认。为此，ESG 制订了独立的准入标准和行业规范，认为只有在确保教育质量保障机构独立性的基础上，才能实现教育质量保障机构的专业性、可靠性和欧洲层面的互认性。

2.4　洪堡高等教育思想

威廉·冯·洪堡(Wilhelm von Humboldt)是近代德国著名的自由主义政治思想家、外交家、语言学家，也是一位杰出的教育家，被誉为德国的“现代大学之父”。他在普鲁士文化与教育部门任职期间制订了一系列改革计划，被称为“教育革命”，在他的努力下创建了柏林大学(现柏林洪堡大学)。洪堡的高等教育思想及其实践，深刻影响了德国乃至世界高等教育发展历程，促进了世界高等教育的全面发展，也影响了我国高等教育的现代化进程。

洪堡的高教思想并非个体思想的独创，而是当时德国知识分子集体智慧的结晶。石俊华[23]将洪堡高等教育思想概括为高校的组织、高校的使命、高校与国家政府关系以及高校内部师生关系等四个方面。李其龙[24]将洪堡改革高等教育的思想归纳为高校办学思想的三条原则，分别是独立性、自由与合作三者相统一的原则，教、学与研究三者相统一的原则和科学统一的原则。杨翠美和渠彦超[25]将洪堡高等教育思想的主要内容总结为高校自治、学术自由、教研结合等方面。

1. 高校自治

洪堡认为，要想更好地发展高等教育，大学首先应该相对独立，国家应该给予大学独立性和自主性。一方面，国家应该为大学发展提供必要的条件，如经济上的拨款，大学是公立机构，并不以营利为目的，教授等从业人员的工资应由国家统一发放；另一方面，大学应该保持相对独立性，充分享有教学与科研方面的自由，尤其是在聘任教师方面。当然，洪堡并没有将培养个性与服务国家完全对立起来，他反对国家对高校随意干预，但并不反对“教育服务于理性国家”的价值诉求。洪堡提出大学始终是与国家的需要紧密相联的，也就是说，高校自治并不意味着超脱于社会约束和责任之外的特权，而仅仅是作为献身教育事业的先决条件，他认为“只要大学达到了自己的最终目标，也就在更高程度上实现了国家的目标”。

2. 学术自由

学术自由是洪堡高等教育思想的一大亮点。在洪堡看来，大学有两条基本的组织原则，分别是自由和宁静。他认为“自由是必需的，宁静是有益的”，通过自由和宁静，人们能够保持内心平静，将注意力集中于创造性的科学研究中。洪堡认为，高校学术自由完全符合国家根本利益，自由学术氛围必然会促进大学繁荣和科学发展，进而推动整个国家的全面进步。高校教学大纲和教学科目可以由政府决定，但学术研究自由须得到充分保障。

洪堡阐述，国家不应把大学看成高等古典语文学校或高等专科学校，国家应相信大学能完成它们的真正使命，不仅能为政府眼前的任务服务，还会在学术上不断提高，从而不断开创更广阔的事业，使人力和物力得以发挥更大的功效。为此，应该从“教的自由”和“学的自由”两个方面全面展开学术自由，教师在自己的专业领域范围内享有自由探求、发现、出版和讲授相关专业知识的自由，学生有权选择自己喜欢的教师和所学的内容，甚至可以在学习期间到校外选修课程。学术自由原则在柏林大学得到深入贯彻，当时的柏林大学没有必修课与选修课之分，甚至没有统一的教学大纲，学生可以自由选择课程和教师，也可以任意转换所学专业，教师和学生之间相互探讨、相互启发，逐渐形成活跃而浓郁的研究氛围。

3. 教研结合

洪堡提出高校“教学与科研相统一”的主张开辟了高校发展新纪元。该主张提出之前大多数高校主要任务是开展教学和传授知识，科学研究作用并未彰显。在费希特(Johann Gottlieb Fichte)等大批知识分子努力下，学术探讨逐渐成为大学的重要内容。洪堡认为大学具有双重职能：对科学的探索和个性与道德的修养，科学探索意味着对知识和学理的研究，个性与道德的修养意味着对人性的完善，双重任务完成即是“由科学而达至修养”的过程。洪堡阐述：“高等科学机构的独有特征是把科学当成一个绝没有被彻底解读的问题来对待，因此，就要进行不懈的探索。”当然，洪堡认为的科学研究之“科学”并非今天大学中的实证主义科学研究，而是在人文主义理念中个体基于理性和教育对自我、他人和民族等的认识。

洪堡还在大学制度、通识教育、教学形式、院系设置等方面提出独到见解。如大学教授讲座制，教授处于学术活动中心位置，拥有包括安排助手、课程和研究计划，决定低级别教师晋升以及招收学生等基本决定权。此外，洪堡还界定了通识课教育在整个教育系统中的地位和作用；改进了高校教学形式，鼓励教师向学生传授教材以外自己研究的心得和见解，并采用“习明纳”教学方法；提升了哲学院地位，使之与神学院、法学院和医学院并列，重置了哲学院基本课程，将哲学院承担的普通教育任务全部交与文法中学完成，哲学院集中对学生进行专业研究和研究能力的培养，从而奠定了德国大学的基本运作图式。

4. 洪堡高等教育思想的影响

洪堡的高等教育思想反映了当时德国高校的现状和发展需要，以洪堡高等教育思想为指导创建的柏林大学，被誉为“人类历史上第一所现代大学”。以柏林大学为范本，德国先后出现了包括波恩大学、慕尼黑大学等的新型大学。科研进步在更深的层次上促进了德国经济和社会的发展，提升了德国的整体国力，加速了德国现代化进程。19 世纪后半叶，德国大学赢得了世界大学美誉，吸引了大批的外国科学家到德国学习。之后在长达近 200 年的历程中，德国造就了一大批享誉世界的伟大思想家和科学家。

洪堡教育改革在世界教育历史上具有划时代意义，主要表现在两方面：①高校彻底摆脱了过去那种片面重视教学而忽视科学研究的传统做法，把学术看成还未完全发现的也永远不会被完全发现的事物，并将之作为未完成的事业来研究；②为大学及其成员提供了极富吸引力、值得争取逼近的目标，并提供了通向这一目标的行为规范体系，产生了强大的社会动力。

“洪堡模式”引起了一场高等教育的改革浪潮。19 世纪中叶开始，许多国家学者纷纷到德国大学学习，19 世纪后半叶，英国、法国、美国等国家开始按照德国的大学模式改造本国的高等教育。其中，美国的加利福尼亚大学、约翰斯·霍普金斯大学、芝加哥大学都进行过这样的尝试。另外，“洪堡模式”还促进了传统学院的改造，最明显的标志是研究生院在许多大学中成立起来，哈佛大学就是其中代表之一。客观地说，尽管很少有其他国家的大学能够原封不动地将“洪堡模式”完全成功地“复制粘贴”到本土，有些高校改革结果还背离了当初的预期和设想，但洪堡提出的“教学与科研相统一”“学术自由”等高等教育思想早已成为国际共识。

洪堡高等教育思想以及在柏林大学所进行的改革实践引起了各国教育工作者的强烈关注，我国著名的教育学家蔡元培先生曾远赴德国留学，回国以后，蔡元培在北京大学尝试进行了系列改革，提出“学术自由、兼容并包”的办学理念。在此理念指导下，北京大学集聚了许多观点各异的学者，既有新思想持有者陈独秀、李大钊和鲁迅等，也有拖着大辫子但精通多国语言并将“四书”翻译成英文的复辟论者辜鸿铭等。此外，蔡元培先生还提出“学为基本、术为支干”的思想，此处之“学”，谓之学理，此处之“术”，谓之应用，学理为本，应用为末，这与洪堡所倡导的“纯粹科学”教育思想从根本上来说是一致的。蔡元培先生进行教育改革激发了北京大学发展的活力，引领并加速了我国教育的现代化进程。

2.5 我国工程教育质量标准概述

2.5.1 我国有关教育质量标准的政策法规

构建科学合理的国家层面高等教育质量标准体系，既是高等教育质量标准化工作的基本任务，又是高等教育质量标准化体系构建和完善的重要基础。我国对本科教育质量标准的政策法规文本主要如下。

1.《中华人民共和国学位法》

《中华人民共和国学位法》中对学士学位授予的要求是“在本学科或者专业领域较好地掌握基础理论、专门知识和基本技能，具有从事学术研究或者承担专业实践工作的初步能力”。

2.《中华人民共和国高等教育法》

《中华人民共和国高等教育法》中对本科教育的修业年限、学业标准、高校教师的基本条件、高等教育投入和条件保障进行了规定。例如，“本科教育的基本修业年限为四至五年”，本科的学历教育应符合的学业标准为“本科教育应当使学生比较系统地掌握本学科、专业必需的基础理论、基本知识，掌握本专业必要的基本技能、方法和相关知识，具有从事本专业实际工作和研究工作的初步能力。”，

“高等学校应当以培养人才为中心，开展教学、科学研究和社会服务，保证教育教学质量达到国家规定的标准。”

3. 党和国家有关教育的方针政策

新时代国家对高等教育质量标准提出了一些更加客观、更加具有时代性的要求。2020年中共中央、国务院印发的《深化新时代教育评价改革总体方案》提出：“推进高校分类评价，引导不同类型高校科学定位，办出特色和水平。改进本科教育教学评估，突出思想政治教育、教授为本科生上课、生师比、生均课程门数、优势特色专业、学位论文(毕业设计)指导、学生管理与服务、学生参加社会实践、毕业生发展、用人单位满意度等。”“探索建立应用型本科评价标准，突出培养相应的专业能力和实践应用能力。”

4. 国家教育行政部门颁布的各类本科教育教学工作的指导性文件

国家教育行政部门颁布的各类本科教育教学工作的指导性文件包括各种教学评估方案，如《普通高等学校本科教育教学审核评估实施方案》等。这些指导性文件是我国各级各类本科院校进行教学质量管理、评价和监控的标准，也必然是本科教学质量标准制订的重要依据。例如，教育部印发的《普通高等学校基本办学条件指标(试行)》(教发〔2004〕2 号)中明确规定了生师比、具有研究生学位教师占专任教师的比例、生均教学行政用房、生均教学科研仪器设备值、生均图书等基本办学条件的标准，以及具有高级职务教师占专任教师的比例、生均占地面积、生均宿舍面积、新增教学科研仪器设备所占比例、生均年进书量等监测办学条件的标准。这些办学条件标准现已成为高等学校办学保障标准的重要组成部分，也是普通高等学校本科教学工作合格评估和普通高等学校教育教学审核评估中条件标准的重点指标。

2.5.2　教学质量国家标准

中华人民共和国成立初期实施全国重点高等学校建设政策，改革开放后形成了多层次的重点高等学校建设体系。20世纪90年代以来，我国陆续实施了“211工程”“985工程”“双一流”建设计划等。2015年，教育部、国家发展改革委和财政部联合发布了《关于引导部分地方普通本科高校向应用型转变的指导意见》，推进地方普通高校转型发展，从供给侧推进应用型人才培养，推动地方支持有特色高水平的地方高校发展，推动应用型高校优化调整学科专业结构、课程结构，聚焦社会需求和岗位需求，培养高素质应用型人才。“十四五”时期，我国高等教育集中精力抓好内涵建设，提高质量、优化结构，更好地满足经济社会发展需求和社会公众对优质高等教育资源的选择性需求，为建成高等教育强国奠定坚实基础。

1. 教学质量国家标准的分类

质量标准是国家对高等教育质量的最低要求，有两个层面：学历学位标准和学科专业标准。学历学位标准是由不同层次和类型所构成的质量标准体系，纵向维度包括学士、硕士和博士等三个层次，横向维度包括一级维度和二级维度，其中一级维度包括各学科门类，二级维度包括人才培养类型(如学术型、应用型等)。学科专业标准是以《学位授予和人才培养学科目录》和《普通高等学校本科专业目录》为依据，形成的相应学科(对于研究生)和专业(对于本科生)的质量标准。该质量标准按不同学科专业和人才培养类型也形成了一个标准体系，该标准体系是学历学位标准体系在学科专业层面上的具体化[26]。

2. 本科专业类教学质量国家标准

2018 年，教育部发布《普通高等学校本科专业类教学质量国家标准》(以下简称《国标》)。该标准由教育部委托高等学校教学指导委员会研制，历经四年多，组织了数百场工作研讨会和征求意见会，参与的专家教授达 5000 多人，包括 50 多名院士和知名专家。《国标》涵盖普通高校本科专业目录中全部 92 个本科专业类、587 个专业，涉及全国高校 5.6 万多个专业点[27]。

《国标》把握三大原则：①突出学生中心，注重激发学生的学习兴趣和潜能，创新形式、改革教法、强化实践，推动本科教学从“教得好”向“学得好”转变；②突出产出导向，主动对接经济社会发展需求，科学合理设定人才培养目标，完善人才培养方案，优化课程设置，更新教学内容，切实提高人才培养的目标达成度、社会适应度、条件保障度、质保有效度和结果满意度；③突出持续改进，强调做好教学工作要建立学校质量保障体系，要把常态监测与定期评估有机结合，及时评价、及时反馈、持续改进，推动教育质量不断提升。

《国标》有三大特点：①既有“规矩”又有“空间”，既对各专业类提出统一要求、保证基本质量，又为各校各专业人才培养特色发展留出足够的拓展空间，形象地说，就是“保底不封顶”；②既有“底线”又有“目标”，既对各专业类提出教学基本要求，兜底线、保合格，同时又对提升质量提出前瞻性要求，也就是追求卓越；③既有“定性”又有“定量”，既对各专业类标准提出定性要求，同时包含必要的量化指标。

《国标》明确了各专业类的内涵、学科基础、人才培养方向等，对适用专业范围、培养目标、培养规格、师资队伍、教学条件、质量保障体系建设都作了明确要求，对各专业类师资队伍数量和结构、教师学科专业背景和水平、教师教学发展条件等提出定性与定量相结合的要求。同时，《国标》明确了各专业类的基本办学条件、基本信息资源、教学经费投入等要求。另外，《国标》还列出了各专业类知识体系和核心课程体系建议。

《国标》发布后，各相关行业部门根据《国标》研究制订人才评价标准，各高校根据《国标》修订人才培养方案，培养多样化、高质量人才。教育部将《国标》实施与“一流本科、一流专业、一流人才”建设紧密结合，对各高校专业办学质量和水平进行监测认证，适时公布“成绩单”。

《国标》中专业类之间各不相同，但标准的内容框架基本一致，主要涵盖概述、适用专业范围、培养目标、培养规格、师资队伍、教育条件、质量保障体系、附录等 8 项内容。

以机械类专业为例，标准涵盖概述、适用专业范围、培养目标、培养规格、师资队伍、教育条件、质量保障体系、附录等 8 项内容。其中，适用的专业范围包括机械工程、机械设计制造及其自动化、材料成型及控制工程、机械电子工程、工业设计、过程装备与控制工程、车辆工程、汽车服务工程、机械工艺技术和微机电系统工程等 10 个机械类专业，分别包括机械工程、材料科学与工程、动力工程及工程热物理等 3 个主干学科。培养规格中在业务方面提出了 8 项人才培养基本要求，对师资队伍的数量和结构有量化要求。此外，针对专业类知识体系和核心课程体系，《国标》在附录中也给出了明确的建议，专业类知识体系从通识类知识、学科基础类知识、专业知识以及实践教学体系等方面给出共性和个性的建议。

2.5.3　我国工程教育专业认证

我国工程教育专业认证起步相对较晚。为促进提高工程教育质量，推进工程教育教学改革，构建工程教育质量监控体系，提升工程教育的国际竞争力，2007 年教育部发文成立全国工程教育专业认证专家委员会(教高函〔2007〕6 号)，开始工程教育领域的专业认证试点工作，2013 年中国科协代表我国成为《华盛顿协议》预备成员，2016 年成为《华盛顿协议》正式成员，标志着我国工程教育水准与认证体系得到了国际的认可。工程教育认证的核心是签约成员认证的工程专业培养方案具有实质等效性，人才培养所采用的标准、政策、过程及结果得到其他成员的认可。认证基于 OBE 理念，引导工程教育由课程导向转向产出导向，由以教师为中心转向以学生为中心，由质量监控转向持续改进，工程教育认证框架如图 2.6 所示。

中国工程教育专业认证协会(China Engineering Education Accreditation Association, CEEAA)(简称认证协会)是由工程教育相关机构和个人组成的全国性社会团体，经教育部授权，开展工程教育认证工作的组织实施，于 2015 年成立。认证协会接受民政部和教育部的监督管理和业务指导，是中国科协的团体会员，秘书处支撑单位为教育部高等教育教学评估中心。

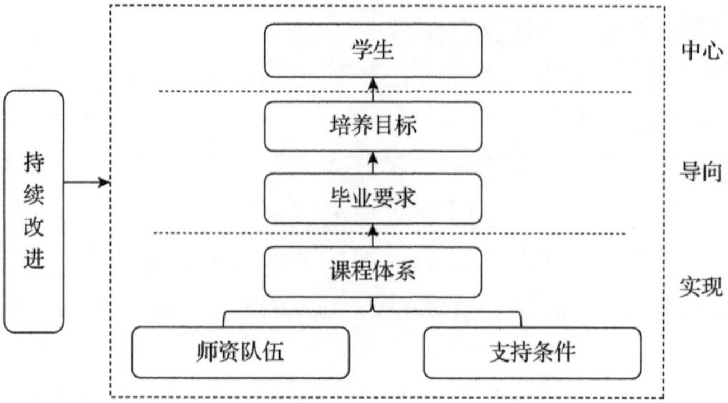

图 2.6　工程教育认证框架示意图

1. 认证标准

工程教育认证标准由通用标准和专业补充标准组成。2024 年中国工程教育专业认证协会发布了《工程教育认证标准(2024 版)》，该标准设置 2 年过渡期，在此期间学校和专家仍可按照《工程教育认证标准》(T/CEEAA 001—2022)实施认证。通用标准对学生、培养目标、毕业要求、持续改进、课程体系、师资队伍、支持条件等 7 个方面提出了具体要求，其中毕业要求和课程体系说明如下。

毕业要求中要求“专业应有明确、公开、可衡量的毕业要求，毕业要求应符合培养目标定位和自身特色，支撑培养目标的达成。”并完全覆盖工程知识、问题分析、设计/开发解决方案、研究、使用现代工具、工程和可持续发展、工程伦理和职业规范、个人和团队、沟通、项目管理、终身学习等 11 个方面的内容。为了便于将毕业要求落实到具体的教学环节，进而达成评价，各专业需要结合自身特点对毕业要求进行适当分解，形成若干个指标点。指标点按照易落实、可评价的原则分解，分解方式和数量没有统一要求，但一个指标点对应的课程过多或者一门课程支撑的指标点过多都是欠合理的。

课程体系中要求“课程设置要能支持毕业要求的达成”，各专业课程体系达到以下要求：与本专业毕业要求相适应的数学和自然科学类课程学分至少占总学分的 15%；工程实践与毕业设计(论文)学分至少占总学分的 20%。《工程教育认证标准》明确要求各专业需建立完善的实践教学体系，并与企业合作开展实习、实训，培养学生的实践能力和创新能力。

补充标准主要包括课程体系和师资队伍两个方面，各专业类描述有差异，下面以机械类和水利类为例进行说明。

1)机械类专业

适用于机械、材料成型、过程装备、车辆等机械类专业。

(1)课程体系。

①自然科学类课程应包含物理、化学(或生命科学)等知识领域；②工程基础类课程应包含工程图学、理论力学、材料力学、流体力学、电工电子、工程材料等知识领域；③实践环节包括工程训练、课程实验、课程设计、企业实习、科技创新等。毕业设计(论文)以工程设计为主。

(2)师资队伍。

从事专业主干课程教学的教师应具有企业工作经验或从事过工程设计和研究的工程背景，了解本专业领域科学和技术的最新发展。

2)水利类专业

适用于水利类专业及农业工程类的农业水利工程专业。

(1)课程体系。

①符合工程逻辑，涵盖解决水利勘测、规划、设计、实施、管理、维护等全周期、全流程过程中复杂工程问题的知识、能力和素质培养，使学生能够在考虑各种制约因素下解决工程技术问题。②具有生态、环境的基础知识和水利工程生态、环境的专门知识，能分析、评价水利复杂工程问题解决方案对生态、环境的影响，并能考虑生态、环境的制约因素。③工程实践各环节注重工程能力的培养：课程实验应有综合实验项目；实习应包含对水利工程问题复杂性的了解；程序设计不少于4个，其中专业类课程设计不少于2个；做毕业论文的学生，至少有一门专业类课程设计能使他得到解决复杂工程问题的训练；完成毕业设计/论文的时间不少于12周，应包括对所涉及的经济决策、生态环境影响的理解与评价。

(2)师资队伍。

①40%以上承担专业基础类、专业类课程教学的教师应具有高级职称；聘请企业或行业专家为兼职教师，应承担培养方案中一定的教学任务。②专业类课程教师一般至少有一个本专业领域的学历，主讲教师具有本专业或相近专业领域的科研方向与经历。③85%以上专业类课程教师具有本专业领域工程实践的经历，15%以上具有在水利企事业单位或相近单位累计参加工程实践半年以上的经历。④具有发展青年教师工程能力、知识融合能力、教学能力的培养计划。

2. 认证程序

工程教育认证基本程序包括申请和受理、学校自评与提交自评报告、自评报告的审阅、现场考查、审议和做出认证结论、认证状态的保持与改进等六个阶段。《工程教育认证学校工作指南》从申请、自评、现场考查准备、认证结论申诉、认证结论保持等五个方面，对申请认证的学校及专业要求、自评目的和方法、现场考查条件准备、申诉时效、有效改进措施等进行了说明。六个阶段基本程序说明如下。

1)申请和受理

属于认证专业领域，并已有三届毕业生的专业，可以申请认证。秘书处会同相关专业类认证委员会对认证申请进行审核，可得出两种结论，即受理申请和不受理申请。

2)学校自评与提交自评报告

自评是学校组织对接受认证专业的办学情况和教学质量进行自检，学校在自评的基础上撰写自评报告。自评方法、自评报告撰写要求参见《工程教育认证学校工作指南》。

3)自评报告的审阅

专业类认证委员会对接受认证专业提交的自评报告进行审阅，重点审查申请认证的专业是否达到《工程教育认证标准》的要求。根据审阅情况，可得出三种结论，即通过审查、补充修改自评报告和不通过审查。

4)现场考查

现场考查是专业类认证委员会委派的现场考查专家组到接受认证专业所在学校开展的实地考查活动，现场考查时间一般不超过 3 天。现场考查的程序包括专家组预备会议、见面会、实地考查、访谈、意见反馈等环节。现场考查报告是各专业类认证委员会对申请认证的专业做出认证结论建议和形成认证报告的重要依据，包括专业基本情况、对自评报告的审阅意见及问题核实情况、逐项说明专业符合认证标准要求的达成度等内容。

5)审议和做出认证结论

该部分程序包括征询意见、审议、提出认证结论建议、提交工程教育认证报告和相关材料、批准与发布认证结论等环节。认证结论分为以下三种。

(1)通过认证，有效期 6 年：达到标准要求，无标准相关的任何问题。

(2)通过认证，有效期 6 年(有条件)：达到标准要求，但有问题或需关注事项，不足以保持 6 年有效期，需要在第三年提交改进情况报告，根据问题改进情况决定“继续保持有效期”或“中止有效期”。

(3)不通过认证：存在未达到标准要求的不足项。结论为“不通过认证”的专业，一年后允许重新申请认证。

6)认证状态的保持与改进

认证结论为“通过认证，有效期 6 年”的，学校有效期内持续改进工作，在第三年提交持续改进情况报告。认证结论为“通过认证，有效期 6 年(有条件)”的，学校根据认证报告所提问题，逐条进行改进，并在第三年年底前提交持续改进情况报告。认证协会组织各专业类认证委员会对持续改进情况报告进行审核，给出以下三种意见：“继续保持有效期”(已经改进，或未完全改进但能够在 6 年内保持有效期)；“中止认证有效期”(未完全改进，难以继续保持 6 年有效期)；“需要进校核实”（根据核实情况决定“继续保持有效期”或“中止认证有效期”）。

3. 认证情况

工程教育认证通告〔2024〕第 2 号显示，截至 2023 年底，全国共有 321 所普通高等学校 2395 个专业通过了工程教育认证，涉及机械、仪器等 24 个工科专业类，标志着这些专业的质量实现了国际实质等效，如表 2.3 所示。

表 2.3　历年通过工程教育认证的专业统计（截至 2023 年底）

序号	专业类	数量	通过认证专业
1	机械类	355	机械工程、机械设计制造及其自动化、材料成型及控制工程、机械电子工程、过程装备与控制工程、车辆工程、汽车服务工程
2	仪器类	79	测控技术与仪器
3	材料类	237	材料科学与工程、材料物理、冶金工程、金属材料工程、无机非金属材料工程、高分子材料与工程、复合材料与工程、焊接技术与工程、功能材料、新能源材料与器件
4	能源动力类	15	能源与动力工程、能源与环境系统工程、新能源科学与工程
5	电气类	101	电气工程及其自动化、智能电网信息工程
6	电子信息类	210	电子信息工程、电子科学与技术、通信工程、微电子科学与工程、光电信息科学与工程、信息工程、电子封装技术、集成电路设计与集成系统、电磁场与无线技术、电子信息科学与技术
7	自动化类	110	自动化
8	计算机类	291	计算机科学与技术、软件工程、网络工程、信息安全、物联网工程、数字媒体技术、智能科学与技术、空间信息与数字技术
9	土木类	120	土木工程、建筑电气与智能化、道路桥梁与渡河工程
10	水利类	74	水利水电工程、水文与水资源工程、港口航道与海岸工程、水务工程
11	测绘类	63	测绘工程、遥感科学与技术、导航工程
12	化工与制药类	168	化学工程与工艺、制药工程、资源循环科学与工程、能源化学工程、化学工程与工业生物工程、应用化学
13	地质类	73	地质工程、勘查技术与工程、资源勘查工程、地下水科学与工程
14	矿业类	74	采矿工程、石油工程、矿物加工工程、油气储运工程、矿物资源工程、海洋油气工程
15	纺织类	20	纺织工程、服装设计与工程、非织造材料与工程
16	轻工类	11	轻化工程、包装工程、印刷工程
17	交通运输类	65	交通运输、交通工程、航海技术、轮机工程、交通设备与控制工程
18	兵器类	8	武器系统与工程、探测制导与控制技术、弹药工程与爆炸技术、特种能源技术与工程、信息对抗技术
19	核工业类	14	核工程与核技术、辐射防护与核安全、核化工与核燃料工程
20	农业工程类	18	农业水利工程

续表

序号	专业类	数量	通过认证专业
21	环境科学与工程类	115	环境工程、环保设备工程
22	食品科学与工程类	80	食品科学与工程、粮食工程、乳品工程、酿酒工程
23	安全科学与工程类	53	安全工程
24	生物工程类	41	生物工程
	合计	2395	

注：以上根据工程教育认证通告〔2024〕第 2 号统计。

各类专业占比统计如图 2.7 所示。

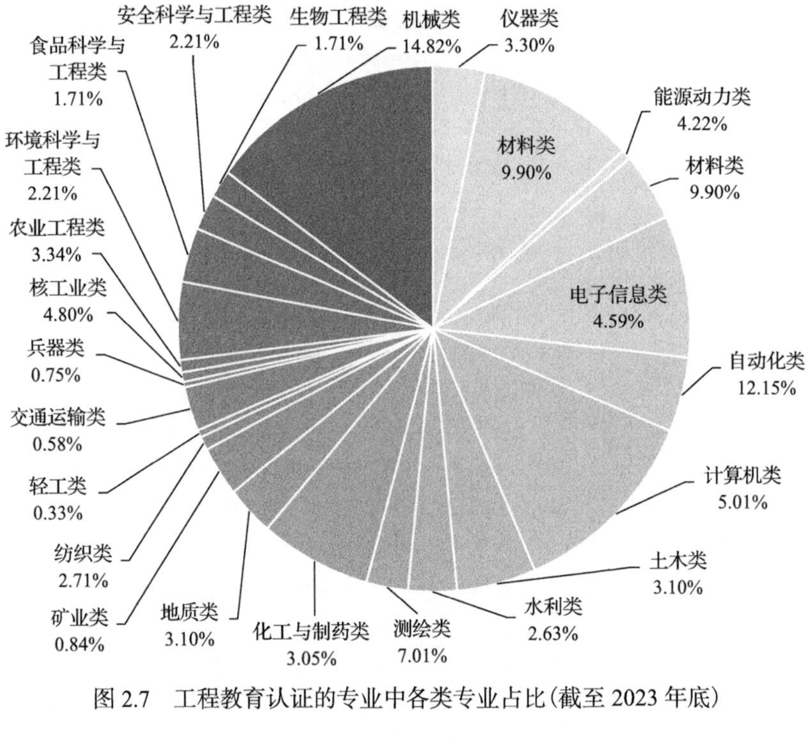

图 2.7 工程教育认证的专业中各类专业占比(截至 2023 年底)

2.5.4 学校教育质量标准

1. 人才培养方案

人才培养方案也称本科培养计划，是组织实施和评价教学环节的基本依据，是实现人才培养目标的总体规划，也可以说是学校人才培养教学质量标准的具体体现。人才培养方案制订的原则意见一般包括指导思想、人才培养总体目标、制订的基本原则、方案的内容要求、课程体系、辅修专业说明等内容。指导思想随着时代要求不同而有差异、随着学校定位或人才培养理念不同而有差别，但在满足新时代经济社会发展对高等教育人才培养的需求、遵循高等教育基本规律和人才成长规律的要求方面没有改变；人才培养总目标与学校的办学定位吻合；内容要求主要指的是培养方案的基本框架或培养计划的主要构成，基本框架或主要构成各高校存在一定差异，但核心的要求基本一致，举例说明如下。

(1)某地方应用型工科专业为主的本科高校要求各专业的培养方案应包括以下主要内容：专业介绍；培养目标；培养规格及要求，包含学制、学位、学分要求和毕业要求等；主干学科；核心课程；主要实践教学环节；指导性教学计划与课程结构，包含学期教学进程表、课程结构(课程地图)、教学计划表、学分(学时)分配表、课程与毕业要求达成映射矩阵等。其中课程设置要以支撑毕业要求(毕业生能力)达成为基本原则，要聚焦学生完成学习过程后能达成的最终学习成果，保障每个学生都有达成学习成果的机会，课程体系中的每门课程对毕业要求达成都有确定的贡献。

(2)某地方重点建设的本科高校要求培养计划的构成一般包括：培养目标，毕业要求，主干学科，专业核心课程，双语、全英语教学课程，计划学制，授予学位，学分基本要求，辅修专业学分要求及授予学位，课程设置与学分分布等。其中，课程设置主要由通识课程、大类基础课程、专业课程(含专业基础)三部分组成。

基于产出导向理念的人才培养方案制订及修订流程如图 2.8 所示。基于产出导向理念的课程体系如图 2.9 所示。

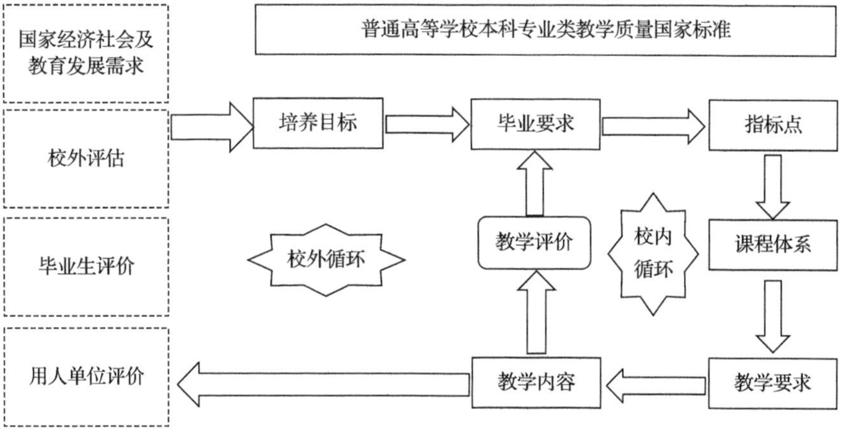

图 2.8　基于产出导向理念的人才培养方案制订及修订流程

2. 教学大纲

与基于产出导向理念相适应的教学大纲如图 2.10 所示。

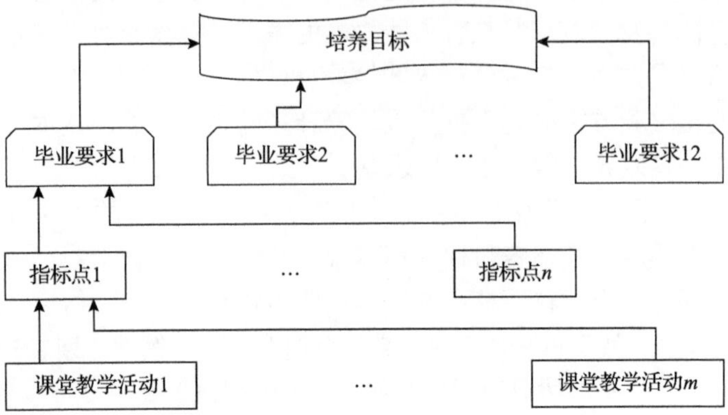

图 2.9　基于产出导向理念的课程体系

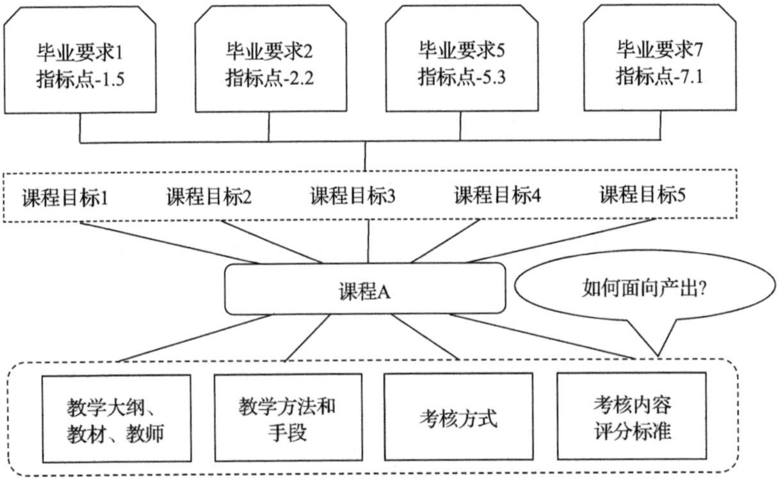

图 2.10　与基于产出导向理念相适应的教学大纲

教学大纲需明确课程目标与毕业要求指标点的支撑关系，如图 2.11 所示。

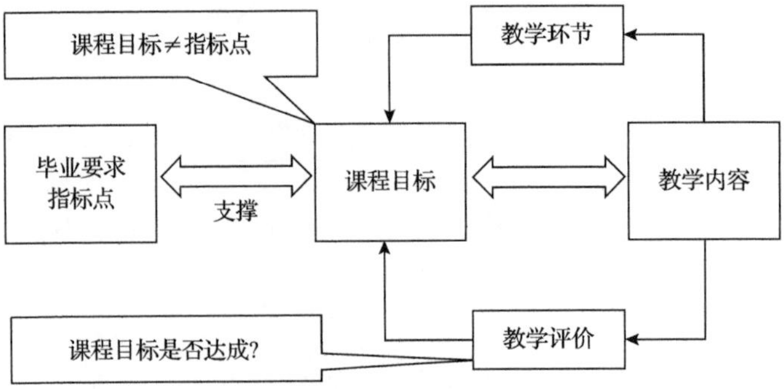

图 2.11　课程目标与毕业要求指标点的支撑关系

3. 保障体系

(1)构建多样化的高等质量保障体系，在自我评估、院校评估、专业认证、状态数据常态监测、国际评估的“五位一体”质量评估活动的基础上，形成中国特色的高等教育质量保障体系。

(2)确立高校质量保障的主体地位，构建多样化的内部质量保障体系。高等教育将以人才培养方案修订、专业认证、教学评估等任务为抓手，建立起以专业教学为基础、以学生发展为中心的教学质量评价体系，持续提高内部质量保障体系的有效性。

(3)形成具有学校特色的质量文化。以“十四五”规划实施为契机，推进高等学校干部和师生员工凝聚发展共识，形成改革合力，在实现高校人才培养、科学研究、社会服务、文化传承创新等基本功能的过程中，注重反思和升华，形成具有高校特色的质量文化内涵[28]。

2.6　教学质量保障体系对比

英国高校依靠一系列的自我调整与自我规范机制来确保其教育质量，主要包括课程质量评估、校外考评员制度、学校年度评审、学校周期性评审等。随着高等教育规模扩张，英国政府和社会团体也参与到高等教育质量保障活动当中，卓越研究评估、卓越教学评估、院校审核、专业审核与认证以及大学排行榜等构成了当前英国高等教育外部质量保障体系。德国和法国同属欧洲高等教育区，其质量保障主要遵守《欧洲高等教育质量保障标准与指南》。德国开展了“学位项目认证”和“院校系统认证”，由德国认证委员会(German Accreditation Council, GAC)认可的质量保障机构实施；法国开展多项全国性评估工作，如区域合作评估、院校评估、科研单位评估、学位项目评估等，法国研究与高等教育评估高级委员会是高等教育质量保障主要机构。英国、德国和法国高等教育质量保障体系对比如表 2.4 所示。

美国、加拿大、澳大利亚和新西兰的高校内部质量保障体系较为多元，其外部质量保障体系的基本架构如表 2.5 所示。美国的外部质量保障主要由院校认证、专业认证、学术审核和大学/学科排行榜等项目组成，联邦教育部(Unite States Department of Education, USDE)、全国高等教育认证理事会(Council for Higher Education Accreditation, CHEA)不直接参与认证工作，而是交由其认可的认证组织具体负责。其中院校认证是基于学校的办学宗旨对其进行的一种整体性的认证，专业认证则主要是对学校某一专业或领域的认证。加拿大没有国家层面的教育质量保障机构，其高等教育质量保障体系主要由省级政府部门主导开展的学校绩效

表 2.4　英国、德国和法国高等教育质量保障体系

国家	内部质量保障主要项目	外部质量保障项目及负责机构	
		主要项目	负责机构
英国	课程质量评估	卓越研究评估	高等教育基金委员会
	校外考评员制度	卓越教学评估	学生服务办公室
	学校年度评审	院校审核	高等教育质量保障署
	学校周期性评审	专业审核与认证	职业、法定和监管组织
		大学排行榜	社会机构和媒体
德国	欧洲高等教育质量内部质量保障标准	学位项目认证 院校系统认证	认证委员会认证的评估机构
法国	欧洲高等教育质量内部质量保障标准	区域合作评估 院校评估 科研单位评估 学位项目评估	研究与高等教育评估高级委员会

表 2.5　美国、加拿大、澳大利亚、新西兰高等教育外部质量保障体系

国家	主要项目	负责机构
美国	院校认证 专业认证	联邦教育部和全国高等教育认证理事会认可的教育认证机构
	学术审核	各州大学评议会
	大学/学科排行榜	新闻媒体、出版商及社会机构
加拿大	学校绩效考核	省级政府部门
	学位项目评估与监控	省级政府部门
	会员资格认证	加拿大高等院校联合会等协会
	专业认证与评估	专业认证机构、省级政府部门
	大学排名	加拿大《麦克林》时事杂志
澳大利亚	基于《高等教育标准框架》的评估	高等教育质量与标准署
新西兰	学术审核	大学学术专业委员会和学术审计署

考核和学位项目评估与监控，高等院校联合会等专业协会开展的会员资格认证，专业认证机构与省级政府部门开展的专业认证与评估以及社会媒体组织的大学排名等组成。澳大利亚高等教育质量与标准署(Tertiary Education Quality Standards Agency, TEQSA)是一个独立的、非营利性机构，承担着高校资格注册、质量评估、

专业及课程认证、咨询和建议、信息发布、培训等职能，并拥有注销不合格高等教育机构等方面的行政处罚权。新西兰最重要的高等教育外部质量保障机制主要是由各高校资助成立的新西兰大学学术专业委员会(Committee on University Academic Programmes, CUAP)和学术审计署(Academic Quality Agency for New Zealand Universities, AQA)负责监督与执行的学术审核。

日本、韩国等也十分重视高等教育质量保障工作，对应高等教育质量保障体系如表 2.6 所示。日本建立以三项教育政策、自我评估为核心的内部质量保障机制和以院校认证、国立大学法人评估以及工程教育认证为主的外部质量保障机制。其中，院校认证根据学校类型的不同主要由 3 个专业评估机构独立负责。韩国政府提出高等教育要从“注重规模”转向“注重质量”，形成了以自我评估、发展战略规划为主的内部质量保障机制和以院校认证、专业认证以及特殊项目评估为主的外部质量保障机制。

表 2.6　日本、韩国高等教育质量保障体系

国家	内部质量保障主要项目	外部质量保障项目及负责机构	
		主要项目	负责机构
日本	三项教育政策	院校认证	大学认证协会、学位授予与高等教育质量提升机构、日本高等教育评估所
	自我评估	国立大学法人评估	国立大学法人评估委员会
		工程教育认证	工程教育认证协会
韩国	自我评估	院校认证	大学认证所、职业教育认证协会
	发展战略规划	专业认证	各类专业认证委员会
		特殊项目评估	教育部

我国高等教育自扩招以来，在发展过程中呈现出“百花齐放”的状态，各种高校分类研究层出不穷，虽然实行了分类评估，但是随着高等教育发展的分化与综合，单纯的分类评估并不能完全适应高等教育的发展。在评估中尊重高等教育的多样性，并不意味着针对每一种类型或形式的高等教育出台相应的质量保障标准。因此，如何统筹高等教育的多样性与一致性、如何在不损害多样性的基础上开展质量保障活动、如何增强质量保障标准的普适性和兼容性，以及如何促进高等教育质量的可比性与互认性，都需要我们进一步思考和借鉴。

在“双一流”建设的背景下，我国积极开展各种高等教育质量保障活动，强调自我评估的重要性，关注高校在质量保障中的地位。但是，人们的关注点多集中于外部评估的结果而非内部质量保障的进展，从而导致高校的内部质量保障活动多是为了应付外部评估，内部质量保障往往成为外部质量保障的附属。与此同时，我国高等教育内部质量保障存在诸多问题，如尚未形成完备的内部质量保障体系、缺乏内部质量保障机构、质量持续改进机制尚未建成，从而使内部质量保障缺乏规范性和自觉性。外部质量保障活动更多考察的是外显的、可观察的指标，高校自身内隐的观测点还需要依靠高校自身去发掘。因此，定义并厘清内外部质量保障活动之间的关系，将内外部质量保障真正置于同一框架之下，增强两者之间的衔接性，促进内部质量保障活动的有效性和规范性，是当前我国高等教育质量保障需要关注的问题。

随着我国“双一流”建设的推进，我国的高等教育处于发展的岔路口。一方面需要持续改进和内涵发展，另一方面又要不断回应社会各界的问责，问责与改进之间的矛盾日益凸显。我国的评估活动重“输入”轻“输出”，行政和社会的问责虽有利于促进高校不断满足国家和市场的人才培养需求，但是大学作为具有自身逻辑的有机体，其有自身特色和发展路径。单纯的问责虽然能确保合格的高等教育机构，但不能产生独具特色的一流大学。因此，当高校自身的水平较高时，可以侧重于改进；当高校自身的水平不足时，可以侧重于问责。但无论如何都应该通过关注学生和学习成果将改进和问责捆绑在一起，在回应问责的同时，将质量改进作为根本目的，以促进高等教育发展的内驱力和主动性，增强高等教育的活力。

自 20 世纪 90 年代以来，欧洲及世界各国的高等教育评估模式改革均呈现出质量保障机构独立性增强，政府向间接管理角色转变的趋势。我国也在强调“管办评分离”，要求从由政府主导逐渐转向由第三方专门机构独立进行专业评审，并加强各省(直辖市、自治区)专业评估机构的建设。但是，目前我国的评估机构大都是官方或半官方性质的，真正独立于高校和政府的评估机构少之又少。而且，目前我国依然没有对评估机构的统一认证标准和行业规范，导致现有的独立机构质量参差不齐，第三方评审结果的权威性和专业性也因此备受质疑，从而使我国高等教育外部质量保障活动依然以政府为主导，其他利益相关者的参与远远不够。高等教育质量保障作为一项专业性极强的活动，需要由具有专业水准的、独立的、规范的评估机构组织开展。因此，我国迫切需要构建第三方质量保障机构的准入机制和行业规范，以促进第三方评价机构的独立发展和运行[29]。

2.7 本章小结

本章以工程教育质量标准为基石，阐释了“学生中心、产出导向、持续改进”的高等教育质量理念，揭示了“有效教学”的概念和内涵。“博洛尼亚进程”是一个标志性事件，1999 年 6 月，欧洲 29 个国家的教育部部长在意大利博洛尼亚举行会议，研究如何提升欧洲高等教育的全球声望与整体吸引力，不仅推动了欧洲高等教育一体化的进程，更进一步完善了三级学位制度，加强了高等教育质量保障，促进了学历学位互认。洪堡高等教育思想也对工程教育标准的完善发挥了重要作用，其“高校自治”“学术自由”“教研结合”等思想对工程教育发展有着深远影响。我国工程教育质量标准既与西方国家一脉相承，也发展出了自身特有体系，除强化高等学校建设质量的“211 工程”“985 工程”“双一流”建设计划外，我国还颁布了一系列教育质量标准政策法规，如《中华人民共和国学位法》《中华人民共和国高等教育法》等。2018 年我国发布的《普通高等学校本科专业类教学质量国家标准》对夯实工程人才培养内涵、提升教育质量提供了重要保障。中国工程教育专业认证更是为持续改进教育质量、提升工程教育的国际竞争力发挥了公认的价值引领作用，涉及的认证标准、认证程序、认证案例在本章中均有阐述，同时还列举了有关人才培养方案、教学大纲体系等学校教育质量标准，以及英、德、法、美、澳、日、韩等国家的内外部高等教育质量保障体系。

参 考 文 献

[1] 宋克慧. 地方教学型本科院校教学质量标准及其保障体系构建[J]. 当代教育论坛（上半月刊）, 2009, (5): 53-55.

[2] 钟秉林, 王新凤. 普及化阶段我国高校教学质量评价范式的转变[J]. 中国大学教学, 2019, (9): 80-85.

[3] 中国教科院教育质量标准研究课题组. 教育质量国家标准及其制定[J]. 教育研究, 2013, 34(6): 4-16.

[4] 丛昕. 我国高等教育质量标准体系框架的构建[D]. 大连: 大连理工大学, 2013.

[5] 杨清, 谢献忠. 基于“五个度”的高校教学质量标准体系的研究与实践[J]. 当代教育理论与实践, 2018, 10(6): 64-68.

[6] 刘桂秋. 有效教学概念新探: 综合有效教学观之下的有效教学[J]. 课程 教材 教法, 2008, 28(9): 11-15.

[7] 伍春兰. 有效教学内涵的概述及数学有效教学框架的构建[J]. 数学通报, 2016, 55(11): 10-12.

[8] 张廷凯, 牛瑞雪. 从要素到标准: 有效教学研究百年概览[J]. 教育史研究, 2021, 3(4): 164-172.

[9] 余文森. 有效教学三大内涵及其意义[J]. 中国教育学刊, 2012, (5): 42-46.

[10] 钟启泉. 打造有效教学实践研究的学习共同体[J]. 新教育, 2017, (2): 4-5.

[11] 崔允漷. 有效教学: 理念与策略[J]. 人民教育, 2001, (6): 1-9.

[12] 孙亚玲. 课堂教学有效性标准研究[D]. 上海: 华东师范大学, 2004.

[13] 张立珍, 高建国, 辛海燕, 等. 应用型本科教育有效教学评价标准研究[J]. 产业与科技论坛, 2017, 16(13): 2.

[14] 黄丽薇, 陈玉林, 陈慧琴, 等. 应用型本科有效教学的评价标准初探[J]. 电气电子教学学报, 2016, 38(4): 3.

[15] 徐辉. “博洛尼亚进程”的背景、历程及发展趋势[J]. 高等教育研究, 2009, 30(7): 96-101.

[16] 张宝贵, 易文君. 打造高教核心区 建设“中华教育圈”: 中国高等教育国际化的战略抉择[J]. 天津市教科院学报, 2015, (3): 32-35.

[17] 佛朝晖. 欧洲学分转换与积累系统和意大利高校学分体系改革[J]. 高等工程教育研究, 2008, (5): 129-133.

[18] 林璐. 欧洲学分转换与积累体系在德国的实施经验及其借鉴意义[J]. 高教探索, 2018, (12): 60-65.

[19] 安东尼·约翰·维克斯, 宋颉. 欧洲学分互认体系: 一个转换与累积体系[J]. 开放教育研究, 2012, 18(1): 33-35.

[20] 马旭燕. 俄罗斯古典大学协会: 俄高等教育采取调协方案[J]. 黄河科技大学学报, 2014, 16(5): 69-74.

[21] 范怡红, 黄洁. 西班牙第斯托大学的内部教学质量管理: 基于博洛尼亚进程中的“欧洲教育结构调整计划”[J]. 复旦教育论坛, 2011, 9(4): 75-79.

[22] 陈寒. 欧洲高等教育区质量保障标准: 发展与启示[J]. 中国高教研究, 2018, (6): 90-97.

[23] 石俊华. 解读洪堡之高等教育思想[J]. 文教资料, 2009, (10): 158-159.

[24] 李其龙. 洪堡改革高等教育的思想与实践初探[J]. 华东师范大学学报(自然科学版), 1980, (4): 37-42.

[25] 杨翠美, 渠彦超. 论洪堡的高等教育思想及其影响[J]. 山西高等学校社会科学学报, 2019, 31(1): 72-76.

[26] 李志义, 朱泓, 刘志军. 如何正确认识本科教学审核评估[J]. 中国大学教学, 2012, (10): 4-8.

[27] 教育部. 教育部发布我国高等教育领域首个教学质量国家标准[J]. 中国高等教育, 2018, (S1): 44.

[28] 钟秉林. “十四五”期间我国高等教育发展的基础与关键[J]. 河北师范大学学报(教育科学版), 2021, 23(1): 1-8.

[29] 别敦荣, 易梦春, 李志义, 等. 国际高等教育质量保障与评估发展趋势及其启示: 基于 11 个国家(地区)高等教育质量保障体系的考察[J]. 中国高教研究, 2018, (11): 35-44.

第 3 章　地方高校工程教育概况与发展策略

我国是工程教育大国，在整个高等教育体系中，工程教育素有“三分天下有其一”之说。党的十八大以来，我国工程教育加速发展，建成了世界最大规模的工程教育体系。地方高校的工程教育在其中占据重要的地位并发挥极其重要的作用。但是，面对我国经济的转型发展、产业结构的优化升级以及科技革命的颠覆性变革、学科高度交叉融合的发展趋势、高等教育注重质量的内涵式发展、高等教育治理能力现代化的迫切要求，我国工程强国的建设依然任重道远。工程教育作为引领科技创新的关键，有必要进行创新变革，为我国建设高等教育强国、经济社会发展提供强动力支撑。其中，地方高等工程教育作为区域经济发展的重要动力，需要主动发力，直面社会需求，承担应有的责任，贡献应有的力量。首先有必要了解我国地方高校工程教育的基本概况与主要特征，以及面对的主要问题，进而明确未来发展的基本策略。

3.1　地方高校工程教育使命

地方高校工程教育的使命所在实质上是地方高校使命在工程教育领域的体现。工程教育的典型特征是应用导向，这种应用性体现在立足区域，面向区域的经济社会发展需求，与区域经济产业结构相融合，同频共振，致力于培养高技术人才，为区域经济发展贡献智力支持。事实上，工程学科在我国地方高校的学科结构中占据重要地位，主要原因在于多数地方高校可以追溯到 20 世纪 50 年代院系调整时期的单科性工科学院，其学科结构起步阶段本身就具有鲜明的地域特色、行业取向与服务导向。因此，工程教育的价值定位与发展水平很大程度上决定着相当一部分地方高校的办学水平。另外，我国不同地域的经济需求差异显著，地方高校工程教育与其所在地区的经济发展相适应也是地方高校差异化、特色化发展的动力所在。

3.1.1　立足区域

阿什比(Eric Ashby)在其经典著作《科技发达时代的大学教育》中曾提出：“任何类型的大学都是遗传与环境的产物”。大学的发展离不开高等教育自身的学术特质与内在逻辑，也离不开所处内外部环境的支持。尤其是第二次世界大战后，大学与社会、政治、经济的关系日趋密切，步入社会的中心，市场的参与、政府的支持对于大学发展至关重要。另外，工程学科开始随着社会的现实需求变化不断分化与交叉，形成庞杂的学科体系。并且，在知识生产模式的转型背景下，大学学科的整体发展越来越凸显应用导向，注重与社会需求相结合。

我国高等教育以政府主导下的办学模式为主，地方高校主要由各级政府负责管辖，其经费来源主要由地方政府统筹，因此地方高校的生存发展主要是面向区域经济发展的现实需求，为其提供智力与人才支撑。反过来，区域经济的发展能够增强对地方高校的经费投入和学科结构调整的动力与压力。区域经济与地方高校，二者之间相辅相成。尤其是对地方大学内部应用强的工程学科而言，这一特征更加凸显。一般情况下，地方高校的工程教育与区域产业结构紧密相关。有学者指出，现代高等教育的成功经验表明，高校发展与区域经济社会发展是一种互利共生的关系，二者通过社会资源交换机制相互为对方的发展提供重要资源。

以燕山大学为例，它是一所工科见长的大学，位于河北省秦皇岛市。河北是钢铁大省，秦皇岛是装备制造和金属压延基地。燕山大学充分发挥工科的学科优势，带动地方产业发展。在 2008～2012 年期间，燕山大学的横向科研项目中，河北区域平均项目数占总数的 45.4%，而秦皇岛地区平均项目数占河北区域总数的 67.2%。

3.1.2 应用导向

为满足地方高校服务区域经济发展的需求，最重要也是最长远的途径是为地方经济发展源源不断地提供人力资本支撑。其中，培养创新型、技术技能型的复合人才至关重要，该类型人才对于地方经济发展起到直接的驱动作用。地方高校工程教育作为应用型人才培养的主体部分，担负着这一职责与使命。首先，地方高校需明确应用型的工程教育观，将工程教育扎根地方的现实需求，与地方的企业、产业积极合作，明确人才培养的标准规范与技能要求；其次，一般地方高校工程教育的学科结构体系应与区域经济的相关行业人才需求相匹配，这也是保证应用型人才培养，有效为区域经济履行人才供给端职责的关键。具有特色产业、主导产业、支柱产业的区域经济，所在地区高校的工程教育往往会形成鲜明的学科特色与优势学科，它们共生共长。尤其是在我国经济发展对应用型人才需求迫切的背景下，高等教育强调内涵式发展，地方高校立足区域培养应用型人才显得非常重要与必要，这也是地方高校转型发展、特色发展、错位发展，避免同质发展、脱节发展、孤立发展的一剂良药。有学者明确指出，在全面提高高等教育质量的大背景下，对广大地方高校而言，在完成了规模扩张以后，工作重心必须转移到内涵建设上来，把提高人才培养质量作为核心任务，根据经济社会发展需求，准确定位、科学发展，走应用型人才培养之路。

以北京工业大学为例，学校注重培养应用实践型人才，构建工程教育新体系，其学科结构调整从本地区的需求出发，体现出地方特色，满足本地区基础产业、支柱产业和重点产业的发展需要。

3.1.3　产教融合

近些年，国家在高等教育改革发展的相关政策中不断强调推进产教融合。2013年，党的十八届三中全会通过的《中共中央关于全面深化改革若干重大问题的决定》明确指出，加快现代职业教育体系建设，深化产教融合、校企合作，培养高素质劳动者和技能型人才。2015 年，国务院公布《统筹推进世界一流大学和一流学科建设总体方案》，其中指出，深化产教融合，将一流大学和一流学科建设与推动经济社会发展紧密结合，着力提高高校对产业转型升级的贡献率，努力成为催化产业技术变革、加速创新驱动的策源地。促进高校学科、人才、科研与产业互动，打通基础研究、应用开发、成果转移与产业化链条，推动健全市场导向、社会资本参与、多要素深度融合的成果应用转化机制。

可以说，产教融合是地方高校工程教育培养应用型人才的重要途径，也是地方工程教育服务区域经济发展、带动科技成果转化、引领科技创新的重要驱动力。产教融合，主要指的是产业发展与人才培养的全过程密切结合，将教学科研与实践过程紧密结合起来，培养应用型高水平人才。当然，地方高校工程教育的学科体系存在差异，同时，地方高校所在地区、省域、城市的产业结构也存在差异，因此产教融合并没有整齐划一的统一路径。有学者专门指出[1]，产教融合成为我国高等教育分类发展、内涵发展、转型发展、合作发展的基本方式，是办成产业的大学、城市的大学、社区的大学的有效路径，更是当下我国高等教育教学改革的必然趋势。结合应用型本科高校的成功经验，产教融合可简要概括为四种模式，即产教融合研发模式、产教融合共建模式、项目牵引模式、人才培养与交流模式。总之，地方高校工程教育作为与地方产业结构联系最为密切的学科专业体系，融合地方经济发展，大力推进产教融合是地方高校自身高水平发展的使命所在，也是一条被实践证明的有效路径。

3.1.4　案例分析

下面结合相关案例阐述地方高校工程教育使命价值的体现。位于江西赣州的江西理工大学，从其创办之日，始终坚持为区域经济和行业发展培养应用型人才，把服务区域经济发展和产业转型升级作为根本使命。学校的 52 个工科专业都是面向区域经济社会发展和产业需求来设置与调整的。其中，围绕钨矿资源、铜矿资源、离子型稀土资源布局专业结构是其服务地方产业需求的典型体现。在人才培养方面，通过产教融合、校企合作、定向培养等模式，大大提高了江西理工大学的人才培养与社会需求的符合度，为企业招到合适的毕业生提供了保障。常州工学院围绕常州市重点发展的十大产业链和十大新兴产业，“因地而设”十大专业群，针对多样化生源，提出培养卓越应用型、高素质技术技能型、复合应用型三种人才，分别制订了与之相适应的人才培养方案，以满足学生多样化发展的需求，并取得了一定效果。位于河南许昌的许昌学院，树立地方应用型大学的办学目标，选择“三个坚定不移”的发展路径：①坚定不移地走融入地方经济社会和文化生态的办学发展之路，围绕地方主导产业着力打造契合地方需要的特色专业群，凝练办学特色，着力为地方培养应用型人才，突出办学的“地方性”；②坚定不移地走“政产学研用”相结合的办学发展之路，改革构建应用型人才培养体系，打造“双师结构”教师队伍，实现校企合作、工学结合，突出办学的“应用型”；③坚定不移地走开放办学发展之路，积极创建资源共享的校地协同创新平台，探索成立具有鲜明行业背景的创新型行业学院，强化产教融合，不断增强办学活力，突出办学的“服务性”。许昌学院紧紧围绕许昌三大主导产业(装备制造、食品加工、能源电力)、四大特色产业(电力电子、烟草、发制品、超硬材料)和五大战略性新兴产业(智能电网、新能源、新材料、电动汽车、生物医药)，通过新建、调整、改造、拓展等措施，努力打造具有明显产业背景和一定优势的专业群，学科专业结构与地方产业结构的吻合度不断增强，形成了机电信息、土建园林、生物食品、能源材料、医药卫生、文化传媒等专业群[2]。

3.2 地方高校工程教育概况

地方高校工程教育是我国整个高等教育体系的重要组成部分。一方面是由地方高校的地位所决定。受 20 世纪 50 年代院系调整的影响，我国高等教育整体上形成以工科为主的高校类型。地方高校一直是我国高等教育体系结构的主体部分，担负我国高等教育由大众化向普及化过渡、注重质量内涵式提升、优化高等教育区域协调发展等诸多重要使命。另一方面源于工程教育长期以来受到的关注度与支持度。我国作为后发国家，在建设现代化经济的征程中，工科专业一直是国家比较重视和社会需求度比较高的领域。总之，地方高校工程教育在我国整个高等教育体系结构中占据重要地位。地方本科高校是推进我国由制造业大国向制造业强国转变的重要力量，是地方传统产业结构调整和新兴产业发展的重要支撑。本书从教育部第四轮学科评估中的工科学位点参评情况、全国高校的工科专业认证情况、“卓越工程师教育培养计划”情况、新工科研究与实践项目等几个方面，阐述地方高校工程教育的基本概况。

3.2.1　第四轮学科评估中的学位点参与率

学科评估是教育部学位与研究生教育发展中心按照国务院学位委员会和教育部颁布的《学位授予和人才培养学科目录》对全国具有博士或硕士学位授予权的一级学科开展的整体水平评估，受到各大高校与社会的高度关注，是评价我国学科发展水平的重要参考依据，权威性非常高。目前，我国共实施五轮学科评估。第四轮学科评估于 2016 年 4 月启动，2017 年 12 月 28 日公布评估结果。参评设置“师资队伍与资源”“人才培养质量”“科学研究水平”“社会服务与学科声誉”四个一级指标，分为人文、社科、理工、农学、医学、管理、艺术、建筑、体育等 9 套指标体系框架，不同学科领域具有不同的指标权重。此次评估在除军事学门类外的 95 个一级学科范围内开展，共有 513 家单位的 7449 个学科参评。其中，全国高校 94%的博士学位授权学科参与，因此整体上能够反映全国高校学科办学水平的基本情况。工程教育主要依托工程学科开展，我国工科门类下涵盖了 39 个一级学科(第四轮实际参评 36 个一级学科)，地方高校工科门类 36 个一级学科的参评情况如表 3.1 所示。通过对工科门类下一级学科的评估结果进行分析，能够从中窥探出地方高校工程教育的办学水平。

表 3.1　地方高校工科门类 36 个一级学科的参评情况

序号	一级学科	参评高校总数	地方参评高校数	地方参评高校占比/%	A+	A	A−	B+	B	B−	C+	C	C−
1	0801 力学	80	14	17.50				1		1	4	3	5
2	0802 机械工程	189	80	42.33			1	5	12	14	14	18	16
3	0803 光学工程	80	21	26.25			1	3		3	4	3	7
4	0804 仪器科学与技术	73	22	30.14				1	3	4	4	2	8
5	0805 材料科学与工程	172	68	39.53				6	8	13	14	12	15
6	0806 冶金工程	20	10	50.00				1	2	1	2	2	2
7	0807 动力工程及工程热物理	84	24	28.57				2	2	2	5	6	7
8	0808 电气工程	84	27	32.14				2	3	5	7	4	6
9	0809 电子科学与技术	106	31	29.25				2	1	4	7	8	9
10	0810 信息与通信工程	137	36	26.28				2	3	4	9	8	10
11	0811 控制科学与工程	162	62	38.27			1	3	7	7	14	13	17
12	0812 计算机科学与技术	238	95	39.92				4	12	17	20	19	23

续表

序号	一级学科	参评高校总数	地方参评高校数	地方参评高校占比/%	A+	A	A–	B+	B	B–	C+	C	C–
13	0813 建筑学	54	14	25.93				1	2	3	3	2	3
14	0814 土木工程	134	55	41.04		1		5	8	11	11	10	9
15	0815 水利工程	49	12	24.49				2	2	2	4	1	1
16	0816 测绘科学与技术	34	9	26.47					1	2	2	1	3
17	0817 化学工程与技术	144	66	45.83		1	1	7	13	11	12	9	12
18	0818 地质资源与地质工程	38	14	36.84				1	2	3	3	3	2
19	0819 矿业工程	28	13	46.43					3	2	3	2	3
20	0820 石油与天然气工程	10	5	50.00	1				1		1	1	1
21	0821 纺织科学与工程	17	8	47.06	1			1	1	1	2	2	
22	0822 轻工技术与工程	24	8	33.33				2	2	2	1		1
23	0823 交通运输工程	52	12	23.08					4	2	2	2	2
24	0824 船舶与海洋工程	18	2	11.11								1	1
25	0825 航空宇航科学与技术	25	1	4.00						1			
26	0826 兵器科学与技术	13	1	7.69								1	
27	0827 核科学与技术	20	3	15.00						1		1	1
28	0828 农业工程	37	16	43.24			1	1	1	3	3	4	3
29	0829 林业工程	13	6	46.15						2	1	1	2
30	0830 环境科学与工程	155	56	36.13			1	2	7	9	8	12	17
31	0831 生物医学工程	70	13	18.57					4	2	2	3	2
32	0832 食品科学与技术工程	79	38	48.10		1		4	5	7	6	9	6
33	0833 城乡规划学	51	16	31.37				1	2	4	2	3	4
34	0834 风景园林学	56	20	35.71				2	2	4	2	5	5
35	0835 软件工程	165	64	38.79			1	3	3	13	15	15	14
36	0837 安全科学与工程	52	17	32.69			2	1	3	2	2	3	4
合计		2763	959	34.71	2	3	9	65	119	162	189	189	221

由表 3.1 可以发现，整体上参评高校的总次数达到 2763 次，地方高校参评次数 959 次，占比 34.71%；机械工程、冶金工程、土木工程、化学工程与技术、矿

业工程、石油与天然气工程、纺织科学与工程、农业工程、林业工程、食品科学与技术工程等 10 个一级学科，地方高校都占参评高校的 40%以上，这些工科主要是传统工科，多是院系调整时期形成单科性地方高校的传统优势学科；在 959 个参评学科中，A−及以上的学科只有 14 个，仅占总数的 1.46%，C+及以下的学科有 599 个，占总数的 62.46%，B 类学科占比 36.08%，这说明地方高校工科的整体办学水平相对较低，但是在部分工科领域具有优势学科存在；地方高校在工科的参评情况中呈现出学科领域高度集中的现象，这在一定程度上反映出地方高校工科办学的同质化现象，如材料科学与工程、控制科学与工程、计算机科学与技术、化学工程与技术、软件工程等。在高等教育内涵式发展的背景下，在国家学位点动态调整中，学科裁撤的现象时有发生，主要原因是前期学位点申报时学科自身的体系建设不健全。这也警示地方高校注意工程教育学科结构的调整，避免学科低水平的重复发展。

3.2.2　工程教育专业认证规模

工程教育认证作为高等教育认证的重要组成部分，属于专业认证，是由专业性认证机构(协会)组织工程技术专业领域的教育界学术专家和相关行业的技术专家，以该行业工程技术从业人员应具备的职业资格为标准，对工程技术领域的相关专业的工程教育质量进行评价、认证并提出改进意见的过程。工程教育认证是一种合格性评价，而非选优评估，它是对工程教育是否达到规定的最低标准所进行的检查，并且这是目前国际工程教育质量保障的通行做法。我国工程教育认证工作由 2015 年 4 月成立的中国工程教育专业认证协会负责组织实施，其建立了与国际实质等效的工程教育认证体系，是由专门职业协会、学会同该领域的教育工作者一起进行的、针对高等教育中工程类专业开展的一种合格评价。通过中国工程教育专业认证协会认证的工科专业，毕业生的毕业证书和学位证书可以得到《华盛顿协议》签约成员的认可[3]。

截至 2019 年底，全国共有 241 所普通高等学校 1353 个专业通过工程教育认证，涉及机械、仪器等 21 个工科专业类。对地方高校及其入选专业进行的统计分析，能够在一定程度上从本科教育层面反映地方高校工程教育极其重要的一个方面。统计发现，各部委直属高校入选专业 505 个，地方高校入选 848 个，分别占总体的 37.32%和 62.68%。进一步，由图 3.1 的统计情况可以看出，除去体量较小的交通运输类、核工程类和地质类，地方高校在其他各类专业认证方面都多于部属高校。其中，表现较为突出的集中在机械类、材料类、计算机类、电子信息类、化工与制药类。这也反映出地方高校担负着工程人才培养的重任。

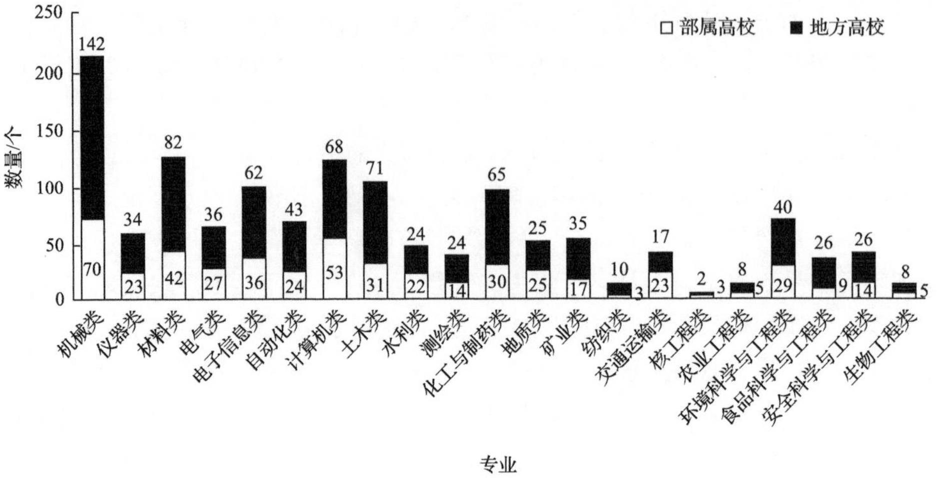

图 3.1　全国高校工科专业认证的专业分布情况(截至 2019 年底)

3.2.3　“卓越工程师教育培养计划”的专业布局

“卓越工程师教育培养计划”是为贯彻落实党的十七大提出的走中国特色新型工业化道路、建设创新型国家、建设人力资源强国等战略部署，贯彻落实《国家中长期教育改革和发展规划纲要(2010—2020 年)》而实施的高等教育重大计划。该计划于 2010 年 6 月启动，2010～2013 年教育部前后共批准三次卓越工程师教育培养计划。2011 年教育部颁布的《关于实施卓越工程师教育培养计划的若干意见》指出，该计划的主要目标之一是以实施卓越计划为突破口，促进工程教育改革和创新，全面提高我国工程人才培养质量，努力建设具有世界先进水平、中国特色社会主义现代高等工程教育体系，促进我国从工程教育大国走向工程教育强国。该计划的主要任务在于创立高校与行业企业联合培养人才的新机制、创新工程教育的人才培养模式、建设高水平工程教育教师队伍、扩大工程教育的对外开放、制订卓越工程师教育培养计划人才培养标准[4]。

经过前期的实践探索，“卓越工程师教育培养计划”取得一定成效。在此基础上，2013 年教育部和中国工程院颁布《卓越工程师教育培养计划通用标准》，涵盖本科工程型、工程硕士、工程博士三个层面的人才培养通用标准。在“新工科”建设背景下，2018 年教育部、工业和信息化部、中国工程院联合发布《关于加快建设发展新工科实施卓越工程师教育培养计划 2.0 的意见》，意见明确提出，面向工业界、面向世界、面向未来，主动应对新一轮科技革命和产业变革挑战，服务制造强国等国家战略，紧密对接经济带、城市群、产业链布局，以加入国际工程教育《华盛顿协议》组织为契机，以新工科建设为重要抓手，持续深化工程教育改革，加快培养适应和引领新一轮科技革命和产业变革的卓越工程科技人才，打造世界工程创新中心和人才高地，提升国家硬实力和国际竞争力。2010 年以来，教育部前后共进行了三次“卓越工程师教育培养计划”高校与学科专业的评选。入选高校隶属关系和学科专业分布的基本情况能在较大程度上反映地方高校工程教育的一个侧面。

首先，从入选高校的隶属关系来看，三次共评选出 201 所高校的 1257 个本科专业(包括北京石油化工学院的机械工程及自动化试点班、天津大学的茅以升班、西安电子科技大学的电子信息与通信工程类、长沙理工大学的水利工程类，其余专业分布统计涵盖 1253 个)。其中，各部委所属高校 57 所，地方高校 153 所，地方高校占比 76.12%。从本科教育层面来看，部属高校共入选 548 个专业，占比 43.74%，平均每所部属高校入选 9.6 个专业，地方高校共入选 705 个专业，占比 56.26%，平均每所地方高校入选 4.6 个专业。就本科专业分布而言(表 3.2)，入选频次 4 次及以上的专业共有 44 个，位列首位的专业是机械设计制造及其自动化，高达 67 次。此外，入选频次位列前十位的专业依次为机械设计制造及其自动化、计算机科学与技术、化学工程与工艺、自动化、电气工程及其自动化、材料成型及控制工程、软件工程、电子信息工程、土木工程、环境工程。从研究生教育层面来看，三次共评选出 90 所高校的 515 个授权学位点。其中，各部委所属高校 46 所，地方高校 44 所，地方高校占比 48.89%。部属高校入选授权学位点共计 363 个，占比 70.49%，平均每所部属高校入选 7.9 个，地方高校入选授权学位点共计 152 个，占比 29.51%，平均每所地方高校入选 3.5 个。其中，89 个博士点，部属高校占据 74 个，地方高校仅为 15 个。进一步分析地方高校 137 个硕士点的学科分布情况(表 3.3)可以发现，入选频次 2 次及以上的学科共有 19 个。其中，机械工程 18 次，材料工程 12 次，化学工程 12 次，建筑与土木工程 11 次，控制工程 9 次，计算机技术 8 次。可见，地方高校在“卓越工程师教育培养计划”中占据重要地位，但主要集中在本科教育层面。在研究生教育层面，就地方高校的体量而言，入选高校相对比较少，并且在博士高层次人才培养方面明显不足。

表 3.2　地方高校入选“卓越工程师教育培养计划”的本科专业分布情况

序号	本科专业	频次
1	机械设计制造及其自动化	67
2	计算机科学与技术	49
3	化学工程与工艺	42
4	自动化	40
5	电气工程及其自动化	37
6	材料成型及控制工程	26

续表

序号	本科专业	频次
7	软件工程	25
8	电子信息工程	24
9	土木工程	20
10	环境工程	19
11	材料科学与工程	18
12	车辆工程	18
13	机械工程及自动化	18
14	通信工程	17
15	高分子材料与工程	12
16	测控技术与仪器	11
17	无机非金属材料工程	11
18	食品科学与工程	10
19	热能与动力工程	10
20	采矿工程	10
21	过程装备与控制工程	10
22	生物工程	8
23	水利水电工程	8
24	服装设计与工程	8
25	安全工程	8
26	建筑学	8
27	冶金工程	8
28	测绘工程	7
29	电子科学与技术	7
30	轻化工程	7
31	纺织工程	7
32	能源与动力工程	7
33	矿物加工工程	7
34	资源勘查工程	6
35	制药工程	6
36	金属材料工程	6

续表

序号	本科专业	频次
37	网络工程	5
38	机械工程	5
39	石油工程	4
40	印刷工程	4
41	地质工程	4
42	信息安全	4
43	勘查技术与工程	4
44	机械电子工程	4

表 3.3　地方高校入选“卓越工程师教育培养计划”的研究生学科分布情况

序号	学科领域	频次
1	机械工程	18
2	材料工程	12
3	化学工程	12
4	建筑与土木工程	11
5	控制工程	9
6	计算机技术	8
7	电子与通信工程	7
8	地质工程	5
9	环境工程	5
10	软件工程	4
11	安全工程	3
12	车辆工程	3
13	电气工程	3
14	动力工程	3
15	矿业工程	3
16	水利工程	3
17	测绘工程	2
18	纺织工程	2
19	工业工程	2

3.2.4 “新工科研究与实践项目”改革创新

《关于加快建设发展新工科实施卓越工程师教育培养计划 2.0 的意见》指出，深入实施新工科研究与实践项目，更加注重产业需求导向，更加注重跨界交叉融合，更加注重支撑服务，探索建立工程教育的新理念、新标准、新模式、新方法、新技术、新文化。推进分类发展，工科优势高校要对工程科技创新和产业创新发挥关键作用，综合性高校要对催生新技术和孕育新产业发挥引领作用，地方高校要对区域经济发展和产业转型升级发挥支撑作用。这些导向明确了地方高校的重要地位与价值功能。新工科研究与实践项目坚持以新工科理念为先导凝聚更多共识、以需求为牵引开展多样化探索、以项目群为平台加强交流合作、以统筹内外资源为途径加大项目支持的基本要求。教育部分别在 2018 年和 2020 年公布两批入选项目名单，分别涵盖 612 项和 845 项。

首先，有必要回顾“新工科研究与实践项目”的指南，有助于整体把握选题的聚焦情况。首批《新工科研究与实践项目指南》中指出，相关选题包括新理念选题(主要在于分析新工科的内涵、特征、规律与发展趋势)、新结构选题(主要在于分析传统工科专业的改造升级与新兴专业建设的探索)、新模式选题(主要在于分析人才培养模式、体制机制改革和大学组织模式创新)、新质量选题(主要在于分析工程教育专业认证与相关标准制定)、新体系选题(主要在于分析高校分类发展、工程人才分类培养的体系结构)；第二批《新工科研究与实践项目指南》中指出，相关选题包括理念深化选题(主要在于分析持续深化创新型、综合化、全周期、开放式的工程人才理念)、结构优化选题(主要在于分析学科专业结构持续调整优化)、模式创新选题(主要在于分析未来技术学院、产业学院、示范性软件学院等教学组织模式)、师资建设选题(主要在于分析工科教师工程实践能力的提升)、创新创业教育选题(主要在于分析新工科深度融合下的创新教育体系)、协同育人选题(主要在于分析产学合作协同育人体系)、共同体构建选题(主要在于分析工程教育的国际化相关问题)、质量提升选题(主要在于分析工程教育质量系列标准建设)。

其次，地方高校参与“新工科研究与实践项目”的情况反映出地方高校在新工科背景下工程教育改革的价值取向、关注重点与实践策略。对比两批地方高校的入选情况可以发现，首先，两批项目评选中地方高校分别入选 320 个和 379 个，分别占入选总量的 52.29%和 44.85%，这说明地方高校在工程教育改革的研究与探索方面也占据重要地位；其次，除了理念类的相关选题，地方高校在其他领域的选题中均占据一定比例，尤其是专业类别领域的建设效果研究领域，这反映出地方高校工程教育已经在部分专业领域进行积极的探索；再次，入选的地方高校整体上以理工类和行业类高校为主，其地域分布主要集中在经济较为发达的东部沿海地区；最后，从选题角度紧密结合地域特色、重视人才培养模式改革、注重回应国家重大战略布局是典型特征。

此外，在高等学校创新能力提升计划、国家工程研究中心、国家工程实验室、国家工程技术研究中心、国家重大科技基础设施、教育部工程研究中心、教育部前沿科学中心、教育部重点实验室，以及政府、企业、高校共建的各级各类有关工程教育的平台上，地方高校工程教育都占据重要地位，发挥重要作用。例如，2019 年度教育部工程研究中心立项建设名单 61 家，其中依托地方高校建设的有 23 家，占比为 37.7%。

3.3　地方高校工程教育存在的主要问题

目前整体上，地方高校工程教育主要存在以下问题：工程教育办学理念相对落后、工程人才培养模式比较单一、工程教育研究取向趋于同质化、产教科主体之间融合度较低、“双师型”师资队伍建设不健全等。

3.3.1　工程教育办学理念相对落后

地方工程教育离不开整体工程教育办学理念的引导，其办学理念是整体工程教育多样化与具体化的实践形态。因此，有必要明确工程教育内涵的办学理念导向。首先，工程教育的内在属性决定了其办学理念需与时俱进，不断变革，以适应并引领不断变化的科技革命、经济产业、人才培养诉求的现实需求，这一点从世界关于工程教育认证标准体系的不断变革能够反映出来。以美国工程与技术认证委员会为例，之所以能够对工程教育发展发挥有效指导作用，产生强大的影响力，关键在于其认证标准的持续更新能力，并且在长期发展中形成了持续改进的认知。其次，工程教育的办学理念彰显开放性、多元性的特征，体现多样化的共同体格局。纵观世界办学比较成功的工程教育实践，能够从中发现教育界、产业界、政府层面等不同领域相关利益群体的集体参与非常普遍，共同为工程教育的发展制定相关政策文件、提供项目资助、打造标准共识，旨在打通人才培养的链条，培养高质量、高水平的有效技能型人才和创新型人才。再次，工程教育办学理念具有跨学科的特征。工程教育直面复杂的现实问题，受多重因素的影响，依靠单一的学科难以解决。工程教育中理工结合、医工结合、农工结合的情况非常普遍，这是作为应用导向的工程学科面对知识生产模式变革的必然趋势。李明忠等[5]统计拥有美国高等工程教育界诺贝尔奖之称的戈登奖的颁发情况发现，这些获奖项目具有跨学科教育培养人才的典型特征，普遍通过跨学科研究中心或实验室、跨学科专业设置、跨学科师资团队、跨部门合作等途径与手段进行人才培养。最后，工程教育的办学理念体现人文关怀。如今高等教育越来越注重以人为本，强调以学生为中心的办学理念，强调综合素养的培育，真正现代的工程教育应体现丰富的人文关怀与熏陶。有学者对比《华盛顿协议》规定的毕业生素质要求、欧洲工程协会联合会规定的工程师专业胜任力要求、美国工程技术认证委员会标准和中国工程教育认证通用标准，发现存在通用标准的维度，其中职业素质、工程师责任和伦理、沟通与团队工作、工程领导力、持续发展与终身学习等5个方面都体现人文素养。

然而，就目前我国地方高校的工程教育办学理念而言，在诸多方面相对比较滞后，集中体现在：①工程教育的办学理念与市场需求，尤其是产业结构不匹配、相脱节，缺乏对工程教育的动态认识；②工程教育教学的实施以理论教学为主，主要由传统理论型的教师负责，缺乏与外界多元主体的互动，教学内容相对陈旧，实践教学不足，教学与实践比例不均衡；③工程教育的专业设置比较狭窄，一方面体现在过早的分科教育与跨学科课程开设的不足，另一方面体现在学科组织的彼此隔离，以本科专业或学科分类目录刚性化地设置系所。两个方面相互交织，造成毕业生学科视野狭隘，综合素质不强，缺乏工程伦理意识、工程创新的交叉与复杂思维，对工程实践的流程也缺乏系统性的认知。

3.3.2　工程人才培养模式比较单一

人才培养是大学的基本功能和根本任务，是高校内涵建设的核心内容。高校人才培养模式是培养主体为了实现特定的人才培养目标，在一定的教育理念指导和一定的培养制度保障下设计的，由若干要素构成的具有系统性、目的性、中介性、开放性、多样性与可仿效性等特征的有关人才培养过程的运作模型与组织样式。这些要素包括人才培养理念、专业设置模式、课程设置方式、教学制度体系、教学组织形式、教学管理模式、隐性课程形式、教学评价方式等。地方高校工程教育培养的人才不仅需要适应市场经济发展的现实需求，更需要引领科技创新的前沿，这需要地方高校明确办学目标，结合国家战略、区域发展和学科优势，实施多样化的人才培养模式。从理论上来看，工程教育的人才培养模式属于应用型的教育范式，在各个要素方面更加凸显行业性、技能性、实用性的特征[6]。

然而，目前地方高校工程教育存在人才培养模式较为单一的问题，这种单一性集中体现在缺乏灵活性，在人才培养模式部分要素方面存在一定偏差，具体如下：

(1) 理论与实践失衡。地方高校工程教育致力于培养应用型人才和技能型人才，这是普遍共识。但是，在实际中重理论、轻实践的做法偏离了这一共识。

(2) 专业设置口径过窄。主要体现在专业培养计划设置过窄，工程类学生缺乏综合素质，思维狭隘。目前，相当一部分高校实施的大类招生、书院育人等模式对此有所缓解。

(3)课程结构不合理。课程设置缺乏外部市场与企业等主体的参与，课程内容显得过时陈旧，缺乏综合课程。这也是当下呼吁工程教育改革重视伦理道德与人文素养课程融合的主要原因。

(4)教学制度体系不健全。工程教育教学制度体系中有关学位制、实习制、导师制、分流制度等方面的安排不尽合理，这需要加强顶层设计的优化与激发基础的实践探索。

(5)教学组织形式失调。面向未来的工程教育注重多学科的交叉融合与创新发展，而教学组织为此提供关键保障。但是，目前工程教育相关的学系、研究所、研究基地等设置相对存在隔离现象，以关键人物设置并主导科研平台运行的现象较为严重，这不利于学科之间在资源上的交叉和共享。

(6)教学管理主体单一。工程人才培养需多元主体参与，目前教学管理依然呈现单一行政人员主导的格局，这不利于工程教育教学工作的有效开展，教学效果的评价也难以有效兼顾实践、实训层面的情况。

(7)工程文化与伦理课程缺乏。工程教育应涵盖工程美学与工程伦理，然而地方高校在这方面显得不足。值得注意的是，我国传统工程体现出的天地人合一、工匠精神、职业道德等方面的精髓值得深入挖掘。

(8)教学评价方式忽视实践性特征。这主要体现在教学评价中重视学生的结果导向，轻视工程教育中创造性思维和实践能力的培养。

3.3.3　工程教育取向趋于同质化

理论上，地方高校的学科结构一般具有历史性、地方性、区域性的典型特征，这与地方高校学科的诞生、生存发展、自身演化和社会驱动关系密切。就工程教育学科而言，不同类型的地方高校有所差异。由于我国地方高校的学科布局与 20 世纪 50 年代的院系调整密切相关，相当一部分地方高校的学科根基是工程教育某一领域的学科，起初多为单科性大学。这类高校一般历史较为悠久，主干学科后来一般都成为所在高校的传统优势工科，典型代表如地方性的行业类工科高校。该类型高校内部的其他工科较大程度上是依托原有的传统优势工科衍生而来的，其中化工学科衍生出材料类学科、物理学科衍生出光电类学科等现象非常普遍。另外，2000 年前后的新建地方本科高校是地方高校的重要组成部分。文献[7]显示，到 2011 年 4 月，新建本科院校数量达到 291 所，占同期普通本科院校(820 所)比例首次超过 1/3，达到 35.49%。其中，218 所公办新建本科院校中，综合类院校占 41.74%，师范类院校占 24.31%，理工类院校占 17.89%，政法类院校占 7.80%，财经类院校占 4.59%，其他类院校占 3.67%；73 所民办新建本科院校中，综合类院校占 35.62%，理工类院校占 27.40%，财经类院校占 13.70%，其他类院校占 23.28%。这反映出该类地方高校的工程教育规模相对较小，主要是通过合并其他院校，根据所在地区的社会需求、自身办学资源、国家发展导向等逐步建设起来的。

但是，在高等教育大众化的实施进程中，高校面临学科评估的现实压力，地方高校的学科发展出现同质化。整体上，这种同质化主要表现为学科门类齐全，呈现大而全的结构布局。有研究显示[8]，1994～2012 年，全国学科设置覆盖 8～12 个门类的普通本科院校由 40 所增加到 457 所，增长了 10 倍多，占学校总数的比例从 7%上升到 40%；学科设置覆盖 5～7 个门类的院校由 117 所增加到 474 所，占学校总数的比例从 19%上升到 41%；学科主要集中设置在办学成本较低的经济学、管理学、艺术学等领域。伴随地方高校发展的同质化现象，工程教育学科领域也呈现同质化现象，只是其同质化主要体现在以下方面：

(1) 集中建设相对容易产生评估指标的热门学科。近年来不少地方高校在学科基础不健全的情况下发展人工智能学科、医学类学科，建设相关院系具有明显的功利性。

(2) 工程学科研究导向“自然学科”现象。本来注重应用导向、工程技术创新、成果转化的工程学科，却热衷发表高被引、高影响因子的学术论文，典型表现为对科学引文索引(science citation index，SCI)的推崇。

3.3.4 产教主体之间融合度较低

工程教育面向市场导向，与产业链密切联系，高校实行产教融合、科教融合、工学结合、校企合作是培养工程应用型人才的有效途径，这是各界的普遍共识。工程教育属于高等职业教育的范畴，为经济社会发展提供人力资源支持，其教学方式、方法、内容与国民经济各行各业必然存在密切关系，与相关产业对接是其育人的内在要求与基本规律，因此产教融合对于工程教育的改革发展是不可或缺的。社会各行各业要求工程教育培养的人才具备所需的技能，这离不开大量的实践，而学校的工程教育教学注重人才培养的系统化知识，这离不开学校系统的学科规训，但后者的相关知识来源于行业技能的基本要求，只是相对进行理论化的提炼，只具有普遍性的知识导向，一定程度上不能有效回应社会的多样化需求，需结合具体实践融会贯通。总之，工程人才所学知识只有与不断革新的技能实践不断融合，二者才能相得益彰，共同受益。工程教育为企业提供人才，企业反哺工科发展，二者形成联动效应，既可以提高人才培养质量和学校知名度，又可以提升企业的生产率和竞争力。唯有工程教育与经济领域的产业部门相互协调，才能带动经济的高水平、高质量发展。但是，目前地方高校工程教育存在定位不清、企业参与度低下的突出问题，出现产教主体相对隔离的状况。

有学者针对职业院校提出了产教融合的具体内容，这对于职业导向明显的工程教育依然比较适用，即专业与产业对接、学校与企业对接、课程内容与职业标准对接、教学过程与生产过程对接、学历证书与职业资格证书对接。在数字经济、智能化制造、大数据、云计算等大背景下，地方高校工程教育主要存在工程教育的相关专业设置比较滞后、与产业结构的需求不适应等问题，这也是目前传统专业亟须升级换代的重要原因；学校与企业之间缺乏有效的对话合作，抑或相关合作流于形式，企业对于人才的技能与素质的需要，高校对于人才培养的定位与供给，二者存在错位；人才培养方案中课程内容的安排缺少对职业新要求的回应、课程内容存在较为严重的理论导向、综合素质课程不足的情况，课程内容的优化缺少企业的积极参与；教学过程缺乏实践部分，或者实践部分异化为人才培养过程中的一个点缀，非常重要的实践育人环节没有得到应有的重视，其与教学育人是相脱节的；工程教育的学历证书与职业资格证书也存在不相适应的部分，事实上职业资格的能力要求理应与工程教育学历证书的获得要求连接在一起。总之，地方高校工程教育的产教融合是人才的供给端与需求端实现对接的重要途径，但各个方面的不相适应导致两者之间的产教融合停留在低水平阶段，这亟须国家、高校、企业共同参与，加强顶层设计，引导基层主动探索，大胆实践。

3.3.5 “双师型”师资队伍建设不够健全

工程教育担负着为工业领域培养高水平、高质量技能型人才的重任，其中师资队伍这一直接相关的要素至关重要。这一方面离不开校外相关人士的参与，另一方面离不开原有教师队伍的优化完善，导向都是建设“双师型”师资队伍，这也是各界公认的有效途径。“双师型”教师是指爱党爱国，具备良好师德修养，具备企业工作或实践经历，具备理论教学能力和实践教学能力，紧跟产业发展趋势和行业人才需求，并把新技术、新工艺、新规范融入教学的教师。

在数字经济的创新驱动力下，“双师型”师资队伍建设紧迫性更加凸显，由于工程人才培养的知识更新换代的周期大大缩短，倘若高校在培养人才方面缺乏与外界及时、有效的参与合作，人才培养质量就难以得到保障。有学者指出，在现代社会中，工程教育教师主要是现代科学知识型主导的知识结构，学科视野显得比较单一，传递知识方法与途径比较封闭，知识获取以被动接纳为主。但是，在后现代知识观的视域下，知识体现出文化性、情境性、价值性，这要求工程教育教师的知识结构注重专业科学理论知识与个人实践情境知识二者并重，体现“双师型”师资的结构体系与能力素养。工程教育的“双师型”教师知识结构主要体现出学科知识多元化的“复合性”，更新能力的“开放性”，充满活力的“创造性”。总之，工程教育的“双师型”教师既需要具有扎实的理论知识，又需要具备专业技能，将理论知识与专业技能融为一体，并非简单地叠加。有学者进一步指出，“双师型”教师还需要熟悉相关行业的职业道德、用人单位的专业要求、行业管理的基本规律，具备主动适应学习新形势的能力。可见，真正的“双师型”师资队伍的打造并非通过引进外部行业人才或派遣教师进驻企业就能够实现的。

地方高校工程教育在“双师型”师资队伍建设方面成效并不显著，其主要困境在于：①在“双师型”教师的核心素质认识上存在误区，认为通过校内与校外专兼职形式的简单结合就可以实现“双师型”师资队伍建设，最终并不能推动“双师型”师资队伍的实质性变革，反而容易形成不良氛围，实质上阻碍改革的实施；②“双师型”师资队伍建设的相关制度不健全，缺乏规范明确的激励机制，如专兼职教师的聘任机制、教师进驻企业成效的认定标准、“双师型”教师的资格标准、职称晋升评审标准等诸多方面存在制度不健全；③已有的思维习惯与无形阻力。社会环境不断变革，外部行业的专业人士面对市场竞争的强大压力不断创新发展。然而，担负着工程人才培养的地方高校及相关教师很大程度上依然沉浸在传统简单传授知识的思维惯性中，这是一股无形而强大的阻力，“双师型”师资队伍建设的实施实际上触动了原有利益群体的固有利益。

3.4 地方高校工程教育发展策略

地方高校工程教育的发展面临诸多困境，导致其应然的价值使命难以有效地实现。面对“我国经济已由高速增长阶段转向高质量发展阶段，正处在转变发展方式、优化经济结构、转换增长动力的攻关期”的现实，面对我国高等教育进入内涵式高质量发展阶段的现状，地方高校的工程教育亟须进行创新性的变革。

3.4.1 遵循“新工科”理念重塑发展定位

作为工程教育大国，工程教育的相关研究始终是高等教育研究领域的重要分支。面对时代背景的大变迁，传统工程教育的变革需结合“新工科”的办学理念。“新工科”的概念是 2017 年在国家层面正式提出的，一经提出就受到了社会各界的持续高度关注。这一点从发表的高水平学术论文的数量和被引用情况能够直接反映出来。以“新工科”为主题在中国知网（China national knowledge infrastructure, CNKI）检索南京大学中文核心期刊学术论文发现，2015 年仅发表 48 篇，2019 年骤然增加到 150 篇，其中单篇被引次数超过 100 次的论文达到 27 篇，最高单篇被引次数高达 1442 次。这些高被引学术论文的突出特点是主题集中在“新工科”内涵与理念的阐释，这反映出推进我国工程教育创新改革需首先澄清理念层面的问题。“新工科”的出现既是国家应对新一轮科技革命和产业革命的战略部署，也是工程教育学科自身演化发展的必经阶段。“新工科”的“新”主要指的是相对于传统工科而言，新兴工科在发展模式、人才培养、课程体系、产学合作等诸多方面的新理念、新要求、新方法、新途径，其根本在于传统工科的升级改造与新兴工科的交叉创新。顾佩华指出，对应“新工科”的不应该是“旧工科”，而是“现有工科”或者“传统工科”；新兴学科或领域的特点是新颖，代表工程和科技的新发展，与快速发展的产业和新经济联系紧密；新工科的学科或领域伴随着所服务的产业和经济发展，经历形成、发展、成熟等阶段后，成为常规学科或领域。而后续新的工科领域又继续涌现，经历同样的过程。应以发展的思维理解从新到传统学科的发展过程，推动新工科的建设与发展[9]。

针对地方高校的工程教育，首先需遵循“新工科”的新理念将其融入地方高校的办学定位与发展取向中，结合地方高校工科的结构布局与地域特色，有选择、有侧重地针对性、错位性发展。事实上，这一点在不少地方高校工程教育的实际中已经体现，需进一步完善强化深入。其次，通过区域的经济调研与对学校工程教育的摸底调查，地方高校、地方政府、地方企业等主体共同参与，明确工程教育改革的现实需求与目标导向，使工程教育的改革发展形成扎根区域现实的联动效应。再次，明确“新工科”的新取向，通过大数据调研做出高校发展的战略决策，为学校传统工科的改造升级和新兴工科的方向布局明确理念导向与努力方向，避免资源分散、内耗。最后，将“新工科”的价值理念和具体实践上升到制度层面，在制度上为地方高校工程教育的改革创新提供内生动力，为不确定的未来变革提供制度空间，为大胆创新提供容错机制。

3.4.2　立足区域产业需求优化学科结构

地方高校工程教育的相关学科结构体系存在同质化的现象，这种现象突出表现在学科建设方面集中申报一级学科学位点、学科研究取向上注重理论性的学术论文发表、人才培养方面较为单一的学科培养体系、学科布局上向高水平的研究型大学看齐等。这与地方高校工程学科的发展定位不明确密切相关，追求学校学科布局的大而全，忽视学科生态结构的构建，与区域经济产业结构联系不紧密。地方高校工程教育的学科发展需与区域经济发展同频共振，协同发展，构建起自身独特的学科生态结构，这是世界上发展较好的地方高校的普遍做法。例如，英国的城市大学模式，其典型特征是人才培养和地方实践相结合，始终围绕地方产业特色制定办学宗旨，注重教学与地方实践相结合，为地方发展培养实用型的科技人才；专业设置与城市发展相结合，城市大学的专业设置和课程开设都与所在城市的产业特色和发展方向紧密结合；课程教学和社区普及相结合，从授课设计来看，城市大学十分强调教学与职业培训、社会普及的联系。其中，工程学科的结构布局是其服务地方经济发展最主要的特征。事实上，立足地方、服务地方是英国各类大学成功发展的关键，工业革命催生的城市大学最具典型性，而城市转型升级带动的“新大学运动”及大学与城市深度融合的“伦敦模式”，抑或是大学与城市相生互动“苏格兰高地模式”都体现了这一发展精髓。美国 19 世纪 60 年代通过《莫雷尔法案》，由此形成影响世界的大学第三大职能——服务社会，进而催生了“威斯康星理念”，当时出现的一大批农工学院，如今是各个州立大学的前身。这一举措正是工程学科立足地方发展的典范，也成为美国高等教育成功的重要历史经验。

针对我国地方高校的工程学科发展，需要明确地方高校的使命所在，即为区域经济发展服务，因而有必要对原有的工程学科体系进行优化。工程教育学科结构调整可以尝试从以下几点努力：

(1) 国家在学科专业设置上进一步放权，赋予地方政府和高校相对独立自主地设置学科专业的权力，这为地方高校主动融入区域经济发展布局学科提供动力。

(2) 围绕区域经济的发展诉求，整合高校内部的相关学科体系，形成具有特色的学科专业群，以此提升学科的服务能力，培养地方经济需要的应用型人才。

(3) 地方政府之间需加强合作交流，基于经济发展的大数据分析，结合市场产业结构的调整，有差别地设置学科专业，避免学科设置出现近邻城市之间的恶性竞争，形成资源的有效投放，实现合作共赢，促进教育生态发展。

(4) 在服务区域经济发展中适时推动高校内部学科结构的优化，必要的情况下可以裁撤部分区域经济发展不需要的学科，精简学科结构。其中，院系组织结构的优化、科研平台的搭建、校企合作的推进需统筹兼顾，有序推进。

3.4.3 支持地方高校开展多样化试点改革

试点改革是我国政府长期以来进行政策制定的有效方式，涉及政治、经济、教育等各个领域，这是由我国的超大规模现状、地域差异显著的客观现实决定的。政策的制定科学与否，直接关系着政策的执行落地，试点作为政策制度评估、完善的有效方法，历来是国家实施治理的重要手段。从理论层面来看，试点改革作为一种自下而上的渐进性、探索性改革，能够为完善顶层设计提供政策咨询与试验。文献[10]提出政策试点的三种实施框架，即决策型试点框架、比较型试点框架、适应型试点框架。决策型试点框架下中央为了做出科学决策主动赋权地方先行试点，通过试点为中央的全局性决策积累经验；比较型试点框架下中央首先明确改革的总体构想，继而鼓励不同区域进行差别化试点，中央在权衡各类试点方案优劣的基础上最终确定改革构想的实施方案；适应型试点框架下中央对地方率先开展的探索性试验保持宽容、默许、观察、学习的态度，鼓励一些有条件的地区先行先试，既维护了地方改革的主动性，也增强了中央的学习适应能力。针对众多地方高校的工程教育，再加上工科学科体系的纷繁复杂和科技创新的不确定性，实行多样化的试点改革显得非常必要。地方高校工程教育试点改革的最终目的在于为国家层面或区域层面的相关政策制定提供参考。

针对地方高校工程教育，首先，从高校的类型层面推进工程教育的试点改革，可以从地方综合性高校、地方工科见长高校、地方非工科见长高校入手，鼓励不同类型的高校结合各自工程学科的传统优势与后发优势创新地探索实践，这有助于避免工程教育发展的同质化，进一步明确高校的办学地位；其次，从工程学科门类下传统的学科分类入手，鼓励地方高校不同的工程学科领域围绕人才培养、成果转化、服务机制、师资建设等开展多样化的试点改革，这有助于不同领域的工程学科探索出符合自身内在逻辑的发展路径，进而为国家层面或区域层面某一领域的学科战略的制定提供重要借鉴；再次，围绕国家战略，从面向未来的新兴工科、交叉工科等领域实施多样化的试点，这一方面有助于为工科学科体系的优化完善，乃至国家层面的学科目录调整、基金资助方式变化提供现实支撑，另一方面有助于为人才培养方案的修订积累有益的经验，完善复合型人才培养的制度支持；最后，无论地方高校工程教育在哪个领域探索实践，都需要政府积极主动为其提供相对宽松的政策支持、必要的经费保障和容错机制的保证，否则试点改革可能异化为一种点缀或形式，失去试点改革的真正目的与价值。

3.4.4　加强地方高校创新改革经验交流

地方高校的隶属关系、地域、科类分布、组织结构等方面存在差异，面临的改革机遇与可行的举措也会存在差异。基于此，地方高校工程教育的改革创新需加强交流，这一方面有助于吸取相关高校的成功经验，另一方面有助于凝聚共识，明确改革的价值趋向与实践路径。另外，尤为重要的是地方高校工程教育的改革交流有助于自下而上为国家相关政策的顶层设计提供咨询，提升政策制定的科学性与可行性。事实上，“新工科”的政策实施前后离不开相关同行的参与，并且发挥了强有力的推动作用。2017 年前后分别有 30 所和 60 余所高校参与到推动“新工科”领域发展的“复旦共识”与“天大行动”中去，积极协商，为工科改革发展明确理念方向与发展重心，随后的“北京指南”依然有来自众多高校的学者参与评审。事实上，地方高校工程教育在创新发展方面已经加强相互交流。2017 年，全国地方高校卓越工程教育校企联盟、CDIO 工程教育联盟主办了“全国地方高校新工科发展高峰论坛”，正是借助这一平台初步形成地方高校“新工科”建设的“七项倡议”，具体为：①强化应用型大学定位，主动对接经济社会发展需求与企业技术创新要求；②创新大学组织模式，整合资源发力新工科；③完善多主体的协同育人机制，共筑工程教育的共同体；④紧密对接产业链与创新链，优化学科专业结构与课程体系；⑤深化“以学生为中心”的理念，改革工程教育教学模式；⑥改革人才发展的体制机制，建设一支高水平的工程教育师资队伍；⑦建立健全质量保障体系，提升“新工科”人才的培养能力。以此为参照，建议地方高校在工程教育领域的改革创新，加强合作交流，充分发挥相互参照、共同进步的氛围。可以进一步细化成立地方高校具体工科领域的联盟，如 2018 年成立了地方高校电气自动化类“新工科”联盟。此外，还可以借助“新工科”教育国际联盟、CDIO 工程教育联盟等加强国内外高校的合作交流。

3.5 本章小结

本章从地方高校工程教育视角阐释了工程教育特色发展的基本策略。地方高校是一个非常特殊的群体，与部属高校相比，其在政策倾斜、资源投入、生源质量、就业层次等各方面都存在先天不足。但地方高校在立足区域、服务区域经济产业发展的过程中，强调创新型和技术技能型人才培养，特别是注重与地方产业深度融合，又成为一股不可忽视的人才培养力量。对于地方高校存在的工程教育办学理念相对落后、工程人才培养模式比较单一、工程教育研究取向趋于同质化、产教科主体之间融合度较低、“双师型”师资队伍建设不健全等一系列问题，本章都予以深度剖析并针对性地给出了地方高校工程教育的发展策略。

参考文献

[1] 柳友荣, 项桂娥, 王剑程. 应用型本科院校产教融合模式及其影响因素研究[J]. 中国高教研究, 2015, (5): 64-68.

[2] 王清义. 高校应在服务地方经济社会发展中实现转型[J]. 决策探索(下半月), 2015, (3): 13-15.

[3] 林健. 工程教育认证与工程教育改革和发展[J]. 高等工程教育研究, 2015, (2): 10-19.

[4] 郑化, 殷以华, 刘霞. 产学研合作培养制药工程专业卓越工程师模式探讨: 以武汉理工大学为例[J]. 长江大学学报(社会科学版), 2012, 35(3): 111-114.

[5] 李明忠, 任林芳, 焦运红, 等. 美国高等工程教育改革的主要特征——以戈登奖获奖项目为例[J]. 高等教育研究, 2018, (1): 90-99.

[6] 张君诚, 兰明尚, 赖祥亮, 等. 项目驱动创新班: 应用型大学教学组织形式创新——兼论“五位一体”应用型人才培养模式[J]. 高等工程教育研究, 2022, (3): 74-78.

[7] 顾永安, 陆正林. 我国新建本科院校的设置情况分析及其启示[J]. 中国高教研究, 2012, (2): 68-73.

[8] 张振助. 普通本科院校学科设置的实证分析及思考[J]. 复旦教育论坛, 2014, 12(4): 76-81.

[9] 顾佩华. 新工科与新范式: 概念、框架和实施路径[J]. 高等工程教育研究, 2017, (6): 1-13.

[10] 李冉, 石璞. 试点: 改革开放的中国方法与中国经验[J]. 毛泽东邓小平理论研究, 2018, (9): 15-22.

第 4 章　地方高校工程人才培养标准的制订与实施

当前地方高校在专业认证推动下，不断适应“标准化”趋势进行工程教育改革。在传统的工程教育模式向“标准化”转型的过渡阶段，如何基于《华盛顿协议》精神，将“产出导向”教育理念与校本办学理念相结合，建立本土化的工程人才培养标准，构建起具有地方特色的工程人才培养体系，是一个迫切需要探索的、既具有理论意义又具有实践价值的课题。

4.1　地方高校工程人才培养标准制订

工程人才培养标准是推进工程教育及其改革的前提，是提高工程教育质量的基石，也是制订工程人才培养方案的基础，直接关系到专业课程计划、课程实施、课程评价的实现。

4.1.1　工程人才培养标准的国际参照

《华盛顿协议》最初由英、美等 6 个国家的民间工程专业团体发起并签署，同时也吸取了各国工程教育及其认证的经验。了解美、英、德、法等 4 个高等教育强国的工程教育经验和工程人才培养标准，可以为我们探讨地方高校工程人才培养标准的制订提供有益的国际参照。

法国“大学校”(Grandes Écoles)是法国培养高层次应用型人才的行业特色性高校，具有很高的办学水平，形成了鲜明的办学特色。由于法国社会对工程师证书有一种接近崇拜的认同感，工程师学校的毕业生有很高的就业率和社会地位，在法国“大学校”体制中工程师学校占据非常重要的地位。同时，法国也广泛推行了专业认证。法国工程师职衔委员会(CTI)是法国工程师专业认证领域最具权威的机构，向来重视科研和创新能力的认证，专业认证标准分别涵盖科研和职业两方面，以便确保培养的工程师保持应有的研究性和创新性，能够适应经济和社会发展的需求。因此，法国“大学校”培养标准呈现以下特点：

(1)人才培养目标定位的专业性。“大学校”的培养目标定位是为行业培养具有顶尖水平的应用型专门人才，并且形成了各自的比较优势，如巴黎综合理工学校以培养高级工程人才和管理人才著称。

(2)课程体系的通专结合性。“大学校”非常重视学生多学科综合素质的培养，在课程设置上注重课程的通识性、专业性和实践性，工程类“大学校”在学生专业课程中安排了政法类、财经类、社会学类等课程。

(3) 培养过程重科研、重实践。法国工程教育认证非常注重科研和创新能力的评估，因此工程类“大学校”都注重理论与实践的结合、教学和科研的结合，让学生能够接受现代化的教育培训、使用最新的方法与技术，为学生提供充足的国际、国内学术交流机会，鼓励学生积极探索学科前沿知识，培养批判和创造精神。同时，“大学校”高度重视学生的实际训练，每所“大学校”都有充足的实践教学基地，并重点强化学生的应用型研究，培养学生分析问题、解决问题的能力[1]。

德国“应用科技大学”(Fachhochschule) 是德国于 20 世纪 60 年代末至 70 年代初创建的培养应用型人才的新型高等教育机构，现在德国 60%以上的注册工程师、50%以上的计算机和商务专业人才均毕业于应用科技大学。德国高等工程教育认证机构 (ASIIN) 是非政府性质的认证机构，主要依靠工业界、学术界的专家形成认证的权威性，以经济社会发展、工程实际需求为准则，制订了通用标准和专业标准；认证的主体是课程而不是专业，因此标准主要涉及开设课程的理由、课程内容的教学组织和要求、课程学习效果的设定，对课程大纲的内容要求明确师资和物质保障、质量保障措施、教学相关合作项目、考试机制等。与此相适应，德国应用科技大学的工程人才培养标准主要有以下特点：

(1) 培养目标的应用性。主要为企业一线培养不仅具备理论知识，更具有较强实践能力的高级应用型人才。

(2) 知能结构的复合性。大学四年期间学生除了侧重于提高与社会、企业密切联系解决实际问题的能力，还要接受广泛而实用的社会、经济、法律等方面的教育，确保毕业生不仅有很强的专业方向性，而且有较宽的知识面。

(3) 教学环节的实践性。教学注重理论知识在企业实践中的应用，校内有许多设施良好的实验、实习、实训中心，供学生进行充分的实际训练。学生的毕业论文 (设计) 的选题也通常来自实践，并在实践中完成。

英国大学在政府的推动下形成了独特的应用型人才培养机制，以一批城市学院的兴起为代表，打破了以牛津大学、剑桥大学等为代表的古典大学追求学术教育的单一格局。英国工程委员会 (Engineering Council UK, ECUK) 是对英国工程界进行管理的非政府机构，它推动从英国工程专业能力标准 (UK-SPEC) 衍生出一份面向各工程专业的一般性专业认证标准。认证标准主要以学习产出来衡量，分为一般学习产出标准和专业学习产出标准，其中一般学习产出标准具有通用性，包括“知识与理解”“智力能力”“实践技能”“通用可转移技能”等四方面内容。毕业要求包括掌握本学科必需的自然科学、数学知识，能够在项目中有效应用工程学科的知识，掌握工程项目中涉及的多方面知识，如社会、环境、经济、法律、伦理等，参与重要工程项目的经验，拥有调查研究、分析解决问题的能力，具有理论与经验相结合、将理论应用于实践的能力，具备适用多类场合的通用技能，包括解决各种问题、人际沟通、交流与合作、应用信息检索等。在这种认证框架体系下，英国大学的应用型人才培养标准形成了以下特征[2]：

⑴培养目标普遍与就业相联系。以就业能力培养为目标已成为各利益相关方的共识，英国应用型大学的课程观不再是教给学生“知道什么”，而是主要培养学生“能做什么”，侧重于培养学生的就业能力，即广泛交流、问题解决和创新的能力，专业学科知识及转化应用能力。

⑵大学普遍与业内一流企业建立合作伙伴关系。合作企业通常参与课程设计、资助奖学金，还提供实习基地、学习与研究用项目，派出高级职员进行辅导等。

⑶建立基于行业标准的课程开发机制。英国大学与英国政府授权的行业组织合作，建立基于行业标准的课程，构成产学合作培养人才的特色。高校产业认证课程形式灵活多样，包括知名企业认证课程、公司学位课程、行业协会认证课程等三种。

⑷以能力培养为导向实施课程。企业除了参与课程设置，还深度参与课程实施过程，主要有真实项目工作、“三明治”课程和短期实习三种。

美国社会向来推崇的实用主义理念、大学的“威斯康星理念”、高校分类培养人才的规划意识，早已落实成了从威斯康星大学到以卡内基·梅隆大学、匹兹堡大学为代表的工程人才培养典范。美国工程人才培养标准主要遵循美国工程技术认证委员会(Accreditation Board for Engineering and Technology, ABET)制订的认证标准。ABET 负责工程教育认证，其制订的工程认证标准分为三部分：适用于基本水平专业的一般标准、适用于研究生水平专业的一般标准和各专业的具体补充标准。其中，适用于基本水平专业的一般标准是全美高校各本科层次工程专业应该达到的最低要求，也是认证标准的核心。认证标准要求工科毕业生必须具备 11 种能力。具体专业的认证标准是申请认证的专业在满足基本标准之后，针对不同专业更加详细要求的认证标准。因此，美国大学的工程人才培养形成了如下特点：

⑴培养目标上突出理论与实践的结合。各校工程应用型人才培养达成了共识，即学生不能仅满足于对知识的掌握，而是更需要与当代各种现实问题建立更多的联系、掌握更多的应对方法。

⑵通识教育与专业教育相得益彰。既要专业教育教学生“做事”，更强调通识教育引导学生“做人”。

⑶课程实施注重实践取向、主动学习。课程从过去与基础理论教学相适应的传授式教学方法转变为主动的学习方法，从教师的“教”转向学生的“学”，教师为学生提供更多如团队协作、沟通、工程设计等能力的实践训练。

⑷基于持续改进的评估文化的形成。教师的注意力需要关注并转移到学生的

学习上，教师要收集直接和间接的有关学生学习情况的证据，以此完善教师的“教”和学生的“学”，从而构建持续改进的机制[3]。

4.1.2 人才培养标准制订概况

地方高校是培养工程师的主力军，地方高校工程人才培养标准制订的历程大致可以分为三个阶段，即探索阶段、规范阶段和推广阶段。

1. 探索阶段

汕头大学于 2005 年率先将 CDIO 工程教育模式引入国内，为此后地方本科院校制订工程教育目标和培养标准提供了极有价值的参考。此时工程人才培养标准制订仅限于个别院校，尚属于试点探索阶段。

2. 规范阶段

随着专业认证工作的逐步开展，人才培养标准在全国地方本科院校得以显著推进，并且从认证专业逐渐辐射、推广到其他工科专业。根据目前可查的资料，我国工程教育专业认证是从 2007 年开始的，部属高校有 8 个专业在 2007 年 6 月被认定为认证通过；此后 2007 年 12 月有江南大学、河海大学等地方本科院校的专业开始被认定为认证通过。因此，地方本科院校人才培养标准的规范化推进基本可以认定为是从 2007 年开始的。

3. 推广阶段

“卓越工程师教育培养计划”推动了我国地方本科院校的人才培养标准的制订。我国从 2010 年开始实施的“卓越工程师教育培养计划”，旨在全面提高我国工程人才培养质量，培养造就一大批适应行业发展需要的工程人才。地方本科院校一批专业先后申请获批教育部“卓越工程师教育培养计划”，由此我国部分地方本科院校比较广泛地开展人才培养标准的制订工作。

地方高校工程人才培养标准制订过程与培养标准内涵随着中国工程教育专业认证标准的演进而不断演进，因为地方高校工程人才培养标准是基于全国工程教育专业认证标准进行的。中国工程教育专业认证协会从 2011 年 3 月发布第一版《工程教育专业认证标准》，2015 年 3 月、2017 年 11 月先后再度修订标准。认证标准包括通用标准和专业补充标准。通用标准包括学生、培养目标、毕业要求、持续改进、课程体系、教师队伍及支持条件等 7 个方面，2017 年版的专业补充标准包含地质类、机械类等 17 个工科专业类的补充标准。

地方高校的人才培养标准在形式上一般采用国际通用的结构模式：通用标准+可嵌入的专业补充标准模块。但是，在制订的不同阶段，培养标准有着不同的形式和尚待完善的过程。下面以华北科技学院采矿工程专业的培养标准为例加以说明。该专业是加入教育部“卓越工程师教育培养计划”的专业，该校根据教育部文件精神和专业认证通用标准确定了专业人才培养总体目标：培养德、智、体、美全面发展，知识、能力、素质相互协调，具有安全理念、实践能力、创新精神，适应社会发展需求的应用型高级专门人才。以此为指导，在国家通用标准的基础上，该专业结合学校办学特色和人才培养总体定位，参考国外工程教育的先进经验而制订了人才培养标准，更加强调加强与企业的合作，形成四大专业课程体系，强调工程意识与采矿精神。采矿工程专业人才培养标准主要指标如表 4.1 所示。

表 4.1　采矿工程专业人才培养标准主要指标

序号	一级指标	二级指标
1	具有强烈的爱国精神、社会责任感，良好的职业道德，丰富的人文科学素养	具有积极向上的煤炭事业追求 具有良好的工程职业道德 重视工程质量，具有良好的安全和服务意识 具有采矿工程领域的国际视野和丰富的人文科学素养 具备全局掌控与系统思维的习惯和素质 具有良好的身体素质，能够适应矿井工作环境
2	具备从事采矿工程工作所需的自然科学知识	掌握从事采矿工作所需的工程基础知识 掌握一般的工程试验与测试技能 掌握采矿工程所需的基础理论和知识
3	掌握采矿工程专业基础理论和专业知识	掌握扎实的采矿工程所需的专业理论和知识 掌握常用矿井自救器材的使用方法，了解井下避灾线路 掌握煤矿地质学基本内容、固体矿产的成因和赋存条件，以及采矿工程中的地质工作基本方法
4	具有解决实际工程问题的能力	具备参与矿井不同阶段工程设计工作的能力 具有解决矿井工程实际问题的初步能力 掌握矿井采动损害与保护的基本方法，了解采矿工程专业的现状和发展趋势
5	具有从事工程建设和工程管理的基本能力	具备从事矿井工程建设的基本能力 具备从事矿井工程建设管理的基本能力 具备从事矿井工程建设文件编纂的基本能力
6	具有较强的创新意识，具备矿井技术改造与创新的初步能力	具有较强的创新意识和基本的创新能力 具有在工作中不断获取信息和学习的能力 具有不断吸取采矿工程领域新知识的能力

续表

序号	一级指标	二级指标
7	具有良好的沟通、交流、环境适应与团队合作能力	具有较强的沟通交流能力
		具有良好的环境适应能力
		具有良好的团队合作能力
8	能够参与矿井生产与安全管理工作	了解煤炭行业主要法律，熟悉采矿工程专业领域技术标准和规程
		具有较强的组织管理能力

4.1.3 学校标准制订中的问题剖析

地方高校在制订工程人才的培养标准时存在一些问题，主要表现在以下几个方面。

1. 把专业认证标准等同于人才培养标准

我国专业认证标准是根据《华盛顿协议》要求建立的，其中 2015 年版的《工程教育认证标准》完全采用了 2013 年版《华盛顿协议》中“毕业要求与执业能力”的 12 条框架性要求，但是《华盛顿协议》是建立在实质等效原则上的一个学位互认协议，它并不要求被认证的专业具有同样的毕业要求与教学内容，而是毕业生就业后通过适当的培训和体验式学习，可以满足执业能力要求，获得职业资格。它帮助各成员建立基于产出的认证准则，是从构成要素而不是从具体内容角度提供框架，它强调各专业毕业要求(产出)的实质等效性，而并没有考虑专业设置情况。《华盛顿协议》的 12 条框架性要求反映的是各成员都能接受的最低要求，具有普适性。因此，《华盛顿协议》提出的认证标准(12 条框架性要求)只作为具有实质等效的毕业要求的一种参考，它本身不作为认证的“国际标准”，更不是人才培养标准。

2. 把毕业要求当成统一的学习产出

专业认证标准给出的毕业要求是毕业生能力结构框架，而不是毕业生学习产出。《华盛顿协议》强调，毕业要求是表明毕业生能够获得执业能力的一些要素，并不要求被认证专业的毕业生具有相同的学习产出和学习内容。因此，认证标准给出的毕业要求是毕业生学习产出的“轮廓”，而不是“画像”。也就是说，它仅给出了毕业生学习产出必须具备的要素(例如，应该具备鼻子、眼睛、耳朵等)，但并没对要素提出具体要求(例如，鼻子、眼睛、耳朵等各自应该多大)。被认证的专业应该根据各自的培养目标将毕业要求具体化，形成毕业生的学习产出。目前，在认证实践中，把认证标准给出的毕业要求当成毕业生的学习产出，这将错误引导高校同质化办学。由于毕业要求相同，按照支撑关系推出的培养目标和课程体系理论上都是相同的。其后果是，不管各高校的办学定位和办学条件如何，都用相同的培养目标、毕业要求和课程体系培养人才，显然这不符合人才培养规律和人才培养多样化的要求。《华盛顿协议》指出，专业应该根据认证标准的毕业要求框架制订出自己的毕业要求，这个毕业要求是可评价的学习产出，它由不同程度的具体描述来支撑。例如，认证标准 12 条毕业要求的第 1 条“能够将数学、自然科学、工程基础和专业知识用于解决复杂工程问题”，只强调“能够将知识用于解决工程问题”，至于知识有“多深”、范围有“多广”、工程问题有“多复杂”、解决到“什么程度”，并没有做出规定性要求。这就需要专业结合自身的培养定位和培养目标做出具体描述，这个具体描述过程就是将认证标准的毕业要求转化为“可评价的学习产出”的过程。事实上，这是教学设计的一个关键性环节，但往往被忽略。

3. 把培养目标当成培养定位

广义地讲，毕业要求与培养目标都是专业教育的“成果”，但培养目标是专业教育的“最终”成果。各专业具体化后的毕业要求习惯上被称为毕业生的学习产出(或称学习成果)，培养目标被称为专业教育产出(或称教育成果)。培养目标是对毕业后五年左右的毕业生能够达到的专业成就的总体描述。如果“能干什么”是培养定位要强调的意义，那么“能有什么”则是培养目标和毕业要求突出的意义。培养目标是毕业生在毕业后五年左右“能有什么”，而毕业要求是毕业生毕业时“能有什么”。培养定位强调的“能干什么”主要取决于培养目标和毕业要求强调的“能有什么”。如果将培养定位理解为能从事某种职业、将培养目标理解为毕业生的执业能力、将毕业要求理解为毕业生的毕业能力，那么它们之间的关系应该是这样的：培养目标是培养定位的缘由，即培养目标体现的专业能力说明了“为什么”能从事培养定位的职业；毕业要求则是培养目标的缘由，即毕业要求体现的毕业能力说明了“为什么”能具备这种专业能力。但是，当前人才培养目标的语言表述基本上形成了统一的格式：“本专业培养具备……的，能在……领域从事……的高级工程人才。”这就混淆了培养目标与培养定位两个概念。

4. 学校培养标准低于行业专业标准

卓越工程师培养的标准体系包括国家通用标准、行业专业标准和学校培养标准三个层面。国家通用标准是制定行业专业标准和学校培养标准的宏观指导性标准；行业专业标准不但具体化了国家通用标准，还体现了专业特点和行业要求；学校培养标准则是在国家通用标准的指导下，以行业专业标准为基础，结合本校特色与人才培养定位制定的满足社会需要、体现办学特色的培养标准，因此学校培养标准应高于行业专业标准，但是事实上不容乐观。高校，尤其是地方高校，在执行和落实这些标准上存在较大差距，主要表现在以下三个方面。

(1)相当多的高校教育资源(资金、设备和师资)落后于国家标准要求。随着高等教育大众化带来的高等教育规模的扩大，不断有高职高专院校升格为本科院校，这些新建院校的教育资源投入按照本科院校的要求来看难如人意。例如，超过300所新建本科院校质量监测报告显示，约30%的新建院校在经费投入、师资数量与结构方面未达到国家标准规定。

(2)培养标准表述比较笼统和陈旧，系统性、细致性和深入性不够。笼统，是指培养目标和专业培养规格表述模糊不清，学校对培养什么人才，培养的人才应该具备怎样的知识、技能、能力、品德、价值观、心理等素养，以及通过何种有效途径实现这些素养缺乏可操作性的具体描述和规定，因此给教育教学内容选择、课程结构安排以及课程组织实施带来相当大的困难；陈旧，是指高校对培养标准的认识还缺乏先进理念、先进理论和先进技术支持，仍然局限于传统的教育教学观，局限于实现知识掌握、记忆、理解和应用等较低级的目标，而对表达、分析、推理、合作、批判思维、创新等高阶素质标准，缺乏应有的认识、研究和实践。

(3)课程实施和具体教学环节的质量标准没有得到严格有力的执行。我国的高校教学仍然以传统的课堂、教师和书本知识“三中心”为主，以教师课堂讲授书本知识或教材为主，学生学习积极性低、主动性差、创新性弱。教师对现代教育教学理解不清，目标不明，缺乏教学设计和教学研究，特别是高校管理者、教师和学生对教学的时间投入、精力投入与情感投入不足，多凭借经验做简单重复性工作，使本来就十分薄弱的质量标准功能受到进一步限制。

4.1.4　学校标准制订的基本原则探讨

地方高校工程人才培养标准的制订，事实上就是回答“学生毕业时学到的全部知识、能力和态度应该有哪些，掌握的水平如何？”这一问题的过程，需要遵循以下几项基本原则。

1. 工程人才培养目标的制订要充分反映利益相关者的诉求

工程教育的目的是向工业界输送合格的工程师，这些工程师应能够在复杂的社会和自然条件下创造性地构思、设计、实施、运行工程产品。工程人才培养理念，以及人才培养规格、类型和质量是否符合社会需求，最终要经受工业界的检验。因此，工程教育必须让社会各界参与人才目标制订、课程方案规划、教师发展、学生培养和专业认证等教育环节，构筑工程人才培养的体系。通过广泛的调研，确保所确立的培养目标和培养标准能够反映企业、教师、学生、校友以及社会各界的期望与呼声。更重要的是，它通过复杂且有序的步骤将这种理念具体化，切实地把各类利益相关者群体对工程教育的诉求有机地导入人才培养目标、培养标准和毕业要求的制订之中。

2. 工程人才培养标准制订要紧扣时代主题

当今社会日新月异，科技发展突飞猛进，知识爆炸式增长，人类在享受现代工程科技给生活带来舒适和便捷的同时，也面临着诸多方面的挑战，如环境污染、能源短缺、温室效应、食品安全等，实现可持续发展成为举世瞩目的话题。此外，面对世界科技进步挑战和全球化背景下市场的激烈竞争，培养具有强烈创新精神和创业意识的人才成为各国的重要选择。工程教育必须要与时俱进，紧跟时代主题，不断地调整培养目标、培养类型和培养方法，才能够培养出能够满足时代需要、引领产业发展的领袖和领军人才。由上述可知，培养标准制订思路的重要来源之一就是时代需求。因此，我国工程人才培养标准制订须契合时代主题，并且与我国产业结构转型、升级、走新型工业化道路、建设创新型国家等总体目标对工程教育提出的要求相一致。

3. 工程人才培养标准制订要具有国际化视野

经济全球化使地球变得“扁平化”，培养的工程师也应具有国际视野，他们具备的核心能力与世界其他各国对工科毕业生核心能力要求应具有实质等效性。我国工程教育认证标准已经实现了与国际公认的《华盛顿协议》工程教育质量认证标准对接，对于工科生毕业能力的要求具有广泛的国际通用性和影响力。此外，在培养目标、毕业要求、师资要求、课程体系等方面都要体现出充分的国际视野，让学生通晓国际规则，增强国际竞争力。

4.2　面向工程人才培养的地方高校行政与学术架构

构建一个科学、合理的运行架构，是高校工程人才培养质量的基本保障。高校的运行架构通过有目的、有计划的管理与服务活动，为稳定的教学秩序和可靠的教育质量提供保证。

一个高校，行政架构、学术架构、质量保障体系架构三类架构的性质不同，地位、职能不同，在大学学术管理中所发挥的作用也互不相同，三者各自借助运行机制发挥功能，同时又构成一个相对完整的人才培养运行总体架构，维持全校工程人才培养的运行并推动人才培养工作的创新。第 5 章将详细介绍质量保障体系，本章不再展开论述。

4.2.1 地方高校的行政架构

我国是社会主义国家，我国高校的现行领导体制是党委领导下的校长负责制。这也是广义上的高校行政管理体制。

这一体制的基本内涵是：学校党委统一领导学校工作，支持校长按照《中华人民共和国教育法》的规定积极主动、独立负责地开展工作，保证教学科研等各项任务的完成。教育法明确规定了党委的领导职责主要是：执行中国共产党的路线、方针、政策，坚持社会主义办学的方向，坚持学校思想政治工作和德育工作，讨论决策学校内部组织机构的设定和内部组织机构负责人的人选，讨论学校改革、发展和基本管理制度等重大事项，保证以培养人才为中心的各项任务的完成。这一规定确定了党委在高校领导活动中的主体地位，要求党委必须站在学校发展的战略高度，做到“四好”：把握好方向、决策好大事、使用好干部、维护好稳定。党委领导下的校长负责制也确立了校长是学校的法定代表人，校长在党委领导下依法行使职权。这种领导体制，实质上是集体领导制和个人负责制的结合，包括党委领导、校长负责、教授治学、民主管理四重含义，党委书记和校长是四重结合的交结点，有各自的职责范围，各自行使自身的权力，承担相应的责任。这种领导体制强调了党委同行政既分权、分工相互制约，又相互配合、共同负责，党委承担领导(决策)责任，校长承担执行责任。

地方高校基于这一基本制度，总体而言形成垂直型行政架构。校长作为由主管部门任命的大学行政负责人，对外代表学校，对内全面负责学校的教学、科研和其他行政管理工作；以校长为首的行政班子，同时还包括副校长和各有关职能处(室)等组成的管理体系；副校长协助校长分工领导教学、科研、人事等方面的工作，各有关职能处(室)具体负责各项行政工作。教务处是在分管校长领导下直接负责学校本科人才培养规划、组织、协调、检查及专业建设等工作的职能部门，该部门的主要职责是：参与学校教育发展规划的制订，提出专业设置及调整意见，拟订全校教学工作计划；负责教学研究工作的开展与落实，以及各类教学奖励的评选；负责专业教学计划、教学大纲、教学规范的落实，对二级学院教学工作进行监督、检查和指导。

二级学院属于执行层次，它上联校领导和各职能部门，下联师生员工，横向联结兄弟学院或系部，外部联结校企合作单位、实习实训基地、毕业生就业对口行业与部门等。它是战略决策执行主体中的关键成员，其主要职能包括四个方面：①组织力量实施学校的决策；②对下属的工作进行检查和控制；③与校企合作单位、基地保持紧密联系，开展活动；④对执行过程中的各类信息处理反馈。学院按学科、专业或课程体系组建的基层教学组织，其主要职能是：完成教学计划所规定的课程及其他环节的教学任务；开展教学研究、科学研究和组织学术活动；

对本基层组织教师的培养提出建议。

4.2.2　地方高校的学术架构

在党委领导下的校长负责制框架中，形成党委领导、校长负责、教授治学、民主管理“四位一体”共治格局，其中教授治学主要通过学术治理体系来实现。地方高校因为高水平学者聚集不多、学者集体影响力不大，表现出更强的行政主导学术决策的倾向，党政联席会决策和领导个人决策的普遍程度高于部属研究型大学。但是从 21 世纪以来，高校“去行政化”的改革目标，尤其是 2014 年 3 月教育部颁布执行的《高等学校学术委员会规程》直接推动了高校学术委员会的建设，地方高校逐步健全以学术委员会为核心的学术管理体系与组织架构，开始确立学术委员会作为校内最高学术机构的地位，明确其统筹行使学术事务的决策、审议、评定和咨询等职权。

高校学术委员会一般根据学科建设、教师聘任、教学指导、科学研究、学术道德等事项设立若干专门委员会，具体承担相关职责和学术事务，同时部分高校根据需要在院系(学部)设置或者按照学科领域设置学术分委员会。从实际情况来看，各高校机构设定稍显差异，但一般地方高校的学术委员会下设学位评定委员会、教学指导委员会等专门委员会，并且授权各专门委员会依据各自规章承担相关学术事务，履行相应职责，此时学术委员会和各专门委员会的职权范围关系表现为包含与被包含的关系。大部分高校章程没有明确学术委员会与各专门委员会的上下级关系，职权范围关系表现为并列关系。但从权力上来说，学术委员会仍具最高学术权力。

根据《高等学校学术委员会规程》的规定，学校在做出下列事务决策前，应当提交学术委员会审议，或者交由学术委员会审议并直接做出决定：

(1)学科、专业及教师队伍建设规划，以及科学研究、对外学术交流合作等重大学术规划。

(2)自主设置或者申请设置学科专业。

(3)学术机构设置方案，交叉学科、跨学科协同创新机制的建设方案、学科资源的配置方案。

(4)教学科研成果、人才培养质量的评价标准及考核办法。

(5)学位授予标准及细则，学历教育的培养标准、教学计划方案、招生的标准与办法。

(6)学校教师职务聘任的学术标准与办法。

(7)学术评价、争议处理规则，学术道德规范。

(8)学术委员会/专门委员会组织规程，学术分委员会章程。

(9)学校认为需要提交审议的其他学术事务。

学校实施以下事项，涉及对学术水平做出评价的，应当由学术委员会或者其授权的学术组织进行评定：

(1)学校教学、科学研究成果和奖励，对外推荐教学、科学研究成果奖。

(2)高层次人才引进岗位人选、名誉(客座)教授聘任人选，推荐国内外重要学术组织的任职人选、人才选拔培养计划人选。

(3)自主设立各类学术、科研基金，科研项目及教学、科研奖项等。

(4)需要评价学术水平的其他事项。

学校做出下列决策前，应当通报学术委员会，由学术委员会提出咨询意见：

(1)制订与学术事务相关的全局性、重大发展规划和发展战略。

(2)学校预算决算中教学、科研经费的安排和分配及使用。

(3)教学、科研重大项目的申报及资金的分配使用。

(4)开展中外合作办学、赴境外办学，对外开展重大项目合作。

(5)学校认为需要听取学术委员会意见的其他事项。

学术委员会的运行机制一般采取例会制度，每学期至少召开 1 次全体会议，经学术委员会主任委员或者校长提议，或者 1/3 以上委员联名提议可以临时召开学术委员会全体会议，商讨、决定相关事项。学术委员会可以授权专门委员会处理各类专项学术事务，履行相应职责。学术委员会委员全体会议应有 2/3 以上委员出席方可举行。会议的议事决策实行少数服从多数的原则，重大事项应当以与会委员的 2/3 以上同意，方可通过。

教学指导委员会作为学术委员会的专门委员会，一般负责教学工作中重大事项的咨询、审议、审定及评估，具体包括人才培养政策及教学改革、专业设置及调整、教学重大建设、教学质量及教学成果等，与学位评定委员会成为地方高校与本科人才培养最直接相关的学术机构。

学术力量较为强大的地方高校已经将学术权力下移至学院，形成比较健全的学术权力运行机制，实施校、院二级治理(图 4.1)。如果学校学术委员会与专门委员会之间是领导与被领导的关系，那么学校学术委员会与学院学术委员会之间是

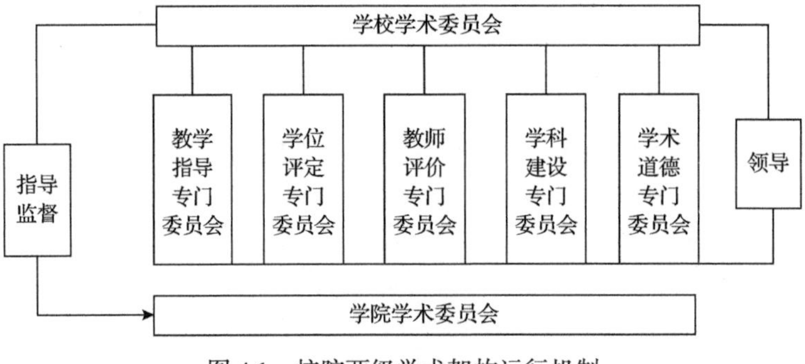

图 4.1　校院两级学术架构运行机制

指导与被指导的关系。学校学术委员会指导、监督学院学术委员会的工作，两者在各自权限范围内拥有在学术事务方面的治理权[4]。

4.3　地方高校工程人才培养的支持条件

地方高校工程人才培养的支持条件包括专业办学中各种硬件设施以及相应的管理制度，这是地方高校工程人才培养的基础和保障，是考察专业办学条件支撑度的直接指标。

4.3.1　一般性条件与专业特殊性条件

我国工程教育认证标准由通用标准和专业补充标准组成，其中通用标准适用于所有参加认证的专业，专业补充标准则是在通用标准的基础上针对专业类的特殊要求。相应地，通用标准中规定了工程人才培养需要的一般性条件，也是所有参加认证的专业都必须要达到的条件，要求教室、实验室及其设备、图书等资源在数量和功能上要能满足一般性教学需要；专业特殊性条件则是由专业补充标准规定，在通用标准规定的一般性条件基础上由于专业教育的特殊需要提出的教学设施、资源要求。

我国《工程教育认证标准(2017 版)》(以下简称《标准》)的通用标准中明确了工程人才培养的一般性支持条件，主要从教学设施和投入、教师队伍建设和教学管理与服务规范三个方面做了要求。

1. 教学设施和投入

《标准》要求学校教室、实验室及设备在数量和功能上满足教学需要，具有良好的管理、维护和更新机制，使学生能够方便使用；学校与企业合作共建实习和实训基地，在教学过程中为学生提供参与工程实践的平台；学校计算机、网络和图书资料资源能够满足学生的学习以及教师的日常教学和科研所需，资源管理规范、共享程度高；学校能够提供达成毕业要求所必需的基础设施，包括为学生的实践活动、创新活动提供有效支持。另外，对教学经费专列一条，要求教学经费有保证，总量能满足教学需要。

实验、实训环节与理论教学环节相辅相成，是培养工程人才的重要内容和途径，实验与实训条件是达成培养目标的重要保障。根据认证标准中实验与实训这个核心支持条件的标准，地方高校需要达到的一般性要求包括以下几个方面：

(1)具备充分保障教学活动开展的实验实训场地和设备台套数。这里所指的实验场地、台套数保障并非仅仅指认证专业的实验室，而是覆盖该专业工程人才培养的所有实验室，包括公共实验室、基础实验室，如化学类、电工电子类、工程训练类、计算机类、大学物理类实验室等。近年来，我国地方高校学生规模相对趋于稳定，实验场地、台套数逐渐可以满足需求，新建本科院校则面临较大问题。

(2)具有良好的实验设备更新机制，适应科技知识、教学内容持续更新对实验设备更新的要求。陈旧的或者在工业实践中早已淘汰的实验设备，无法满足新时期教学内容实验要求的，应当予以及时更新。

(3)具有完善的实验室管理、维护、开放机制，确保实验设备完好，保障学生开展实验的需要。

(4)具有实验、实训经费的充分保障机制，学校确保有足够的经费投入以供更新、维护、日常运行等。

(5)具有全面的实验、实训过程安全保障机制，做到人员、设备、环境等的安全运行。近年来，我国地方高校实验室安全事故多发，出现了程度不一的人员、财产损失，实验、实训环节安全保障的重要性日益凸显。

(6)企业实习、实训基地具有供学生参与工程实践训练的高水平平台，确保实习实训环节不缩水、不走样。

2. 教师队伍建设

《标准》要求学校能够有效地支持教师队伍建设，吸引与稳定合格的教师，并支持教师本身的专业发展，包括对青年教师的指导和培养。另外，在通用标准的第 6 点专列“师资队伍”，分别从教师数量、水平要求、教学精力投入、职责等方面提出认证要求，包括教师数量要能满足教学需要、结构合理并有企业或行业专家作为兼职教师；教师具有足够的教学能力、专业水平、工程经验、沟通能力、职业发展能力，并且能够开展工程实践问题研究、参与学术交流，教师的工程背景应能满足专业教学的需要；教师有足够的时间和精力投入到本科教学和学生指导中，并积极参与教学研究与改革；教师要为学生提供指导、咨询、服务，并对学生职业生涯规划、职业从业教育进行足够的指导；教师明确他们在教学质量提升过程中的责任，不断改进工作。

3. 教学管理与服务规范

《标准》要求学校能有效地支持专业毕业要求的达成。认证标准以培养目标和毕业要求为导向，专业的课程体系、师资队伍、支持条件等都围绕学生毕业能力达成这一核心任务展开，并强调建立专业持续改进机制以保证专业教育质量。

现在很多地方高校在教学管理与服务方面需要大力提升，虽然参与工程教育认证的大多数高校都确立了毕业要求并能覆盖到工程教育认证各方面的标准，但是地方高校在教学支撑和落实环节做得不到位，产出导向的工程人才培养模式在一线教师中并没有得到充分认同和全面落实，很多一线教师对于个人在专业的毕业要求与质量的持续改进中应该承担的职责并不完全清楚，同时也缺乏实施产出导向的教学改革的动力。学校需要建立健全教师发展、评价制度，通过教改项目、教学成果、指导学生等方面的激励，鼓励教师健全工程实践经历，在政策和资金上建立起支持教师提升人才培养能力的机制。同时，学校还应为学生制订有利于学习、发展的管理与服务机制，包括学分制、弹性学制和“选专业、选课程、选教师、选进程”机制，为学生提供自主学习、个性发展的可能性，让学生自主学习的动力得以激发。学校在校企合作方面还要建立相应的管理制度，如兼职教师的聘任、职责、考核要求；实践教育基地的建设办法；学生毕业实习的保障、管理和考核办法等。

以上是根据《工程教育认证标准(2017 版)》通用标准规定的支持条件所做的分析，也是所有参加专业认证的工科专业一致通用的一般条件。但同时为了体现各专业工程人才培养的差异性、特殊性，《标准》针对化工与制药类、机械类等 17 类不同的专业制订了《补充标准》，其中包括相关专业也要满足的、具有专业特殊性的支持条件，主要从专业资料、实验条件、实践基地三方面对人才培养提出了特殊要求，突出各专业工程能力培养、工程实践性、校企合作等方面的特殊要求。

“专业资料”强调的是各专业要拥有各类图书、手册、标准、期刊及电子与网络信息资源和相应的检索工具、应用软件等各类资源，以满足学生专业学习和教师专业教学与科研所需。例如，计算机科学与技术专业的“专业资料”要求为“配备各种高水平的、最新的、充足的教材、参考书和工具书，以及各种专业和研究机构(如美国计算机协会(American Computer Association, ACM)和电气电子工程师协会(Institute of Electrical and Electronics Engineers, IEEE))出版的各种图书资料，师生能够方便地利用，阅读环境良好，且能方便地通过网络获取学习资料。”

“实验条件”主要从实验仪器器材、实验的开设数量、专职实验室指导维护人员数量等方面对专业人才培养提供保障。例如，计算机科学与技术专业的“实验条件”要求为：①实验设备完备、充足、性能优良，满足各类课程教学实验的需求；②保证学生以课内外学习为目的的上机、上网需求；③实验技术人员数量充足，能够熟练地管理、配置、维护实验设备，保证实验环境的有效利用，有效指导学生进行实验。这些更加细致、专业的要求，显示了计算机专业工程能力、实践环节的特殊要求。

“实践基地”着重强调的是校内外基地的稳定性，能够为学生提供充足优越的实践条件和环境，加强与相应业界的联系，体现的还是实践性教学在工程人才培养中的重要性。计算机科学与技术专业的实践基地要求为“应以校外企事业单位为主，能够为全体学生提供从事计划规定实践的稳定实践环境；参与教学活动的人员对实践教学目标与要求有足够的理解。”

《补充标准》在“师资队伍”中规定了各专业主干课程任课教师要同时具备专业背景和工程背景。从专业背景角度来看，《补充标准》要求从事各专业主干课教学工作教师的本科、硕士和博士学历中，必须有其中之一毕业于各自相关专业，教师本身良好的学科知识和课程知识素养是培养学生专业水平的重要保证；从工程背景角度来看，《补充标准》要求各专业教师师资中具有企业或社会工程实践经验的教师需要达到一定百分比，有的专业则更明确地细化了教师企业或工程实践的时间、与讲授课程相匹配的能力，甚至要求具有一定的科研成果。这样的师资安排兼顾了学生培养的全面性，有利于学生专业素养的形成、工程能力的启蒙培养，同时也为校企合作的顺利开展奠定了人员基础。

4.3.2　基本条件与提高性条件

前已述及，工程教育认证的《标准》和《补充标准》条款规定的是申请认证专业所要达到的最低质量标准。换言之，各项条款都是工程人才培养的基本条件。提高性条件虽然在《标准》和《补充标准》中没有得到体现，但是工程认证的基本理念——持续改进，决定了工程人才培养支持条件的达成是没有上限的，它可以不断提高。

教育部高等教育教学评估中心在《中国工程教育质量报告》中对工程教育专业认证中被认证专业“支持条件”的认证情况作了如下说明：在 2012 年和 2013 年被认证的专业中，结论为“通过”的专业占总体的 53%，结论为“通过需关注”的专业占总体的 35%，结论为“通过但较弱”的专业占总体的 12%。与“985 工程高校”和“211 工程高校”相比，非“211 工程高校”情况较差，“通过”“通过需关注”“通过但较弱”的比例大致各占 1/3。可以看出地方高校在这一标准上整体水平较差，且学校和专业间存在较大差别。近年来，工程教育专业的支持条件在得到较大改善的同时，仍然存在以下问题：

(1) 实验室的管理制度和开放制度均需要加强。无论是公共实验室还是专业实验室，都存在管理、维护和开放利用等方面的问题。例如，部分实验室由于缺乏有效的实验管理软件支持，影响了实验室的全面开放；部分实验室没有建立健全的实验室安全管理制度，存在一定安全隐患；部分实验室没有形成对本科生开放的长效机制。

(2) 教学仪器和设备的更新问题与使用问题并存。各专业教学仪器和设备存在的问题各有侧重，一部分是教学仪器台套数偏紧，种类、先进性不足；一部分是学科实验室对本科教学开放不够；还有一部分是新仪器设备实际使用不够充分，出现浪费的现象。

(3) 实践教学空间仍需扩大。近些年，大部分地方高校的办学空间、建筑面积得到了很大的改善，但是实践教学场地不足的问题一直没有得到有效解决，主要体现在工程训练场地面积不足，实物摆放、作品展示场地偏少，教学实验室面积狭窄以致实验室拥挤、排课困难等。

(4)教学经费分布不够均衡。地方高校投入本科教学的经费整体提高，但存在教学经费的分配、使用在各类教学支出方面不够均衡等问题，如在教学研究与改革、实习教学经费、教师发展提高等方面的经费不足。

4.4　地方高校工程人才培养实施过程

工程人才培养标准更重要的任务是落实。根据《华盛顿协议》倡导的 OBE 理念，“产出导向”是一种“以学生为中心”的教育哲学，在实践上是一种聚焦于学生受教育后获得什么能力和能够做什么的培养模式。一切教育活动、教育过程和课程设计都是以最终目标(最终学习产出)为起点，围绕预期的学习产出，反向设计，正向实施，覆盖学生从入学到毕业整个培养过程。

4.4.1　从培养目标到教学大纲的反向设计

根据工程人才培养的“产出导向”教育理念，实施反向设计是从需求开始，由需求决定培养目标，再由培养目标决定毕业要求，最后由毕业要求决定课程体系、教学大纲。

1)培养目标的制订与落实

培养目标是专业人才培养的总纲，是对毕业生在毕业五年左右能够达到的职业和专业成就的总体描述，也就是希望培养的人才毕业五年后是怎样的。它是构建专业知识结构、形成课程体系和开展教学活动的基本依据。在制订培养目标之前，需要广泛开展外部需求、内部需求调查，包括国家社会及教育发展需求、行业产业及职场发展需求、办学定位和人才培养定位、学生发展及家长校友期望，结合国内外同专业发展趋势形成详细的调研论证报告，明确本专业的使命、愿景、目标，以及实施这些目标所需要的知识、能力和素质。通常专业人才培养目标在某一段时间内是相对稳定的，同时又应随经济社会发展水平的变化而不断修订，以适应特定领域和层次的需求。例如，某地方高校土木工程专业制订的培养目标如下：培养学生掌握工程科学基础、土木工程专业技术及工程管理等基本知识，具有整合思维、工程推理和解决问题的能力，具备合格的个人素质、职业素养及职业道德，有较强的人际交往及合作能力，能从事土木工程项目的开发、设计、建造或运行管理工作，能够成为设计、施工、管理、投资开发、研究等领域的中高级“管理型”土木工程师。

2) 毕业要求的制订与落实

毕业要求(或称毕业生能力)是对学生毕业时所应该掌握的知识和能力的具体描述，包括学生通过本专业学习所掌握的技能、知识和能力，是学生完成学业时应该取得的学习成果，通俗地讲就是学生毕业时他们具备的全部知识、能力和素质应该有哪些，能够做什么。毕业要求的制订主要依据培养目标，必须要在人才培养方案上清晰、具体地表述，并且要可操作、可测量，形成相应的指标点，通过相应指标点知识、能力、素质的组合或者综合，可以隐含本专业学生的未来职业发展方向和所需具备的职业能力。制订毕业要求一般根据通用标准中毕业要求的 12 个方面，结合行业补充标准和学校实际情况，形成相应的知识、能力和素质要求。例如，某地方高校化学工程与工艺专业的毕业基本要求如下。

(1) 工程知识：能够将数学、自然科学、工程基础和专业知识用于解决复杂化学工程问题。

(2) 问题分析：能够应用数学、自然科学基本原理，并通过文献研究，识别、表达、分析复杂化学工程问题，以获得有效结论。

(3) 设计/开发解决方案：能够设计针对复杂化学工程问题的解决方案，设计满足特定需求的系统、单元或工艺流程，并能够在设计环节中体现创新意识，考虑法律、健康、安全、文化、社会和环境等因素。

(4) 研究：能够基于科学原理并采用科学方法对复杂化学工程问题进行研究，包括设计实验、分析与解释数据，并通过信息综合得到合理有效的结论。

(5) 使用现代工具：能够针对复杂化学工程问题，开发、选择与使用恰当的技术、资源、现代工程工具和信息技术工具，包括对复杂化学工程问题的预测与模拟，并能够理解其局限性。

(6) 工程与社会：能够基于化学工程相关背景知识进行合理分析，评价化学工程与工艺专业工程实践和复杂工程问题解决方案对社会、健康、安全、法律及文化的影响，并理解应承担的责任。

(7) 环境和可持续发展：能够理解和评价针对复杂化学工程问题的工程实践对环境、社会可持续发展的影响。

(8) 职业规范：具有人文社会科学素养、社会责任感，能够在化学工程实践中理解并遵守工程职业道德和规范，履行责任。

(9) 个人和团队：能够在多学科背景下的团队中承担个体、团队成员及负责人的角色。

(10) 沟通：能够就复杂化学工程问题与业界同行及社会公众进行良好的沟通和交流，包括撰写报告、陈述发言和回应指令等；具有一定的国际视野，能够在跨文化背景下进行有效的沟通和交流。

(11) 项目管理：能够理解并掌握化学工程管理原理与经济决策方法，并能在多学科环境中应用。

(12)终身学习：具有自主学习和终身学习的意识，具备不断学习和适应发展的能力。

3)课程体系的设计与落实

课程体系的设计以人才培养目标、毕业要求所规定的学习产出为目标，也就是说，课程体系要支持培养目标、毕业要求、培养标准的达成，使每门课程与培养目标、毕业要求直接联系起来，一般要求用矩阵形式表达，通常被称为课程矩阵(图 4.2)，以便使每门课程在培养目标和毕业要求达成中的贡献情况一目了然，形成毕业要求和清晰、具体的课程支撑对应图，从而使老师清楚“为什么教”、学生明白“为什么学”。

毕业要求	课程				
	1	2	3	4	…
知识	√				…
能力		√		√	…
素质			√	√	…

图 4.2　课程矩阵

构建科学合理的课程体系，需要处理好以下关系：

(1)各类课程的横向和纵向关系。横向，在同一层次课程间建立课程平台；纵向，在不同层次课程间建立包括先修课程与后继课程的课程串。同时，要合理确定各类课程之间的学分比例，在保证学生具备完整知识结构的前提下尽量增大选修课比例。对选修课程进行认真梳理，形成课程模块，防止知识的零碎与割裂。

(2)课内与课外的关系，将教学内容在时间和空间上从课内向课外延伸，让学生真正成为学习的主人。

(3)显性课程与隐性课程的关系。显性课程是指传统课程，由教师、学生和固定场所等要素组成，是在规定的时间和空间内完成规定教学内容的有目的、有计划的教学实践活动。隐性课程是指除显性课程之外，能对学生的知识、情感、态度、信念和价值观等形成起到潜移默化影响的教育因素。第二课堂是目前隐性课程的一种重要载体。要充分重视第二课堂的育人功能，紧紧围绕培养目标和培养要求规划课堂的形式、内容与载体。要像重视第一课堂建设那样重视第二课堂建设，提升第二课堂建设水平，增强第二课堂育人效果。

以上培养目标、毕业要求和课程体系的制订有相对先后顺序，但往往又同步进行以便统筹落实，最后文本上的成果都是统一体现在培养计划上。

4)教学大纲的制订与实施

教学大纲是一门课程的纲领性文件，作为上承人才培养目标、下启课堂教学行为的基本依据，是师生间的契约。每门课程对实现毕业要求的贡献都要通过课程教学的映射来实现，对学生最后学习产出即学生知识、能力、素质达成提出要求。因此，首先要明确本门课程对毕业要求中的哪几条要求有贡献，然后确定相应教学时数的教学内容，对教学内容重点规划，最后对教材、参考书和教学方式方法进行合理选择，突出能力、素质培养，确保效果的达成度。如果课程体系是对应毕业要求的全部，那么一门课程的教学大纲对应的就是某一条或某几条毕业要求。例如，某地方高校的“数据库系统”课程教学大纲支撑 4 点毕业要求的达成：①基于数据应用的系统概念、相关内容、数据模型理解系统的概念及其在信息技术领域的主要体现；②能够基于数据应用的系统设计与实现进行有效系统设计；③能够在一个团队中有效发挥成员和领导的作用；④熟悉一些主流的数据库开发平台，并应用在课程设计中，表现出自我学习的能力和成效。同时，教学大纲的编制过程需要通过调研、讨论和不断修改完善，集中课程组教师的智慧，从“教”与“学”双方角度来保证学生的知识-能力-素质一体化发展。

4.4.2　从课堂教学到实践教学的正向实施

如果上述从培养目标、毕业要求、课程体系到教学大纲的制订遵循的是反向设计原则，那么从课堂教学到包括实验、实习在内的实践教学遵循的则是正向实施、正向评价原则。

课堂教学与实践教学，必然要根据制订的课程教学大纲，围绕预期的学习产出，实现从传统的“以教师为中心”向“以学生为中心”转变，这也是产出导向教育的核心理念之一。传统的“以教师为中心”往往与“以教材为中心”“以课堂为中心”并列，主要体现在教学设计上反映教师“教什么”、教学过程中教师“怎么教”、教学评价中教师“教得怎么样”，从教师出发进行衡量；“以学生为中心”则主要体现在教学设计上学生“学什么”、教学过程中学生“怎么学”、教学评价中学生“学得怎么样”。也就是说，“以学生为中心”的课堂教学、实践教学的设计与实施都要围绕学生的学习产出、对毕业要求的贡献来进行。要求教师围绕学生学什么、如何学来设计、实施，并且采取合适的教学评价方式来评判学生的学习成效，实践的是“以学定教”的原则，也就是学生学什么决定教师教什么、学生怎么学决定教师怎么教、学生学得怎么样决定教师教得怎么样。相对于传统的教学模式，产出导向的教学模式在教学目标、教学内容、教学过程和教学评价等方面具有以下特征：

(1) 在教学目标上落实了相应专业的毕业要求。

产出导向的教学模式聚焦于学生最终有意义的学习产出，不再是单向的填鸭式教学，也即强调学生实现“知识”“能力”“素质”的三维教学目标，围绕学生的最终学习产出来组织和开展教学，以某些方面的素质、能力的掌握为目标反向设计教学过程，让学生获得毕业要求中各项知识、能力、素质指标的基本训练，为学生毕业后五年左右达到人才培养目标中要求的职业技能和专业能力提供支撑。

(2) 在教学内容上更注重灵活性。

相对于传统的整齐划一的教学，产出导向的教学模式在教学内容选择上具有更大的弹性、多元性、灵活性。教师根据学生的情况，选择、提供能力侧重点不同的教学内容，学生则可以根据自身的学业基础、兴趣来选取适合自己的教学内容。

(3) 在教学过程中更突出学生主体。

产出导向的教学模式下需要更关注"学生怎么学"，教师需要从学生的需求、基础出发，通过学习活动帮助和影响学生，使学生能够主动实现知识的建构而不是被动地接受，通过主动地探究、实践培养各方面的素质和能力。

(4) 在教学评价中更注重个性化。

当前课程教学评价比较突出的问题是对课程的考核与目标不匹配，甚至没有面向产出的内部课程评价；对学生的考试或者考核与毕业要求不相称，甚至与课程大纲也不相称；对学生非技术能力产出几乎没有考核；实践环节、训练环节等缺乏有效的评分机制；教学管理并不能为持续改进提供基础。产出导向教学模式在于确保通过的学生在毕业时能够具有今后走向成功所需要的知识和能力，但不要求他们在同一时间、用统一的方式达成，也不完全采用统一测评等方式，而是通过多方面的评价确保学生达成预期学习目标。课程的教学质量管理与评价也要从质量监控转向持续改进，从初步的监督、调控功能，增加发现偏差、持续改进的功能，形成一个具有"闭环"特征的教学质量管理体系，真正体现产出导向的工程教育是一个持续改进的过程。

4.4.3　从第一课堂到第三课堂的协同推进

高校第一课堂和第二课堂、第三课堂在育人的内容、形式和途径等方面不完全相同，但都是高校育人体系的子系统，都是围绕立德树人这一根本任务开展的，三个课堂在内容上互补，在形式上整合，共同促进学生的发展。第二课堂、第三课堂是相对于第一课堂而言的，目前还没有一个权威的界定，如有的将实践教学作为第二课堂，而把学生全部课余活动作为第三课堂；有的则将网络教学环境作为第三课堂。但就工程教育来说，本书更倾向于将第二课堂作为第一课堂之外校内的学生教育活动，第三课堂是校外的实践活动。当然，无论如何界定，有一点是明确无误的，即第一课堂是以传统的理论学习为主的形式，而第二课堂和第三课堂是第一课堂的延伸、补充和升华，在课堂教学之外的育人活动中开展，可以承接学生第一课堂教学压力，提高第一课堂的教学效果和学生的综合素质，加强通识教育和专业教育的融合，对高校育人功能起到良好的推动作用。

就工程教育来说，第二课堂和第三课堂更需统筹规划、协同推进。第二课堂是指在教师指导下学生在课外、校内自主组织开展的，将第一课堂的知识转化为专业技能的活动，是第一课堂的补充和提升，形式和内容多表现为校园文化活动，如科技、文化、体育、艺术等活动。学生是活动的主体，既可以在活动中强化理论，又可以借助丰富多彩的校园文化活动升华知识、创新理论，体现出时空上的开放性和实现方式上的多样性。目前，地方高校加强第二课堂育人工作主要从两个方面入手。一方面，发挥党团基层组织作用，将其作为校园文化主要倡导者和组织者，发挥其在教育、团结、联系大学生等方面的优势，成为校园文化建设的主要力量；另一方面，发挥学生社团组织作用，丰富社团结构，加强理论学习类、学术科技类、文学艺术类、体育锻炼类、公益服务类社团的建设，开展各种形式多样、内容丰富的高品位、高规格、多层次、重实践的校园文化活动，给学生全方位锻炼、多途径学习、多渠道实践提供有益平台。此外，还要搭建网络教育平台，借助互联网和新媒体的快捷性、立体性、广泛性、包容性、协作性、趣味性，为第二课堂教育的开展提供便利条件和巨大空间，对学生进行潜移默化的隐性教育。

第三课堂是指在教师组织指导下的多形式、多层次的实践活动。育人环境已经走向校外的社会环境，学生在各种形式的现实情境中通过实践活动接受教育，提高综合素质。第三课堂作为第一课堂和第二课堂的延伸和拓展，主要包括专业实践和社会实践两个方面，支持学生将所学的知识应用于解决实际问题，提高学生解决复杂工程问题的能力。地方高校的专业实践既是对第一课堂理论学习的验证和结合，也是认识行业、参与企业实践、利用专业知识分析和解决实践问题能力的训练。社会实践活动一般引导学生深入到农村、社区、小学、敬老院等志愿服务基地进行参观学习、调查研究、义务支教、关爱弱势群体等活动，将课堂学习与各种社会调查、基层实践、勤工俭学、志愿者活动等相结合，让学生在实践活动中接受熏陶和锻炼。

4.5 本章小结

本章深度剖析了地方高校工程人才培养体系的标准化路径。“标准化”最早源于法国“大学校”体系、德国工程教育认证体系、英国应用型大学培养体系及美国工程技术认证标准体系，吸取英、美各国工程教育及认证经验产生的《华盛顿协议》成为世界各国公认的工程教育质量基石。我国地方高校也不例外，从 2005 年引进 CDIO 工程教育模式开始探索以后，到 2007 年部属高校 8 个专业以及江南大学、河海大学等地方高校通过工程教育专业认证，再到 2010 年实施“卓越工程师教育培养计划”、2011 年发布《工程教育专业认证标准》，地方高校工程人才培养标准体系逐步完善并扩大推广范围。在此过程中存在一系列问题，如把专业认证标准等同于人才培养标准、把毕业要求当成统一的学习产出、把培养目标当成培养定位等，引发了对地方高校制订工程人才培养学校标准基本原则的探讨，形成了地方高校面向工程人才培养的总体构架，本章从行政构架和学术构架两方面进行了阐述。当然，工程教育认证标准的实施还需要教学投入、教师队伍建设和教学管理(服务)三方面支撑，工程人才培养过程则需要从培养目标到教学大纲的反向设计、从课堂教学到实践教学的正向实施以及从第一课堂到第三课堂的协同推进，对此本章也进行了详细陈述。

参考文献

[1] 尤园, 王彦丹, 谢鸿全. 西方四国工程教育专业认证标准的比较研究[J]. 高等教育研究学报, 2017, 40(2): 73-79.

[2] 徐同文, 陈艳. 英国大学应用型人才培养机制探析及启示[J]. 高等工程教育研究, 2013, (4): 111-115.

[3] 关雯文, 吴学松. 美国高等教育应用型人才培养一体化及启示[J]. 河南科技学院学报, 2016, 36(8): 58-62.

[4] 赵文辉. 高校教学质量保障问题研究[M]. 北京: 中国人民公安大学出版社, 2009.

第 5 章　地方高校教学质量保障体系

我国高等教育发展到大众化阶段，大众化与教育质量的提高构成了不可调和的矛盾。2007 年初，“高等学校本科教学质量与教学改革工程”出台，高校与地方政府积极回应，自此“提高质量”成为以后我国高等教育发展的主旋律。2010 年初公布的《国家中长期教育改革和发展规划纲要(2010—2020 年)》明确指出，提高教学质量是高等教育发展的核心任务，提到“一个中心，两项根本任务”，即以高等教育质量建设为中心，以高校内部和外部教学质量保障体系建设为根本任务。其中，高校内部教学质量保障体系建设包括教师队伍质量建设、人才培养模式改革、专业与课程教材建设、诚信学风建设、制订大学章程以及完善高校内部治理结构等工作任务；高校外部教学质量保障体系建设包括“管办评分离”、改进本科教学评估制度、全国高校教学基本状态数据库建设、研究制订本科专业教学质量标准和职业院校教学标准等工作任务。高校外部教学质量保障措施需要通过内部教学质量保障体系发挥作用，高校内部教学质量保障措施折射的是外部教学质量保障体系的要求。教育质量保障体系保障的是每个学生在其兴趣与能力范围内自主选择和充分发展的权利，保障的是每一所高校的人才培养与本国本地区社会需求之间实现良好的契合[1]。

高校的根本任务是人才培养，人才培养的核心是教学质量。2011 年，教育部出台“五位一体”本科教学评估制度，明确指出高校内部教学质量保障体系的建设和运行是高校履行人才培养质量责任主体的基本方式之一，是“五位一体”评估制度的基础。高校内部教学质量保障体系的建立是高等教育质量管理发展到一定阶段的产物，高等教育教学质量管理发展到新时期已经具有新的特点：以学生为中心、产出导向、持续改进的新理念；强调基于人才培养质量“五个度”的新标准；运用高等教育质量监测国家数据平台，实现点面结合、内外结合、周期性评估与质量常态监测结合、学校自评报告与数据分析报告的有机结合的新方法；强调营造“追求卓越”的质量新文化，使自我保障、自我评估、自我监测、以评促强、追求卓越升华为大学文化，成为大学的文化自觉。

在高等教育发展进入内涵发展与质量提升的新时期，我国高等教育质量管理已在逐步变外部推动为内在需求，由刚性管理转向柔性治理，由问责走向合作。高校内部教学质量保障意识日益提升，高校特别是其院系在质量保障与内涵建设方面的作用日益凸显，“以自我评估为核心”的高校内部教学质量保障体系在部分高校已经初具形态。但就当前实际情况而言，我国高校内部教学质量保障体系建设尚处于摸索阶段，仍存在诸多问题。例如，在教学质量保障体系构建过程中，缺乏多元利益相关者的参与，教师与学生的参与过少，在专业人才培养质量标准制订及教学评估过程中用人单位的参与度过低；又如，缺乏自身使命与价值引领，缺乏源自内在需求与发展目标的动力，更多地受到外在动力的牵引和推动，因此多数高校评估与监控阶段相对完善，但对评估与监控中发现的质量问题的分析与跟进非常缺乏，改进措施相对滞后；再如，保障内容缺乏对学生学习过程和学习效果的评估[2]。

寻求解决高校内部教学质量保障问题的方法与路径必然要探求问题的根源所在。构建内部教学质量保障体系的过程中，如何体现多元利益主体的发展需求？如何调动多元利益主体参与高校教学质量保障的积极性？高校如何树立起内在的价值观与质量观？如何从自身价值与质量观的确立出发形成质量保障的内在动力？如何使得教学质量保障体系内容能够充分体现学校的办学理念与办学定位、学生发展需求、社会发展需求等根本因素？这些深层次根本性问题的解决，有助于学校形成积极的质量文化，提高高校教学质量保障的可持续性。

教育部高等教育教学评估中心原副主任李志宏提出了新时期构建高校内部教学质量保障体系的基本原则[3]：以人为本的原则，使学生、社会更满意；过程方法的原则，使管理过程更流畅；全员参与的原则，使全校上下形成合力；环节可测量原则，使关键节点可检测；持续改进的原则，使教学质量不断提高。同时他还归纳出了高校内部教学质量保障体系建设的共性规律：目标和标准设定是质量保障体系建设的前提；条件保障是质量保障体系建设的基础；过程管理是质量保障体系建设的重点；完善的自我评估制度是质量保障体系建设的核心；反馈、调节、改进是质量保障体系建设的落脚点；质量保障体系须形成闭环，自我完善，不断提升。在高校构建并实施内部教学质量保障体系，强化质量意识和质量管理并按照体系要求组织实施，对于持续提高人才培养质量、全面实现人才培养目标意义重大。本章主要阐述地方高校内部教学质量保障体系的整体架构、考核与评价机制、监控与反馈机制、持续改进机制，揭示出内部教育质量保障对外部教育质量保障的承接、转化。

5.1　整 体 架 构

5.1.1　构成要素

高校内部教学质量保障体系作为复杂的人工系统，其构成要素取决于教学质量保障体系背后的支撑理论。质量之道，以产出为本，落实在每个学生身上。OBE 理念是一个以学习产出为动力的系统，其目的是通过学习产出来带动课程活动和学业评价活动。有学者将其理解为一种教育模式，包含定义(defining)学习产出、实现(realizing)学习产出、评估(assessing)学习产出和使用(using)学习产出四个步骤。这四个步骤恰恰涵盖了戴明环(Deming Cycle)的计划(plan)、实施(do)、检查(check)、行动(action)(PDCA)四个要素，即预期学生毕业时应取得的学习产出；以产出为导向设计课程体系、优化课程内容、改进教学方法，帮助学生获得学习产出；利用各种方法，通过各种途径，不间断地收集与学生学习产出有关的直接证据，与最初所设定的学习产出进行比较，从而反映出学生在学习中和教师在教学中存在的问题，同时也反映出教学成效；针对问题进行改进，最终达到提高学生学习成效的目的。

为了将 OBE 理念渗透于教学质量保障的管理与评价之中，需要从全面质量管理(total quality management, TQM)、戴明环理论中寻求借鉴。全面质量管理理论是指为确保产品质量的持续提高，由组织的全体人员运用现代科学技术，对影响质量的全过程和全因素进行全面、系统的管理，以达到消费者满意的产品品质的一种质量管理方法。其中包含四个核心理念，即全员参与、消费者满意、质量的持续改善和依据事实进行管理，对应在教学服务过程中，学校、教师、学生等利益相关者必须全员参与，学生在此过程中必须不断构建质量证据，教学产品的质量高低需要通过学生的学习成果及满意度做出评判。戴明环是管理学的一个通用模型，强调计划、实施、检查、行动四个要素是一个循环往复、持续改进的过程。

全面质量管理、戴明环理论与 OBE 理念相融合，在此基础上构建科学高效的本科教学质量保障体系，如图 5.1 所示。该体系突出院校个性化的质量标准，强调用自己的尺子量自己；突出多元主体间的质量协同，强调利益相关者之间的协商交流，达成质量共识；突出以学生为中心的质量管理理念，强调以学生学习产出为导向，落实在每个学生身上；突出全员质量意识，强调人才培养的质量意识应成为全体参与培养工作人员的自觉意识；突出质量的全过程管理与持续改进，强调评价结果(学习成果与毕业要求达成度、毕业生满意度、用人单位满意度等)的反馈与教学的持续改进。

基于上述理论分析，本科教学质量保障体系可由决策(P)、实施(D)、评估(C)、改进(A)四个功能模块组成。决策模块主要由办学定位、培养目标、质量标准等要素组成；实施模块由课程体系、师资队伍、支撑条件等要素组成；评估模块由教学过程质量监控、学习成果与毕业要求达成度评估、本科教学工作评估、毕业生和用人单位满意度评估等要素组成；改进模块由质量信息反馈与问题持续改进两要素组成。体系的构建应以“深化教学质量管理改革，创新质量文化建设，确立质量竞争和质量责任意识，关注质量结果和质量形成，强调全员参与和全过程质量管理，建立质量保障的长效机制，持续提高人才培养质量，以质量求生存，以质量谋发展”为指导思想；需遵循人才成长规律和教育教学规律；需满足社会

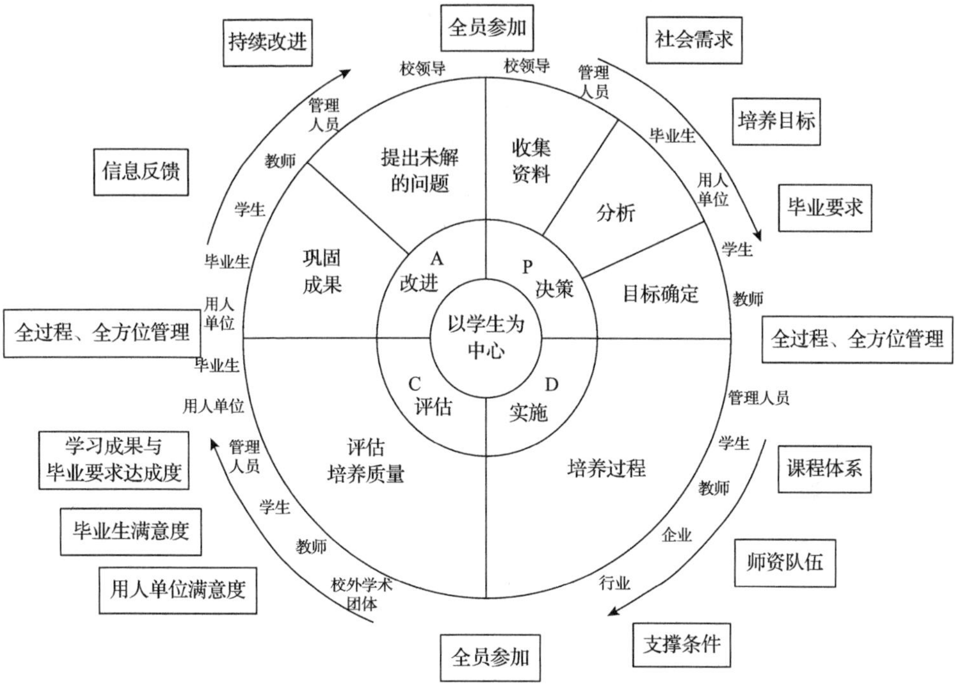

图 5.1　基于 OBE 理念的本科教学质量保障体系构建图

需要和学生发展需要；需符合学校定位、培养目标定位、组织结构、学科结构、文化传统、教学条件等校情；需涵盖影响教学质量的全部要素，涵盖教学全过程，人人参与，各司其职，各负其责；需确保质量保障体系运行的实时性(事前预防、事中保障、事后改进)、可行性(符合学校实际，可操作)、有效性(预防有效、保障有效、改进有效)；需按照 PDCA 循环进行下去，并在全面质量管理的前提下科学发展[4]。

5.1.2　组织架构

高校成立负责教学质量保障与管理的专门机构，履行教学质量监控与评估职责，是实现高校教学质量保障体系运行的组织保障。高校内部教学质量保障组织是统领全校教学质量保障的组织者、指挥者、实施者，是实现全方位、全过程、全员参与、持续改进的质量保障的基础。美国、英国和澳大利亚等国家的部分高校设有教学质量保障委员会、教学质量委员会或教学检查委员会等。美国提出并实践了“16 步行动策略”，其中第二步策略就是建立“全面质量领导委员会”，负责制订质量管理过程框架，并组织和监督其实施。美国俄勒冈州立大学成功实施全面质量管理的经验是：在各部门成立管理团队的基础上建立“跨部门管理团队”和副校长主持的“检查委员会”，负责全校教学质量管理的组织与检查评价。英、美等西方国家教学质量保障委员会主席由校长或副校长委任，通常由有声望的教授担任，有些学校则由教学副校长亲自担任主席；秘书常由教学副校长助理担任；成员包括学校评估组组长、科研副校长、教务长、有关教学辅助单位代表、学院院长提名的代表、学生联合会代表、本科学生代表等[2]。

国外多数高校的教学质量保障委员会的主要职责是：向校领导提出教学质量保障的政策建议，提出学校教育教学战略建议；全程监控本科生教育教学，即专业培养方案的制订、课程体系设置、教学大纲实施、学生学习情况调查等，并形成质量报告上交校领导；对专业评估、教学项目评审等进行决策与监控；每学年在各学院提交学院教学年度质量报告的基础上，形成全校本科教学年度质量报告，说明每年教学质量保障委员会的工作情况以及全校教育教学的质量状况；对教学经费、图书等教学资源的支撑情况进行监督，并提出改进建议；向学校各职能部门、院系两级教学质量保障委员会(学院是学校教学基层管理部门，对本院系教学质量有直接责任，院系两级教学质量保障委员会在学院领导下具体推动和实施本院系的教育教学质量保障工作)以及其他相关部门提出对学校教学质量保障问题的改进建议。

目前国内多数高校的教学质量保障组织体系还远不能做到全程、全面、全员参与，主要存在以下不足：

(1)对教学质量保障的理解狭隘，导致教学质量保障组织体系在构建上就存在缺失，仅注重各个教学环节的质量监控，无法形成严密而有力的教学质量保障组织体系。

(2)多数高校的院系教学监控组织较为完善，但学校层面的质量保障组织并不完善。

(3)学校层面的质量保障组织通常仅重视教学质量保障的制度建设，保障制度的执行情况、问题改进的情况等往往都会被忽视。

(4)某些高校还存在仅注重课堂教学环节的质量监控，对其他教学环节，如课程设置情况、教学大纲执行情况、实习实践环节及毕业环节缺乏应有的监控措施。

(5)严重缺乏对实验、实习、实践教学的质量监控和质量改进。

(6)多数高校侧重于对教学秩序的监控，而忽视人才培养方案的制订与完善，忽视教学大纲的执行与完善，忽视教学内容的与时俱进以及教学研究的重要性；侧重于对教师教学质量的监控与评价，缺乏对学生学习成效的监控与评估；质量监控功能发挥不足的同时，又缺乏质量信息的反馈机制，教学质量保障体系必然无法实现持续改进。

总之，教学质量监控与保障的短期行为多，长效监控与保障机制不足，问题存在的根源在于学校对教学质量保障的理解过于狭隘，缺乏制度和组织体系的保障，对教学质量监控与保障的重视不够。

鉴于以上问题，同时借鉴国外高校经验，我国地方高校可逐步构建起“校-院-专业”三级教学质量保障组织架构。

1. 校级层面——学校教学评估委员会

学校教学评估委员会位于学校内部教学质量保障组织体系的最顶层。学校教学评估委员会主任由校长担任，副主任由分管教学的副校长担任，办公室设在教务处或教学质量评估中心。学校教学评估委员会由教务处、教学质量评估中心(独立建制或依附于教务处)、学生处、校办、人事处、科研处、实验室管理处、资产管理处、图书馆、信息网络管理部门、后勤、纪委等部门负责人以及教学督导专家组成员组成，另外还应吸纳基层教师、学生代表、用人单位代表、产业行业专家代表等相关利益者。学校教学评估委员会是全校教学质量保障的责任组织，负责全校范围内教学质量监控与保障的各项具体工作。学校教学评估委员会的主要工作职责是：制订质量标准、教学质量监控与保障工作的有关制度文件和评估方案；定期对学院的教学工作、各专业建设情况以及各类教学项目进行评估；不定期对学院和专业层面的教学质量监控工作进行检查、指导；负责面向在校生和毕业生的学习质量调查，并向学院及相关部门提供反馈意见；负责监督和检查各职能部门服务教学的情况，并提供反馈意见；对教学质量监控和质量评估中发现的问题进行整理、分析和研究，提出质量改进意见，及时反馈给相关部门及各学院，并监督整改任务的落实。要获得教学质量监控提高教学质量的最大效能，必须健全激励约束体系，将质量监控、各类评估的结果纳入量化考核，作为授课资格、教师评奖、晋级、津贴发放的重要依据，实行教学质量一票否决制。只有学校认识到并高度重视教学质量保障的重要性，构建教学质量保障组织体系在学校层面的顶层组织，激励约束机制才能发挥其有效性。

2. 学院层面——教学质量监控委员会

在学校顶层教学质量保障组织的领导下，各学院要设立教学质量监控委员会。学院教学质量监控委员会(或教学质量监控办公室)是本学院教学质量监控的责任组织，原则上由院长或主管教学工作的副院长担任教学质量监控责任人，其组成人员中还应包括基层教师、学生代表、用人单位代表、产业行业专家代表等相关利益者，调动所有教学质量保障相关利益者积极性，提高其参与度，保证本单位教学质量监控工作的正常运行。学院教学质量监控委员会(或教学质量监控办公室)的主要职能在于：落实学校教学评估委员会安排的工作；组织本学院的各教学环节的检查、教学项目评估、教学督导等工作；严格执行听课制度；通过教师访谈、学生座谈、问卷调查等方式，做好各类教学质量监控信息的汇总、整理、分析、反馈等工作，做好质量问题整改工作的安排和监督工作。学院教学质量监控委员会(或教学质量监控办公室)是学校教学质量保障组织的重要一环，其有效的质量信息的收集、反馈和处理是发挥教学质量监控作用的关键。

3. 专业层面——基层教学组织

基层教学组织是保证教师教学质量的责任组织，负责检查、监督和指导教师遵守高校教师工作规范，以学生为中心，严格按照人才培养质量标准从事教学工作，确保各环节的教学质量。基层教学组织可通过教师间互相听课、评课，达到互相监督、互相学习、共同提高的目的；可通过定期的集体备课，不定期的教学内容和教学方式的研讨会，达到提高课堂教学效果的目的；可通过定期举办本专业学生座谈会，了解学生的学习情况，以及教师的教学态度是否端正、教学方法与教学内容是否陈旧、教学效果等情况，征求学生的意见和建议，从而达到改进教学质量的目的。另外，基层教学组织还具有培养青年教师的职责，组织内的资深教师可采用评价性听课、审批教案等方式对青年教师进行“传帮带”，提高年轻教师的教学技术与水平。

5.1.3　运行机制

基于 OBE 理念的多元开放的高校本科教学质量保障体系，由四大系统组成，即决策系统、实施系统、评估系统、改进系统。每个系统都是一个 PDCA 小循环。小循环围绕学生这一中心，从价值观确立、质量目标和质量标准建立、资源与过程支持保障、质量评价与监控，到信息收集、反馈与利用，全方位形成校内闭环。校内评估与校外评估相结合，持续改进体系将校内外循环有机联系起来，形成校内校外双循环，从而实现大环套小环、小环保大环的运行机制(图 5.2)，充分体现了系统、全面、全程、全员和事先预防、事中保障、事后改进的 PDCA 质量循环的构建原则。

1. 决策系统——目标保障

决策系统是多元主体参与的开放式问责系统。从学校层面来看，学校的主要任务是以国家、社会、市场、相关利益者为需求导向，以学生为中心，根据学校办学定位、方向及质量观，客观理性决定学校办学目标、人才培养目标、人才培养模式等重大问题，完成学校的顶层规划设计；从院系层面来看，各院系以学校确立的整体性人才培养目标为指引，确定教学质量发展目标与各个教学环节质量标准，包括专业人才培养计划、毕业要求、学位标准、教学工作质量标准。教师教学质量标准包括课堂教学质量标准、课程考核质量标准、实验教学质量标准、实习/实训教学质量标准、课程设计质量标准、校外实践质量标准、毕业设计/论文质量标准等；学生学习质量标准包括学生知识水平标准、学生综合素质标准、学

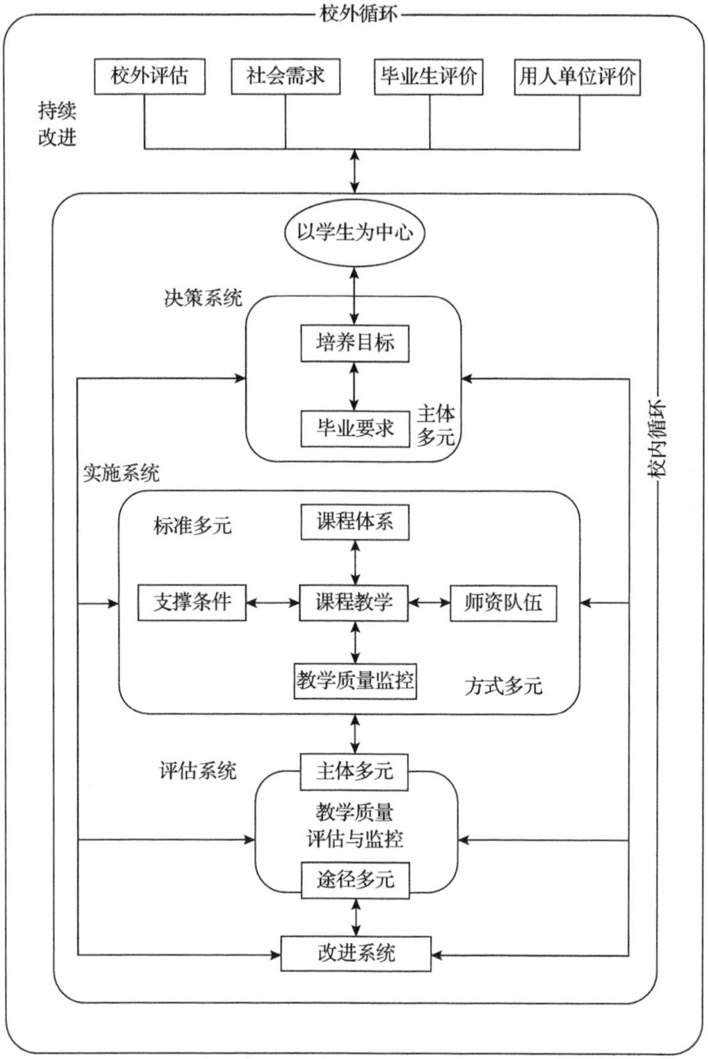

图 5.2　基于 OBE 理念的多元开放的本科教学质量保障体系运行机制图

生实践技能标准等；教学管理质量标准包括专业建设质量标准、课程建设质量标准、档案管理质量标准等；教学服务质量标准包括师资队伍建设与利用标准、教学设施建设与利用标准、教材建设与利用标准、实践基地建设与利用标准、实验室建设与利用标准、图书资料建设与利用标准、网络平台建设与利用标准等[5]。各教学环节质量标准在颁发后，必须与各职能部门、各学院的工作职责结合起来，质量责任要逐层分解，建立责任制度。学校应将权力下放到院系，改变过去院系被动接受评估任务、疲于应付上级指令的状态，变院系根据自身需求为主动根据产业行业需求修订专业培养方案与毕业要求，根据培养方案与毕业要求优化课程体系、更新教学内容。学校应引进企业专家或校外教育专家参与专业质量标准制订、专业建设过程和专业评价，从而能够及时了解社会、企业对高校专业设置的要求，依据社会需求的发展变化，及时完善专业结构与课程体系。学院应制订适合本学院专业的教学质量监控与改进机制，通过内外部驱动因素实现质量目标、毕业要求、培养计划、课程大纲等完整的教学质量标准的持续改进闭环，确保质量标准对社会需求的适应度。决策系统循环如图 5.3 所示。

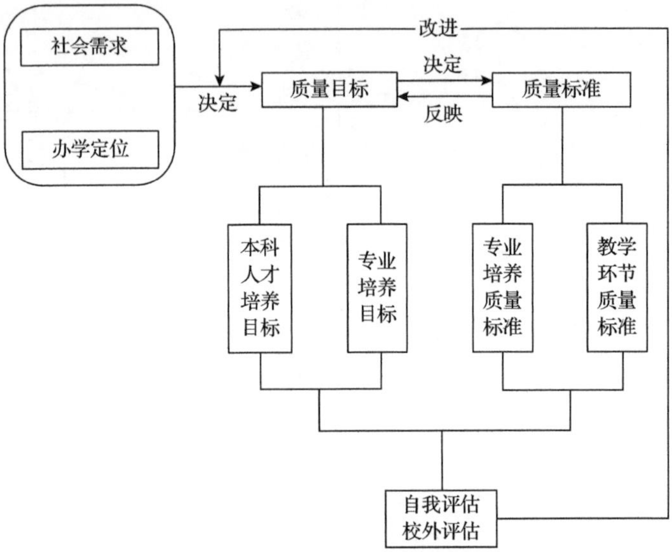

图 5.3　决策系统循环图

2. 实施系统——资源和过程保障

实施系统的主要责任部门在于院系、实验实训中心、教务处及相关职能部门，如学生处、人事处、计财处、设备处、科研处、图书馆、现代教育技术中心、后勤、保卫处等，职能包括本科教学投入保障和本科教学的过程保障。实施系统具体工作包括专业人才培养计划的执行、教学资源的使用与管理、专业与课程建设、实验室与实习基地建设、师资队伍与教学团队建设、各类教学活动的组织与开展、质量标准与教学规范执行、教学档案管理、教学改革与教学研究等；教学条件支持与保障工作主要包括招生与生源质量保障、师资队伍引进与建设、教学投入与资金保障、设备采购与管理、科研对教学的促进机制、图书资料建设、教学设施建设运行与维护、网络建设运行与维护、校园环境与安全稳定等。

本科教学投入保障，即确保学校和院系对本科教学的投入，确保课程体系、师资队伍、支撑条件对培养目标达成的保障度，以及确保课程设置能支持相应知识体系的建立和毕业要求的达成，课程体系设计有企业或行业专家的参与；确保师资队伍教师数量满足教学需求，结构合理，有企业或行业专家作为兼职教师；确保教师教学能力、专业水平、实践经验等满足专业教学需要；确保教师有足够的时间和精力投入到本科教学和学生指导中；教学基础设施必须能够支撑达到毕业要求所需；教学资源在数量和功能上必须满足教学需要；教学经费保证教学所需。

本科教学的过程保障，即确保本科教学的顺利进行，控制教学过程中质量的形成。围绕以教师与学生为主体的课堂教学，以学生学习效果为导向，实现课堂教学、实践教学与毕业设计(论文)等关键环节教学活动的持续改进。一方面，对学生在整个学习过程中的表现进行跟踪与评估，并通过形成性评价保证学生毕业时达到毕业要求；另一方面，通过课程教学质量监控来控制教师的教学过程。

实施系统循环如图 5.4 所示，具体包括制订教学规章制度与教学规范、实施教学督导、检查、听课、评教、课程考试与成绩管理、毕业、学位资格审查、学生信息员制度等质量监控、采集教学质量信息、提出质量改进建议等。

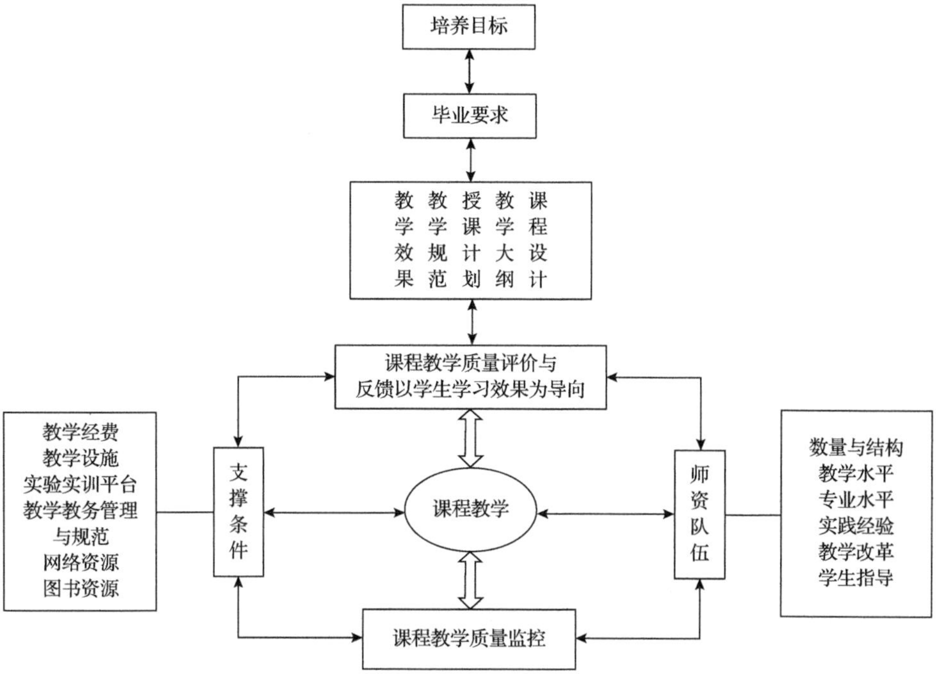

图 5.4　实施系统循环图

3. 评估系统——产出质量保障

评估系统的目的在于了解并评价本科教育质量情况(学生学习效果、毕业要求达成度、毕业生满意度、用人单位满意度等)，分析诊断问题，用于指导本科教学改革。学校通过对学生的学习全过程进行评估，收集学生学习成果的资料，获取学生学习效果的证据，了解毕业要求的达成度；通过评教、评课等制度，了解学生对课程教学满意度；通过问卷、座谈会等形式听取师生对教育质量方面的看法和建议；通过毕业生质量跟踪调查、用人单位（或毕业生进一步深造的高校或研究所）满意度调查，以及对具有权威性的校外学术机构或团体进行访谈，了解社会对学校本科教学的需要。系统具体可包括专业评估、课程评估、实验室评估、实习实训基地评估、课堂教学评估、实验教学评估、实习评估、课程设计评估、毕业设计（论文）评估、考试评估、院系教学工作水平评估、毕业生质量评估、学生各方面能力测试、质量信息及改进建议的汇总。

4. 改进系统——持续改进

改进系统的目的在于将实施系统中教学监控信息、学生学习效果达成度情况，以及通过各种途径获得的质量改进建议等本科教学质量的评价信息，及时准确地反馈到本科教育教学改革的各个环节当中。各相关职能部门及院系需要根据反馈信息制订相关改进方案与工作计划，明确责任，分解细化任务，确保持续改进工作落实到位，从而实现本科教学质量保障体系的校内校外双循环，具体如下。

1）反馈系统

本科教学质量信息反馈方式是多元且开放的，责任部门主要包括教务处、各学院系、招生就业管理部门等。学校需要开发本科教学质量信息平台，用于教学信息的采集、统计、分析和运用，具体可包括社会人才需求状况分析、学生个人需求状况分析、生源质量状况分析、各类质量信息研究分析、各专项质量评估结果分析、毕业生质量信息分析、毕业生就业流向分析，形成整体质量改进方案，并建立且不断完善信息公开制度。信息分析结果在平台上对校内外公开，让校内各部门、各院系管理人员，所有教师，以及社会相关人员都能清楚地知晓学校所有本科教学质量信息，如学院及学校本科教学质量年度报告、毕业生就业质量报告等。学生的学习评价结果，可以通过教学、课间、电子邮件向学生反馈，或通过学生代表进行反馈，也可以通过在针对学生的杂志、公告中编写相关文章进行反馈，还可以编纂反馈报告以年度出版物的形式反馈给学生。这些正式和非正式的反馈能够帮助学生了解自己的学习进展情况，提升学习动机。

2）修正系统

修正系统即形成本科教学的持续改进机制。学校各相关职能部门及院系基于反馈的质量问题、信息、建议制订整改方案，落实改进工作。为实现本科教学质量的不断提升，实现质量保障体系的校内外循环闭合，学校必须给予高度重视，建立本科教学质量改进的责任问责制及激励机制，做到责任落实、制度落实；必须提供充足的经费等资源保障，做到资源落实；必须成立相关组织机构负责教学质量改进工作的管理与评审，做到组织落实，从而形成教学质量的持续改进机制，促进教学质量螺旋式上升。系统具体可包括人才培养目标与模式调整、人才培养计划修订、学生学习质量标准调整、教师教学质量标准调整、教学管理质量标准调整、教学服务质量标准调整等。

5.2　考核与评价机制

5.2.1　对学生的考核与评价

OBE 理念的核心要义之一是“以学生学习产出(成果)为导向”。学生学习产出(成果)是指对学生特定学习期望的描述：学生通过具体课程和专业的学习后，应该取得的具体和可测量的产出(成果)。这些产出(成果)主要包括知识与理解力、能力和技能、态度与价值观，还包括学生成长的其他方面，如自信心、毅力、领导才能、社会责任感等个体行为。简而言之，学习产出(成果)就是学生在完成课程和专业学习以及取得学位后，应该知道什么、理解什么，以及能够运用所学知识做些什么。以学生学习产出(成果)为导向带来的理念变化是，教学从以教师为中心转变为以学生为中心。它要求教师实现角色的重塑，学校和教师要营造增强学习的环境，尽一切努力来帮助学生提高学习成效；它要求学生从信息和知识的被动接受者转变为积极主动的学习者，要求学生有更多独立和内在的动力来提供证明自己达到学习产出(成果)要求的证据。

我国 2014 年启动本科教学审核评估，评估重点在于“五个度”：①学校人才培养效果与培养目标的达成度；②学校办学定位、人才培养目标与社会发展需求的适应度；③教学过程、教师、教学资源条件配备对培养目标的保障度；④教学质量保障体系构建与运行的有效度；⑤学生、社会用人单位对学校人才培养的满意度。工程教育专业认证根据专业提供的培养目标与毕业要求来考查相应的课程设置和预期的学生学习产出(成果)，以及学校如何采用最有效和最有意义的路径来指导学生实现这些预定的学习目标，以此来评估学生获得的成就。由此可见，高校所提供的教育能给学生带来多少价值增量，已成为衡量大学质量的重要方面。以学生学习产出(成果)为导向的理念，已经引发了课程设置、教学方法、评价制度、质量保障等一系列工作的改革，其中也包括课程考核与学生评价问题[6]。

1. 课程目标的明确表述是评价课程与学生的基础

考试是为了验证学生个体是否达到了课程目标，因此确定课程目标就是考试先决条件。在专业教育中，课程目标是通过专业目标分解得到的，国外常采用二维表格形式的课程地图来实现这一过程，它能确保每一项目标都有具体的课程来培养和评价。专业的培养目标一般较宏观，而课程目标应该具体并可测量。然而，课程目标的确定目前仍是国内高校培养方案制订中的薄弱环节，主要存在以下问题：

(1) 课程目标中缺少专业目标中的能力和素质培养要求，特别是与职业相关的，如写作、表达沟通、团队精神等，经常没有具体的课程来落实(目前国内的大多数高校的通识课程还难以培养这些通用能力)。

(2) 课程目标不明确、不具体和不可测。课程目标中多使用“了解”“掌握”“理解”“具有”等描述性语言来反映对知识和能力的要求，但这些描述性语言因为不具有可测性和可操作性，难以评价学生学习的水平和应用知识解决问题的能力高低。

(3) 各门课程目标之间缺少关联。如果课程目标是通过顶层设计由专业目标分解而来的，这一过程就需要一个教师团队来共同完成，特别是对于那些需要若干课程来共同培养的目标，必须在课程目标之间建立起必要的内在联系。可见，要使课程考试真正起到衡量人才培养是否达到预期目标的作用，就需要对目标进行具体描述，同时建立起相应的评价等级和评价准则，以便考查学生通过学习达到了哪个层次。

2. 基于课程目标的考试是评价课程与学生的关键

有了明确的课程目标，就要围绕着目标对考试环节进行设计。有什么样的课程目标，就应该有与之相适应的考试和评价方法。学生学习成果的动态评价包括学生发展过程控制、学生学习经历调查、学生学习成果与毕业要求匹配度调查、学生综合素质测评等，关注学生的学习过程，重在评价课堂学习、书面作业、课程实践等关键环节，改革评价方式，大胆尝试课程嵌入式评价、表现性评价、档案袋评价等评价方式。为了使考试能够真正反映学生的实际学习水平，需要关注学生学习的全过程，做到过程性评价与终结性评价相结合。在评价内容上，应更加关注智力因素(如学生记忆等认知能力)以外的非智力因素在学生发展中的地位，如情感、态度、价值观、与人合作的能力、参与社会活动的能力等。将课程作业与各种相关活动、小测验和期末考试等，按照不同评价方式和比例纳入考核评价体系，其中每项作业及考试的每一道题都应根据课程目标来精心设计，明确其对应的是哪一项课程目标和实现的层次。如果课程目标中有对团队能力的具体要求，就要增加如基于某个问题的研究报告、某个实际项目等需要团队合作完成的作业，并通过相互评价等方法对学生的合作能力进行评价。

3. 借鉴国内外经验尝试多元化考试与评价方法

1）考试方式多元化

高校可根据不同专业和课程的特点，结合课程目标的不同侧重点，进行差别化考核。例如，针对要求掌握基本概念、技巧、算法、思想等知识点的课程，考试题型可采用选择题、分析题和设计题，其中选择题和分析题可作为普通必答题目，考查学生对基本概念、思想等知识点的掌握程度，设计题可作为选做题，考查学生的逻辑思维和创新思维能力；针对实践性、操作性较强的课程，最好以实践考核为主，考查学生的动手能力；针对旨在培养学生运用理论知识解决实际问题的能力的课程，可以通过工程实践项目作业、工程训练学分、课程论文等形式评价学生的学习成效，期末考核可将理论考试与实践能力考核分开，加大实践能力考核比重。

2）考试形式多元化

考试可采用课堂讨论、提交课程报告、笔试、机考和答辩等多种形式。课堂讨论和提交课程报告这两种考核方式较为灵活，适用于学生自主学习和团队合作能力的培养。笔试包括闭卷、开卷等形式，闭卷考试的评分相对客观、公正，成绩易于量化，开卷考试旨在考查学生对知识的灵活运用能力，促进学生学习主动性的提高。答辩通常是针对实习、课程设计等实践类课程，是考核学生实践能力的有效方式。

3）考核时间多元化

把考核从期末一次性考试变为全过程考核，安排在教学的全过程中，结合多种考试方式和形式分多次进行考核，如平时的随堂测验、课后作业、课堂实验、实习、课外实践、期中期末考试等，调动学生学习全过程的积极性和主动性，同时能够获取更多的关于学生学习成效的质量信息。考核时间多元化分散了期末考试的压力，并且能够发挥考核的激励导向作用。另外，国外高校在考试评价上较为流行的量规（rubric）测量是可以借鉴的，它是在解决传统考试方式不客观、评价过程不一致等问题的基础上发展起来的测量工具。量规是一个真实性评价工具，它是对学生的测验、成长记录袋或者表现进行评价或者等级评定的一套标准，同时也是一个有效的教学工具，是连接教学与评价的一个重要桥梁。

4. 考核评价环节改革

提高人才培养质量的难点和重点是课程设置和教学，而考核评价环节可以起到纲举目张的作用。基于 OBE 理念的考核评价改革能够倒逼对课程目标和教学方法的改革，甚至解决课程设置问题。如果没有强大的外力和制度保证，对高校来说，要想取得彻底的改革成效往往比较困难。因此，除了需要理念的转变外，还需要借助外力来推动。

1) 政府层面

政府应进一步通过评估导向，要求高校拿出学生学习后取得的成就来证明自己的办学质量，从而倒逼高校进行课程设置、教学内容与教学方法改革。另外，各级教育主管部门在质量工程项目中增加有关考试和评价改革的专项，加大从立项到结项的全过程管理，同时鼓励高校采取有力措施，开展专业和课程层面的评价制度改革。

2) 高校层面

一方面，高校可从制度层面上创造有利于评价方式改革的环境。高校在制度设计时，在加大考试和评价改革专项投资的同时，应适当减少参与改革教师的其他工作，增加课程考试与评价环节的工作量，同时在教师职称晋升过程中给予一定的倾斜。另一方面，要提升教师的评价能力。充分发挥“教师发展中心”的作用，通过不定期研讨会、各种培训及个案研究等形式，采用个体辅导、同侪评价、反馈、咨询等方法帮助教师理解学生学习产出(成果)导向理念，帮助教师将理念运用到具体课程评价改革中。国内高校应高度重视“教师发展中心”的建设，首先应该加强对国内外先进理论与方法的研究，承担起帮助和指导广大教师提升教学改革能力的工作，在实践中不断总结和提炼出适合我国国情的课程考试与评价方法。

5.2.2　对教师的考核与评价

1. 教师考核评价改革的经验与问题

教育部 2011 年印发《关于进一步改进高等学校哲学社会科学研究评价的意见》，2013 年印发《关于深化高等学校科技评价改革的意见》，先后从人文社科与科技两个不同领域对高校教师考核评价指明了改革方向。2014 年，教育部委托相关高校和单位，围绕深入推进高校教师考核评价机制改革这一主题开展专题研究，在全国范围内征集改革创新案例，并针对高校教师考核评价工作的基本情况、难点问题和创新实践进行专项调研，同时进行了系统的国际比较研究。目前很多高校对教师考核评价机制，如分类管理、考核指标体系、考核主体多元化、评价机制创新等方面作了许多有益的探索和实践。

1) 师德表现“一票否决制”

大部分高校已在教师专业技术职务晋升、岗位聘任、年度考核、评优奖励等工作中，将教师的职业道德和政治素质作为首先考量的内容，实行师德表现“一票否决制”。

2）分类管理分类考核

教师个体之间存在差异，有些教师教学能力突出，热心教学，深受学生喜爱，有些教师科研成绩卓越，但潜心教学的精力受限，为了考虑不同教师的差异，很多高校已开始实行教师分类管理与分类考核。清华大学将教师岗位设置为教学型、研究型、教学科研型等多类岗位，并对不同类型岗位提出不同考核标准。针对教学型教师，仅对其教学业绩提出考核要求，科研为零要求；针对科研型教师，仅对其科研成果提出考核要求，教学为零要求；针对教学科研型教师，教学业绩和科研成果均有要求。这三类教师岗位均有社会服务的考核要求。武汉大学除了设置这三类教师之外，还设有一个社会服务型岗位。分类管理可以让教师根据自身的特长选择适合自己专业发展的岗位类型，分类考核在尊重教师个性特点的同时也激发了教师发挥自身特长的积极性。

3）突出教师教学业绩评价

教师教学质量及教学业绩应作为专业技术职务晋升、岗位聘任与考核的重要依据。南京大学着力建设“教学支持”与“教学评估”双轮驱动模式，一方面通过新进教师教学培训、课程研讨等形式，建立教学发展支持服务体系；另一方面对教师教学工作进行综合评价，评价结果作为职称评聘的重要依据[7]。

学校通过多年的改革摸索，在积累经验的同时，仍然存在一些问题。例如，大多数高校分类管理和分类考核改革仍然停在表面，没有实质性进展；重科研轻教学、重数量轻质量的情况仍然普遍存在；考核评价制度仍不完善等。因此，关于教师考核评价的改革与研究仍需继续努力。

2. 教师考核评价工作的关键环节

1）评价什么——评价标准

实施分类管理和分类考核，需要根据不同学科、不同岗位的特点，制订科学合理的分类评价标准。评价标准的制订是教师评价关键环节，是教师评价的“指挥棒”，发挥导向作用，因此评价标准的制订需要突出师德、能力和业绩导向。

2）谁来评价——评价主体

充分发挥学校、学院、学生、同行、社会等利益相关者在教师评价方面的作用，实现评价主体多元化；进一步完善同行评议制度，大力推进国际同行专家评价；大胆尝试引入专业化的人才评价机构，实施第三方评价。

3）怎么评价——评价方式

改变过去重数量轻质量的情况，制订并不断完善质性和量性相结合的评价指标体系，实现质性与量性评价相结合。同时，可根据教师的差异性，尝试探索差异化的个性化考核方式，教师能够根据自己的特长和工作对教学、科研或公共服务工作做出选择，从而有效避免疲于应付、学术浮躁等现象。

4) 评价结果怎么用——评价效果

对教师进行考核评价的目的在于促进教师的发展，将考核评价机制与教师职业生涯发展相结合，探索发展性评价，在关注教师业绩的同时，更要着眼于教师的未来发展。将教师个人发展与学校发展融合起来，将发展性评价始终贯穿于教师管理过程中，从而实现教师个人与学校发展的“双赢”。

3. 学生评教现存问题分析与改革策略

学生评教是指学生对教师的课堂教学质量和教学效果进行评价的活动，起源于 20 世纪 20 年代的美国高校，是学校针对教师教学效果而建立的评价模式，也是现今美国多数高校教学管理的一项基本制度。我国将学生评教制度纳入高教评估体系仅有 10 余年的历史，但铺开的程度之广、速度之快是罕见的[8]。研究表明，目前我国学生评教制度仍存在一些局限和不足，具体如下：

(1) 现行的学生评教制度是一种由管理者主导、自上而下评价教师的方案，学生和教师都应该是评教活动的主体，学生的主体地位尤为重要，而目前的学生评教中，学生完全处于被动地位。

(2) 学生评教指标体系设计不合理，指标阐述或过于专业性，或模糊不确切，学生难以准确把握或完全理解，评价指标通常仅是对“教”的评价而缺少对“学”的评价，导致学生评教困难且容易丧失兴趣，还易受较多外界因素的影响。

(3) 学生评教是一种强制而非自愿的行为，易使学生产生逆反心理，从而以应付和敷衍了事的态度对待学生评教工作，容易导致评教结果失真。

(4) 绝大多数学校都将学生评教作为一种管理手段，评教结果直接与教师的职称评定、奖惩，甚至聘用等相关，这在一定程度上会带来教师为了获得好评而降低对学生的要求的可能。此外，还存在统计方法不当、评价结果公开不完全等问题。

目前的学生评教是一种自上而下的学校层面的行为，无论是评价体系、评价形式，还是评价结果使用方式等多由学校决定，教师和学生完全处于被动的位置。评教结果与教师考核等级，甚至职称评定等直接相关，迫使教师不得不放低标准和要求，于是出现了学生平均成绩越来越高的趋势。并非学生学习成绩逐渐走高不好，问题是学生掌握的知识和所具备的能力是否也在提高；并非学生评教成绩完全不能说明教师的教学水平，问题是教师教学质量的提高是否以内在动力为前提。学生评教的目标到底是什么？即便指标体系设计合理，学生打分真实地反映出了教师教学水平的高低，那么是否又能够使评价低的教师迅速达到高水平呢？一位教师得到很高的评价，无疑标志着教师身上存在的某些特质受到了学生的欢迎，但这是否与教学水平高低完全等同？这些问题仍有待于进一步研究。研究表明，很少有教师能从低分大幅度提高到高分，相反亦然。与此同时，更多评价不高的教师对教学变得淡漠，将精力投于他处，可见很难期望依靠学生评教提高教师的教学效力。学生评教的实际效果与初衷偏离很大，其原因并不仅仅是评价指标或者实施方法不完善，根源是学生评教的目标设计出现了问题，应该将学生评教用于对教学质量的改进，而不是对教师教学水平的评价。

应对实施学生评教的目的、作用、指标体系设计的合理性进行深入研究，以尽量避免对教学质量造成负面影响，建议从以下六方面考虑：

(1)明确学生评教的目标在于促进课程教学质量的提高，教师的教学水平仅是教学质量的一个组成部分。

(2)以学生为中心，变学生评教师为学生自我评价为主，突出学生的主体地位，唤起学生的认同感。

(3)调整指标体系，应将评价指标定位在课程教学质量水平，包括课程设置是否合理，课程内容是否已过时陈旧，课程教学方法是否恰当、新颖，课程教学是否能够帮助所有学生达成课程目标等。同时精简评价选项，突出主题，避免学生因为选项多、复杂而失去耐心。

(4)利用信息化技术，开发简便实用的移动端系统，实现学生评教的即时评价及结果即时公开。

(5)从评教师转到评课程，从评一位教师转到评教学团队，从而减轻个体教师的压力，同时要保护和弘扬教师的负责任精神、严格教学管理的态度，而不是单纯以此作为主要指标评价教师教学水平的高低。

(6)评价工作全部采取匿名制，要求学生对评价低的指标提出改进意见，同时要求课程团队教师将查看学生评教结果和学生意见作为备课的重要内容之一，并定期提交整改方案。

5.3　监控与反馈机制

5.3.1　监控机制

在质量的认识方面，人们往往比较关注产品或工作的结果质量。评价工作的质量高低，一般也主要指工作完成后的效果如何。但是，作为结果的质量不是凭空产生的，评价一项工作的质量如何，必须考虑这一工作实施前的硬件设施、人员结构、环境支持等起点质量，还要注意考察工作实施中计划决策、制度建设、实施等过程质量。离开起点、过程的考评，对质量的把握易因缺乏对评价客体发展过程的了解而不够准确，从而失去质量判断的意义。

从国际质量评价的发展趋势来看，质量判断经历了从结果、绩效评价到过程分析，从关注质量结果到关注质量生成。具体到教育领域，教育效果的长期性、滞后性使教育质量难以简单凭特定历史条件下的某种技术手段一劳永逸地“检测”得出。当结果质量评价饱受质疑时，应关注质量生成过程，对质量生成过程中的各环节，如制度、条件等相关保障要素进行评估。从“结果”到“过程”，从“检测”到“保障”，从“善后”到“预防”，从“反馈控制”到“前馈控制”，不失为一条更为有效的质量保障提升之路[9]。

1. 三级质量管理体系

加强过程质量管理，关键是对学校、学院、基层教学组织三级质量管理体系的质量监控布局、质量监控环节、质量监控点详细厘定，以明确各方职责。在学校层面，重点关注宏观教学输入，如生源质量、师资水平、教学条件、教学环境等，对师资队伍结构(学历、职称、年龄、性别)、生源质量、教学经费、仪器设备、图书资料、实验室、实践基地等监测点实时监控；在学院层面，重在从教学过程中的教学管理、学生服务、第二课堂等出发，对教师及行业教师任课情况、生源群体结构、教学管理规章制度、教学管理运行、学生就业指导、思想教育、文体活动、社团与社会活动等监测点进行监控；在基层教学组织层面，重点关注专业建设、课程建设、教材建设，对专业定位与规划、人才培养方案、教学大纲、教材、课堂教学、实践教学、学习指导、课程考核等监测点进行监控。

2. 评估与监控方式多元

评估与监控方式包括自我监督、定期监督和外部监督，做到常态化、全员参与、全过程管理。自我监督，即专业层面的自我检查，学校应适当将管理权下放到院系层面，如教师教学过程管理、教学计划落实情况控制、课程考试考核控制、毕业论文(设计)控制等工作的相关权限都可下放到院系。定期监督，即学校层面开展的全校性评估，包括专业评估、教学基本状态数据采集、学院教学业绩考核、教师教学业绩考核、在校生满意度调查等。外部监督，即校外责任主体(校友、毕业生、家长、用人单位、产业行业专家等)对教学质量的监督和评估，采用多视角(不同利益主体)评价、多节点(各个教学环节)监控、多阶段(课前、课中、课后；入学前、在校期间、毕业后)跟踪的教学质量监控与评估方式，如毕业生、校友、用人单位满意度调查，同时将质量评估从校内拓展到校外，如专业国际认证、教育部院校评估等校外评估。

3. 实践实习质量监控

工学结合作为工程人才培养模式改革的重要切入点，带动着专业调整与建设，引导着课程设置、教学内容和教学方法等改革。学生校外实习质量直接反映校内专业建设、课程改革、教学组织实施与行业企业职业岗位需求的契合度。加强校外实习质量监控，畅通行业企业评价渠道，及时反馈一线教学，调整教育教学改革方向显得至关重要又迫在眉睫。为此，必须以工学结合为切入点，以就业保障为落脚点，创新工学结合的体制机制，建立工学结合的质量标准、管理运行考核体系等，使最拥有发言权的“产品”直接使用者即行业企业发挥质量评价、信息反馈功能。在日常的教学管理环节，应围绕专业培养方案修订、课程教材开发强化行业企业的参与、审核；在实习管理环节，应加强相关系部、专业实习、实训作业文件(运行规范、操作细则)、运作材料(资料积累、数据分析、改进措施、结果反馈)的建设，设计更多符合专业特色的主题问卷，以深入访谈调查，重点关注学生实习成效、用人单位反馈意见，特别是学校专业教学与社会岗位需求匹配度，以发现学校教学中存在的问题，并进行成因分析，明确后期教学调整改革方向，最终形成校企合作共管局面。

5.3.2　反馈机制

很多高校在不断完善质量监控手段的同时，逐步建立起日常教学质量监控的反馈机制。例如，上海大学坚持每五周一轮的“课堂教学秩序与质量”评估工作截至 2018 年已有 54 轮。学校将课堂教学秩序情况、学生宿舍区“三风”(风纪、风貌、风采)情况等，以“五周一报”和“试卷检查情况汇总”等方式及时报告至各院系，形成常态反馈机制。再如，同济大学和厦门大学自 2005 年接受首轮本科教学评估之后，坚持一年一度的自我评估，以年度自我评估为抓手，以日常教学监控、课程教学评价、学生学习反馈以及毕业生跟踪调查等为基础，结合常态化数据监控，形成了涵盖培养目标、培养模式、培养过程、培养结果四个维度的“自我检查—自我诊断—自我反馈—自我整改”的质量提升机制。

尽管如此，我国高校教学质量问责反馈机制的构建仍然不够完善，无论是在观念上还是在具体的实践中都存在一些问题。从已有研究来看，主要包括以下几个方面：

(1) 反馈主体单一。国内高校的教学质量问责缺乏来自教师自身的反馈、同事的平级反馈以及用人单位的反馈。忽略其他相关主体的反馈能力和效用，便无法客观全面地发现教学质量问题。

(2) 反馈内容单一。反馈主体单一必然导致反馈内容单一，质量信息收集与分析功能不健全同样会导致反馈内容单一。

(3) 反馈渠道不畅通。教学质量信息经监管部门收集、整合、分析后反馈至各院系，各院系对信息进行适当“处理”后再反馈给教学管理人员，最后反馈给教师本人。多层过滤的反馈机制阻碍了有效问责结果的传递，不利于问责系统实效性的发挥。

美国学者维纳进一步明确了反馈控制的概念，即反馈是控制系统把信息作用于被控对象后所产生的反应，作为信息全部或部分回收，并通过比较、鉴别和分析，对控制系统信息的再输出产生影响的过程。人才培养工作要有效、及时地实施控制，就需要健全的反馈组织机构和运行机制，提供真实可靠的反馈信息。同时，依据全面质量管理的“四个核心原理”，即让消费者满意、全员参与、保持质量持续改善和根据事实来管理，高校人才培养工作应充分了解人才培养的现有状况和所有相关利益群体的工作情况，调动全体师生及用人单位、合作企业的积极性，依据人才培养方案的设计、实施、反馈等诸多方面的质量信息做出决策，如图 5.5 所示。

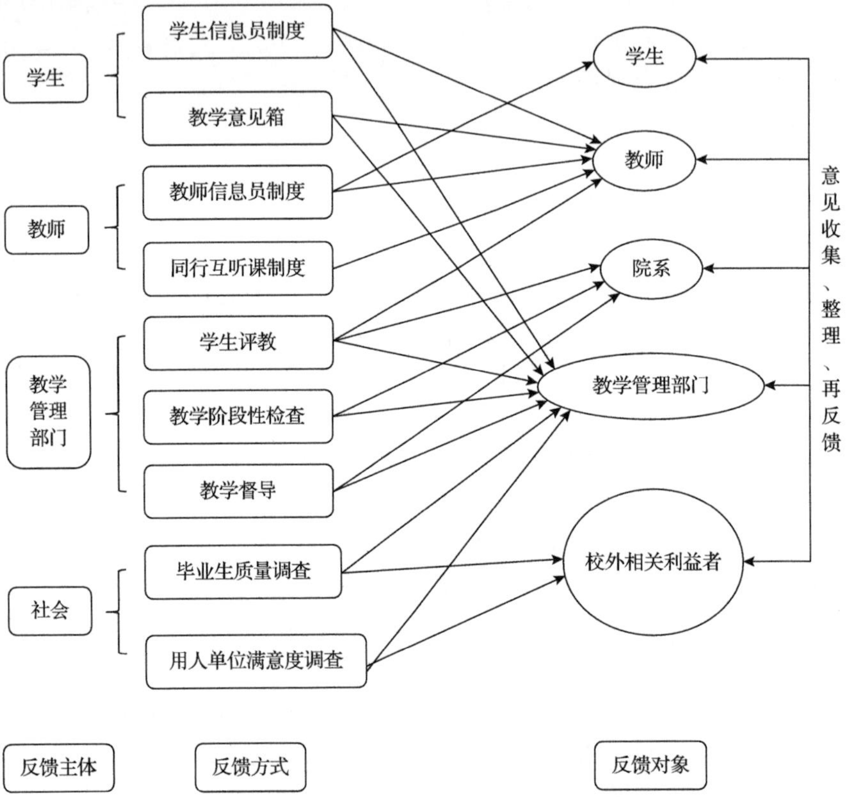

图 5.5　本科教学质量信息反馈运行机制图

1. 信息收集途径(反馈主体)

本科教学质量信息的收集要做到真实、全面、及时，需要通过多种途径，借助互联网信息技术及各种媒介展开。在校内，通过学生评教、评课、评专业、评管理的问卷，线上线下的访谈、座谈会和讨论会，以及学生信息员代表等方式，或者通过类似“建议箱”“抱怨系统”的匿名方式，从学生角度了解教师教学、课堂教学、课程设置、课程体系结构、专业建设情况；通过听课、看课、查阅教学文档、线上线下召开座谈会、访谈，以及“同行教师的教学观察”等方式，从教师角度了解教师教学情况，以及教师对学校本科教学的建议；通过调查问卷、线上线下访谈、座谈会或讨论会等方式，了解教学管理人员对学校本科教学的建议。在校外，通过定期或不定期地召开校友会、家长会，以及邀请校外用人单位代表、产业行业专家参加教学研讨会、教学委员会会议，了解校外利益相关者对学校本科教学的建议。

2. 反馈运行机制

1）学生反馈子系统

可建立学生信息员制度，在校教学督导组的带领下，负责归纳任课教师教学过程中出现的问题以及学生的改进建议，采取定期和各任课教师会面的方式，将统计结果反馈给他们。教师可根据学生反馈结果适当调整教学方案。同时在班内可设教学意见箱作为学生信息员制度的补充，教学意见箱为班内所有学生提供了日常教学质量问责途径。

2）教师反馈子系统

可建立教师信息员制度，负责对学生的“学”进行问责，通过选拔一些课堂教学经验丰富的教师对课堂进行不定期观摩，并记录学生课堂学习情况（包括学生个人学习情况及班级学风），将最终整理的信息反馈给班委、任课老师和班主任。同时，各院系建立教师间相互听课制度，规定听课秩序、听课次数、听课重点，负责对同行的“教”进行专业性问责。同行间的问责结果直接反馈给任课教师，既可以缓解教师的压力，也可以防止信息失真。

3）教学管理部门反馈子系统

教学管理部门反馈子系统可包含学生评教、教学阶段性检查、教学督导的运行等几个层面。

（1）学生评教。评教结果除反馈给个别分数低的教师之外，还应对这些结果进行分类整合，将包含学生建议的详细信息反馈到各院系，由各院系再反馈给教师个人。同时，各院系可把全部评教结果反馈给院系内的“教师发展中心”及相关教学管理部门，帮助教师制订更加合理的教学方案及对其职业生涯规划的重新审视。

（2）教学阶段性检查。教学管理职能部门，如教务处、教研室可在每学期期初、期中、期末进行系统的教学阶段性检查，包括对教师课堂教学的抽查、学生实习实践、考试、毕业设计（论文）等，统计结果将反馈给各院系。

（3）教学督导。校院两级教学督导部门是学校及学院成立的专门进行教学质量问责的部门[10]。教学督导组可深入教学第一线，获得一手、全面的质量信息。教学管理部门反馈子系统运行的关键在于，如何将这些信息及时反馈给院系、教学管理部门及校外相关利益者，避免信息流失和衰减。因此，学校优先要确保督导部门与各院系、各职能部门及校外相关利益者之间的反馈渠道畅通，督导部门必须选择恰当的反馈方式，积极进行教学质量问责，力求通过有效反馈，促进教学质量改进。

4)社会反馈子系统

要设计并不断完善毕业生质量及用人单位满意度调查问卷，加强对毕业生质量及用人单位满意度跟踪，坚持每年对毕业生质量及用人单位满意度进行调查。定期对相关行业企业进行深入走访，及时了解产业行业对人才的最新需求。可通过学生工作会议、教学工作会议或部门联席会议、调查分析报告等形式，及时将社会人才需求、用人单位满意度、毕业生质量等信息反馈到培养方案修订、教学改革、专业建设等人才培养环节中。

近几年来，按照教育部的要求，各高校普遍建立起各类本科人才培养质量的年度报告发布制度，包括高校本科教学质量年度报告、学生就业质量年度报告等。质量年报是政府要求高校对人才培养各方面进行的自我评估。通过质量年报的发布，各高校的办学情况及人才培养信息面向社会各界公开化、透明化，高校将自觉接受社会监督与问责，主动提高教育教学质量。高校自我评估及质量年报的发布也将逐渐由“被动”走向“主动”，构成高校内部教学质量保障体系的重要一环。与此同时，政府应出台政策大力引导企业行业、用人单位、社会机构参与高校人才培养质量信息反馈机制的构建与运行，提高人才培养质量反馈工作的效率和水平。

5.4　持续改进机制

本科教学质量的持续改进是实现本科教学质量保障体系循环闭合、螺旋上升的关键。质量改进基于反馈的质量信息，针对教学质量存在的问题，找出改进的途径和方法，促进人才培养质量的不断提高。学校应给予高度重视，提供充足的经费保障，成立相关组织机构负责质量改进工作的管理与评审，建立本科教学质量责任考核问责制度及本科教学激励机制，确保改进工作得以落实，使质量保障体系能够完整有效地运行，形成质量保障的长效运行机制，不断增强质量保障能力。

5.4.1　质量持续改进三循环

本科教学质量保障体系以学生学习产出为导向，围绕学习产出达成度这一主线，将“培养目标、毕业要求、获得学习产出、评价学习产出对毕业要求的达成度、收集并利用质量证据提出改进措施”串联起来，形成校内 PDCA 循环，实现毕业要求的持续改进；教学环节的质量监控与质量信息的反馈机制形成课内 PDCA 循环，实现课堂教学的持续改进；校外官方或第三方质量评估机构，以及用人单位、学术团体等，评估学校人才培养目标对经济社会发展需求的符合度，学校根据评估建议不断修订人才培养目标，形成校外 PDCA 循环，实现培养目标的持续改进。修订后的人才培养目标将会带动新一轮的校内循环和课内循环。因此，持续改进机制围绕人才培养目标符合度和毕业要求达成度这一主线将校外循环和校内循环、课内循环有机联系起来。校外循环和校内循环、课内循环共同形成了本科教学质量保障的持续改进循环闭合体系，保证了质量保障体系的有效性和持续性(图 5.6)。

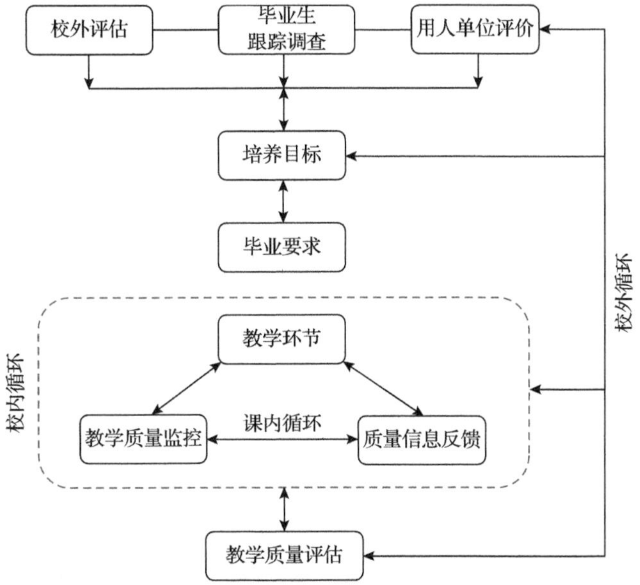

图 5.6　质量持续改进机制图

5.4.2　质量持续改进与责任考核问责制度

学校可建立由学校、学院、专业、课程构成的“四级链接”教学质量持续改进与责任考核问责制度。

(1)学校。成立学校教学质量持续改进工作领导小组，由分管教学副校长牵头，以教务处为主，包含学校各相关职能部门负责人。领导小组负责管理与评审各学院各专业的质量改进情况；教务处根据社会人才需求状况分析及学生个人需求状况分析，对学校人才培养目标及模式进行调整；教务处会同相关职能部门在做好各学院本科人才培养质量审核工作的基础上，实现本科教学基本状态数据常态监测，完成学校本科教学质量年度报告，报上级教育主管部门审核评估。

(2)学院。各学院认真做好对本院相关专业自评报告的审核及持续改进的评估工作，在此基础上形成学院本科教学质量年度报告，提出进一步改进的方案，并向教务处提交学院自评报告；根据质量信息反馈情况，调整教师教学质量标准及教学管理质量标准。

(3)专业。各专业建立“本科人才培养质量年度自评报告制度”，对专业教学质量状态做出小结，提出下一年度持续改进的思路，向学院提交自评报告并在教务处备案；根据专业培养计划及毕业要求的修订，对学生学习质量标准进行调整。

(4)课程。各课程在教学过程中都要针对质量评价反馈信息及时改进，在课程结束时对持续改进情况进行自评，并将自评结果报教师所在系(教研室)审核。

为建立质量评价与持续改进工作中教、学、管各方的多向反馈与协同改进机制，学校可在质量评价与结果反馈网络平台上设置学生评教、评管，教学督导评教、评学，干部评教、评学，教师评学、评管和教学信息员评教、评学等多个评价窗口。

5.4.3 质量持续改进与教学激励机制

教学质量的持续改进与教师工作积极性密切相关。高校如何充分激发广大教师从事本科教学的责任感？如何充分调动广大教师持续改进教学工作的主动性？在树立“教学为荣”基本价值取向的同时，更重要的是需要从教师荣誉、教师薪酬、教师绩效评价、教师专业发展等方面建立起教师教学激励机制。

1. 建立教师荣誉制度

各高校可从自己的文化传承、办学定位、办学目标、质量观等方面，设立多类型的教学荣誉称号、荣誉奖励、荣誉排名等，在民主推荐、严格评选的基础上予以表彰和奖励，使教学工作成为教师荣誉的体现，从而成为他们的自觉追求。芝加哥大学 1938 年设立的“昆特尔本科优秀教学奖”是美国历史最悠久的本科教学奖，以此来奖励对本科教学有突出成就的教师，该奖项已成为美国研究型大学教师最为珍视的奖励。诺贝尔物理学奖获得者詹姆斯·克罗宁(James Cronin)曾说：“我确实关注本科教学，它不仅是一种责任更是一种快乐，能够得到认可和奖励令我难以置信,它比我所获得的很多公共奖励都更好。”受芝加哥大学的影响，美国研究型大学从 20 世纪 50～60 年代开始普遍增设教学奖。例如，斯坦福大学在 1959～2007 年期间，设立了劳埃德·丁克尔斯皮尔奖、凯撒基金会系列优秀教学奖、沃尔特·戈雷斯奖、以希腊字母命名的教学奖、约翰·哈尔布特优秀教学奖、杰出教学院长奖等，用于奖励全校教学优秀的教师。另外，还可对教学的不同环节、不同工作内容设立专项奖励，鼓励教师各展所长、各尽所能，在各个方面进行创新和突破。例如，除了传统的教学名师、精品课程、优秀教材等的评选和奖励外，还可以设置优秀教学方案奖、优秀教学大纲奖、优秀教学方法创新奖等，使每一个教师都能够在本科教学上找到实现自身价值的途径。

2. 完善教师薪酬制度

高校需要兼顾压力、动力、荣誉感三个方面对现有薪酬制度进行修订，提高薪酬制度对教师的激励性。薪酬制度的修订中，除了对工作量的考核外，还应该充分考虑广大教师投身教学及教学改进的各方面因素，并给予相应报酬，从而有效调动教师投身教学与教学改进的积极性。例如，教师指导学生从事研究、论文写作、发表作品、参加比赛，还有组织各种课外活动、教学成果培育、教学改革与推广等，这些都需要考虑在内，并给予相应的报酬。高校只有不断健全和完善具有激励性的教师薪酬制度，为本科教学教师的各项权益及其增长提供保障，才能对教师真正产生激励作用。

(1)教学质量奖励制度。根据教师完成岗位教学工作的质量，进行不同级别的奖励，付出与回报成正比，使教师的投入能够得到必要的尊重并体现在绩效上。

(2)绩效奖励制度。可对在教学改革研究、创新与推广、指导学生竞赛、指导学生发表文章等方面创出绩效的教师(教师团队)给予岗位提升或奖励；教授除了本科生教学之外，对青年教师的“传帮带”也可在考核基础上享受相应的教学绩效津贴；同样，青年教师在教授的指导下进行助教工作，根据其投入情况和工作绩效的考核结果，也应该享有助教教学绩效津贴；对教学研究成果与科研成果给予同等数额的奖励，建立教学研究与教学成果奖励制度，提高学校及教师对教学研究和教学成果培育的重视度。

3. 完善教师绩效评价制度

绩效评价制度要做到全面、公正、合理，具体如下：

(1)教学评价体系多元化。一方面，可从学生评教、督导听课、同行评价、院校领导评判、第三方评估机构评判等多个角度多个方面对教师的教学工作做出综合性的评价。另一方面，教学质量标准要全面，不仅要对课堂教学环节及实验实习实践环节提出明确要求，也要对教师的教学工作持续改进情况制订考核标准，强化质量保证。

(2)注重对教师教学的过程评价。评价应更加关注教师教学的全过程，需要进一步细化过程考核标准，包括课前准备工作的考核、课中教学质量的考核、课后调节与调整工作的考核、对学生学习情况关注程度的考核等，以评价结果作为实施各项激励措施的依据；充分利用网络平台，建立教师电子教学工作档案，对教师工作的数量与质量、团队协作性、教研和科研成果、获奖等各方面进行详细记录，随时进行统计分析，这有助于教师教学的过程评价，并且能够及时关注并协助教师有效解决在教学工作中存在的问题。

4. 重视教师专业发展

教师专业发展是教学质量持续改进的重要一环，高校应高度重视教师专业发展，成立促进教师专业发展的专门机构，整合学校已有的教师培训、教师研修活动，建立目标明确、体系完整、组织完善、形式多样的教师专业发展支持、支援体系，为教师提供涵盖教学、科研、社会服务、人文科学素养的有组织成体系的研修；鼓励、倡导、支持教师个人的、合作的、正式的及非正式的进修、研究活动，从而促进教师不断增进教学、研究及社会服务等专业知识与精神，提升自身的人文科学素养；同时，诊断教师专业发展中存在的问题、困惑，提供个性化支持[9]。青年教师的专业发展应是关注的重点，如何帮助青年教师顺利渡过教学关、科研关、实践关应是关注的主要内容，从制度和经费上保障和鼓励资深教授“传帮带”，帮助新入职的青年教师顺利渡过教学关与科研关；加强产教合作，为教师提供深入企业、接触一线生产实践的途径，帮助教师顺利通过实践关；从经费资助和政策倾斜两个方面鼓励青年教师积极参与海外访留学、国内访学、政府企业挂职等。

5.5 本章小结

本章阐述了地方高校工程人才培养的教学质量保障体系。高校内部教学质量保障体系建设包括教师队伍质量建设、人才培养模式改革、专业与课程教材建设、诚信学风建设、制订大学章程及完善高校内部治理结构等工作任务；外部教学质量保障体系建设包括“管办评分离”、本科教学评估制度改进、全国高校教学基本状态数据库建设、本科专业教学质量标准和职业院校教学标准研究制订等工作任务。从计划、实施、检查、行动(PDCA)到学习产出导向教育(OBE)理念，再到确保产品质量全面提高的全面质量管理(TQM)理论，本科教学质量保障体系如何形成？“校-院-专业”三级教学质量保障组织如何架构？多元开放的本科教学质量保障体系如何运行？本章都给出了详尽的解答。同时，考核、评价和反馈机制是人才培养的难题，工程教育也不例外，涉及评价什么(标准)、谁来评价(主体)、怎么评价(方式)和评价结果怎么用(效果)等各个不同环节，如学生评教，既存在一些局限和不足，又有极大的提升空间，本章从六个方面给出了提升建议。立足于“制度落实、组织落实、责任落实、资源落实”的质量监控和反馈以及持续改进机制，本章对地方高校工程人才培养的教学质量保障体系进行了深入剖析。

参 考 文 献

[1] 李国强. 高校内部质量保障体系建设的成效、问题与展望[J]. 中国高教研究, 2016, (2): 1-11.

[2] 华尔天, 高云, 吴向明. 构建多元开放式本科教学质量保障体系的研究: 基于产出导向教育理念的探索[J]. 中国高教研究, 2018, (1): 64-68.

[3] 王子行. 建设高校教学评估与质量保障体系[J]. 教育部学校规划建设发展中心, 2017, (12): 1-2.

[4] 杨彩霞. 我国高校内部教学质量保障体系现状评析[J]. 黑龙江教育(高教研究与评估), 2010, (1): 29-31.

[5] 巩建闽, 萧蓓蕾. 如何让考试发挥出人才培养的正能量[J]. 中国高等教育, 2013, (11): 33-37.

[6] 王定华. 切实推进高校教师考核评价制度改革[J]. 中国高等教育, 2017, (12): 4-7.

[7] 牛连强, 张志佳, 彭新茗. 持续改进课程教学质量的一种措施: 高校学生评教问题探究[J]. 黑龙江教育(高教研究与评估), 2017, (1): 42-44.

[8] 高云. 基于评估转型的高职院校人才培养质量保障构想[J]. 高等职业教育(天津职业大学学报), 2011, 20(1): 19-22.

[9] 许淑雯, 周湘林. 高校教学质量问责反馈机制研究[J]. 中国高教研究, 2015, (4): 75-79.

[10] 李红. 本科教学质量保障视野下的高校教师教学激励机制研究: 以 S 高校为例[D]. 上海: 华东理工大学, 2014.

第6章　地方高校工程人才培养实践：浙江工业大学模式

面对经济全球化和新一轮科技革命与产业变革，对照科教兴国、人才强国、创新型国家建设等国家战略要求，如何为区域经济社会快速发展提供有力的人才支撑，是地方高校工程人才培养面临的重大挑战。浙江工业大学是国家首批“卓越工程师教育培养计划”试点单位和“2011协同创新中心”建设高校。学校2007年开始专业认证评估试点，2008年土木工程专业顺利通过住房和城乡建设部专业评估，同年针对人才培养与行业产业互动不够和工程人才培养能力不足等问题，全面展开产出(成果)导向教育改革。

近年来，浙江工业大学以服务区域经济社会发展为宗旨，以“以浙江精神办学，与区域发展互动”办学理念为指导，以产出导向教育理念为引领，牢牢抓住“以学生为中心”“产出导向”“持续改进”三个核心，根据学校办学定位，瞄准实质等效的国际工程教育标准，融合“大工程观”教育思想，通过校企共建培养标准和建立三方评价反馈机制，结合“反向设计”“正向评价”“持续改进”三个关键，建立“问产业需求建专业”“问技术发展改内容”的专业布局和内涵提升机制，促进了人才培养链与产业链、创新链的有效对接。学校构建“通专结合、交叉复合、两创一体”的工程创新教育体系和科教、产教、育教“三融合”的培养模式，形成“全过程、全方位、全员参与”的持续改进质量保障体系，建立了与区域经济紧密互动的工程创新人才培养体系。

6.1　明确与地方经济互动的定位和目标

6.1.1　浙江经济转型升级趋势与人才需求分析

近年来，浙江省经济继续保持较快增长，但从发展环境和发展趋势来看，浙江经济已进入转型升级的关键时期。2008年受金融危机的影响，全球经济增长变缓，浙江经济发展的外部环境有进一步恶化趋势。随着土地、劳务、环保等成本增加，低成本优势已不复存在。与此同时，受国内外资源和能源价格上涨的影响，生产要素成本持续上升。低成本、高增长的经济发展方式已经过去，再加上长期积累的结构性矛盾比较突出，浙江经济优势进一步弱化。因此，浙江经济面临着增速放缓、结构进一步分化等严峻形势。从表面上看，外部环境的恶化是导致经济增速减缓的主要原因，但从根本上看，浙江长期积累的产业层次低、企业规模小、自主创新能力弱等结构性和素质性矛盾才是关键因素。

在这种形势下，浙江省以科技创新推动经济转型升级，取得重要的阶段性成果，其中“四换三名”工程、“三强一制造”战略、八大万亿产业培育、特色小镇建设、传统产业改造提升等一系列组合拳，使浙江经济实现了以下几大转变：

(1) 产业结构从传统加工制造业“单轮驱动”向先进制造业和现代服务业“双轮驱动”转变。浙江省大力推进制造业与互联网融合创新，互联网新基因注入传统优势产业、工业大县、特色小镇、产业集聚区等实体经济重点领域和重点区域，助力传统产业改造提升；积极开展“十万企业上云”行动，形成了信息经济服务实体经济振兴的新模式、新路径，重点行业典型企业的电子商务应用、装备数控化率等全国领先。浙江产业结构呈现信息经济一马当先、高新产业快速发展、传统产业深度调整的良好发展态势，服务业对全省经济增长的贡献率超过 60%。战略性新兴产业、现代服务业和先进制造业，成为浙江经济新的战略支点。

(2) 新动能替代旧动能成为经济增长的主要动力。要素结构从低水平的资源、廉价劳动力等初级要素向技术、资本、人才等高端要素转变，加速了浙江省人才、资本等高端要素的集聚，生产要素质量不断提高，人力资本投资不断增加，劳动者素质快速提高，资本深化持续进行，推动劳动、资源密集型产业向资本、技术密集型产业转型。高校系、阿里系、海归系和浙商系等异军突起，逐步成为转型升级主力军，实现了从要素驱动、投资驱动向创新驱动的转变。

(3) 信息经济成为新的增长点。浙江省积极实施创新驱动发展战略，发展壮大经济新动能，信息经济一马当先，“互联网+”生产性服务业高水平发展，高新区、科技城、特色小镇成为经济发展新增长极，新经济、新业态、新要素、新商业模式不断涌现，将传统资源和成本优势转化为技术创新优势，以新动力快速增长来抵消旧动力衰减，以质量提升来对冲速度放缓，使得科技创新逐渐成为经济增长的主要动力。2024 年，浙江高新技术产业增加值同比增长 8.3%，对规上工业增长的贡献率达 75.8%，科技创新成为产业转型的主要驱动力。

(4) 创新驱动发展的新模式开始发力，逐渐破解产业向中高端升级和经济保持中高速增长的难题。首先，借助大幅度加快高新技术产业(企业)培育和高新区全覆盖提高产业“微笑曲线”技术上游，出现了民营高科技产业集群内生增长的滨江模式、新昌模式等新发展模式；其次，通过机器换人带动传统制造业升级和智能制造推广应用，系统提升改造“微笑曲线”制造中游，2023 年全省信息化发展指数在全国排名第一；再次，基于市场创新的信息经济发展促进电子商务、智能物流、互联网金融等生产性服务业迅速发展，具有全球竞争力的浙江电子商务、物流、金融、大数据、云服务业等已经开始参与搭建我国五大商业基础平台。

浙江省经济的转型升级，必然也需要一大批创新型人才的支撑。2021 年 7 月，浙江省发展改革委、省委组织部联合公布了《浙江省人才发展“十三五”规划》(以下简称《规划》)，从全省发展的战略高度上，对人才发展中面临的问题和人才需求情况、人才发展情况进行了分析。《规划》指出，浙江省人才发展和经济社会发展还存在以下不适应情况：

(1) 人才队伍结构有待优化。人才队伍大而不强，具有全球影响力的顶尖人才还较为缺乏，国际一流的科技领军人才和创新团队、高水平工程技术人才和高技能人才相对较少。

(2) 人才政策体系有待完善。人才投入不足和结构不合理问题依然存在，资源碎片化问题还比较突出，放权松绑还不到位，高校院所、国有企业人才队伍活力还有待进一步释放。

(3) 人才平台能级有待增强。一流高校、大院强所、头部企业、大国重器比较少，产业类平台多，基础研究平台、应用基础研究平台、共性技术供给平台还比较缺乏。

(4) 人才服务品质有待改进。人才服务供给与人才日益增长的对优质服务的需求还不匹配，子女教育、住房等方面的矛盾还比较突出，高水平生产性服务业相对不足，人才服务国际化、一体化水平还有待提升。

(5) 人才工作系统集成有待提升。人才工作数字化改革还不到位，数据采集、统计分析、绩效评价等基础工作还不够快捷高效。人才工作条块分割、交叉重叠、资源内耗等现象不同程度存在，市场和社会力量的内生动力还有待进一步激活。

6.1.2　浙江工业大学办学情况和工程人才培养改革脉络

1. 浙江工业大学办学情况

截至 2018 年，浙江工业大学有 70 个本科专业，涵盖哲学、经济学、法学、教育学、文学、理学、工学、农学、医学、管理学、艺术学等 11 个学科门类，其中工科专业 35 个。近年来，学校以培养造就一大批创新能力强、适应经济社会发展需要的高质量各类型工程人才为目标，全面树立以出口为导向的教育质量观，加大工程教育改革力度，取得了一定的成效，形成了学校工程教育特色。

2001 年，学校在《浙江工业大学中长期发展规划纲要(2001—2010 年)》中提出了“以学科建设为主线”的发展思路。

2006 年，学校召开第五次党代会，提出了后五年学校发展的总体目标，即把学校基本建成国内知名的综合性的教学研究型大学，为实现浙江省委提出的研究型大学建设目标打下坚实的基础。

2012 年 3 月，学校第六次党代会通过《浙江工业大学中长期发展规划纲要

(2011—2020 年)》，确定了“到 2020 年基本建设成为区域特色鲜明的综合性研究型大学，综合实力力争跻身全国高校 50 强，达到全国高校先进水平”的总体发展目标，确立了特色化、综合化、卓越化、国际化四大发展战略和提升解决经济社会发展重大问题能力的发展主线，明确了“着力提高人才培养质量”等七个发展重点、“人才培养质量提升计划”等十个重大专项的系列发展任务。

2015 年 7 月，学校制定的《“省重点高校建设计划”浙江工业大学建设发展规划(2015—2020 年)》指出，学校按照“区域特色、全国一流”的办学定位，“立足浙江、服务发展”的办学使命，“奋发有为、示范引领”的办学担当，全面实施“省重点高校建设计划”，力争通过六年的建设，到 2020 年基本建成区域特色鲜明的综合性研究型大学，综合实力跻身全国高校 50 强，为浙江教育强省建设和区域经济社会发展提供有力支撑。

2. 浙江工业大学工程人才培养改革脉络

1)树立以出口为导向的工程教育理念和质量观

以专业认证为抓手，全面树立以出口为导向的工程教育理念和质量观，推进工程教育改革。学校按照 OBE 理念设计培养体系，围绕浙江地方经济社会发展的需要，以专业评估认证为抓手，推进专业综合改革，进一步提升了专业内涵建设水平。

学校 2007 年开始参加专业评估和认证，先后有土木工程、给水排水工程、城市规划、建筑学、化学工程与工艺、机械工程及自动化、环境工程、计算机科学与技术、安全工程等 14 个专业通过专业评估认证，数量位居浙江省高校首位，在全国地方性高校中也名列前茅。

通过认证，学校推进了专业标准和规范建设。对接工程教育专业认证标准，学校进一步明确培养目标、毕业要求等专业质量标准。参加专业认证以来，学校先后制(修)订了《浙江工业大学教师教学工作规范》《浙江工业大学本科培养计划制订和执行规范》《浙江工业大学本科生毕业设计(论文、创作)教学工作规范》《浙江工业大学本科实践教学工作规范》等各种教学规范 20 余种。

以认证为抓手，学校进一步完善了工程教育质量持续改进机制。学校先后完善了培养方案改进机制，建立了毕业生跟踪反馈机制等质量持续改进机制。此外，学校还对职称评审机制、岗位聘任机制、教学科研等效评价机制、经费投入管理机制等进行了完善，改善了支持条件。

2)通识教育和工程教育有机融合

优化通识教育体系，注重通识教育和工程教育有机融合。通识教育是专业的补充与完善，可以克服专业教育过度专业化与片面性的不足。2012 年，学校提出“建立健全通识教育基础上的宽口径专业教育体系，实施科学基础、实践能力和人文素养融合发展的人才培养模式”，明确了将通识教育和专业教育相结合的人才培养目标。近年来，学校以优化通识教育课程体系为核心，深化通识教育改革，以实现通识教育和工程教育的有机融合。

2012年起，学校全面升级改造通识教育课程，将通识选修课程分为模块课（人文情怀，科学素养，社会责任，国际视野）和新生研讨课；要求学生选修通识选修课程至少8学分，并在每一个选修模块内至少选修一门课程。

针对文化素质课程中精品课程较少，甚至存在“水课”的情形，学校以通识教育核心课程和新生研讨课带动通识课程教学质量的整体提高。2013～2018年，学校先后立项建设了32门通识教育核心课程、49门新生研讨课，遴选升级了一批一般通识选修课，淘汰一批不合乎通识教育要求的公选课。逐步建立起以核心课程为重点，以一般课程为基础，以新生研讨课为有益补充的通识课程体系，为推进通识教育质量的整体提高打下了坚实的基础。

此外，学校还深化通识课程教学模式改革，提高了通识课程的教学实效。逐步推广大班授课、小班研讨的教学模式。已立项的通识核心课程，试点实施大班授课、小班研讨的教学模式；视频公开课类课程，探索网络授课、本地研讨的教学模式；讲座类课程探索现场授课、网络研讨的教学模式；一般通识选修课程，探索大班授课、混合研讨的教学模式。学校还利用精品资源共享课、精品视频公开课、慕课、微课等网络教育资源，开展翻转课堂、混合教学等新型教学模式。

3）实践能力培养和创新创业训练

强化实践能力培养，注重学生创新创业训练。实践教学是综合素质教育和创新创业教育的主载体、主渠道，是培养大学生社会责任感、创新精神和实践能力的重要平台。近年来，学校在实践教学目标体系、实践教学内容体系、实践教学管理体系及实践教学保障体系方面进一步深化改革，加强顶层设计，有效完善了实践教学体系建设。

（1）构建实践教学体系。

学校构建起课内与课外、校内与校外、专业内与专业外“三结合”，从基础到综合再到创新“三层次”的实践教学体系。第一层次为基础创新性实践，主要包括各专业认知实习和机械工程训练、电子电工训练等，重点培养学生的基本技能和对专业的感性认知。第二层次为专业基础实践，主要为专业课程实践和实习、生产实习、课程设计等，注重培养学生的专业技能，把理论知识运用到实践中。第三层次为创新性实践，主要为各类学科竞赛、科技创新活动、创新创业训练等项目，让学生自行设计实践方案、动手操作、观察和分析实践现象，激发学生的实践兴趣，强化综合性训练的效果，培养学生解决实际问题的能力，以及学生的探索意识、团队协作精神和创新实践能力。

(2) 建设实验教学平台。

学校积极整合实践教学资源，建设高水平的实验教学平台和实践教学基地。根据“综合、共享、开放、创新”的原则，建设了大公共基础、学科大类基础和专业综合三级实验实践教学平台体系。截至 2018 年 6 月，建设国家级实验教学示范中心 3 个，省级实验教学示范中心 13 个，国家级虚拟仿真实验教学中心 2 个，其中有 5 个实验教学示范中心被列为“十二五”省级实验教学示范中心重点建设项目。

(3) 建设校外实践教育基地。

学校不断拓展和深化共享共用的大学生校外实践教育基地。截至 2018 年，共有 470 余个校外实践教育基地，其中签约的有 230 余个，学校立项建设的有 11 个。其中包括国家级大学生校外实践教育基地 1 个，省级大学生校外实践教育基地 2 个。

(4) 搭建创新创业训练平台。

在省高校教学绩效考核指标体系竞赛项目的基础上，遴选并资助一批校级高水平学科竞赛。2018 年，全校学生参加的竞赛项目达 30 余项，是浙江省大学生化学竞赛、机械设计竞赛和服务外包竞赛的秘书处单位。2016～2018 年，每年平均参加竞赛达 14589 人次，参与率近 70%。每年立项国家大学生创新创业训练计划项目 40 项，省大学生科技创新活动计划(新苗人才计划) 85 项，校大学生创新创业计划项目 50 项。

4) 推进人才协同培养

汇聚资源优势，推进人才协同培养。2013 年 5 月，由浙江工业大学牵头建设的长三角绿色制药协同创新中心(以下简称“中心”)入选国家 2011 计划，学校成为全国首批 14 家 2011 协同创新中心之一。中心设立本科绿色制药基地班，2013 年起每年独立招收 2 个班 60 名本科生试点培养。

按照“科教融合、协同育人”的人才培养理念，中心不仅是开展单一的科技协同创新的平台，更是担负着艰巨的人才培养任务的平台。中心设有由协同体、产业链不同单位的国内外知名学者和工程技术专家共同组成的创新人才培养委员会，中心创新人才培养委员会负责召集研讨、论证本科专业培养方案。中心以提高学生创新实践能力为重点，着力打破体制机制壁垒，在培养目标、师资保障、资源共享、管理运行等方面建立协同机制，努力实现学校和其他高校、科研院所协同培养，高水平科学研究与高质量人才培养相互支撑的大局面。在课程规划上，中心根据产业需要，开设交叉性课程，更新教学内容，实现学用结合，为今后实际对接区域产业的需求打下坚实基础。

浙江工业大学还是教育部“卓越工程师教育培养计划”试点高校，其中化学工程与工艺、机械工程两个专业设有卓越工程师班，每年招生 120 人左右。卓越工程师班深化校企合作，以实践环节为中心，建立了课内、课外两个实践教学平台。其中，实践环节的学分占总学分的 1/3 以上，在企业的顶岗实习时间至少一年。

此外，其他工科专业也加大了人才协同培养的力度，探索建立了“模拟企业”“工作坊”“3+1”等各种工程教育模式。

5) 推进人才国际化培养

推进人才国际化培养，拓宽学生视野。学校先后与加拿大纽芬兰纪念大学、爱沙尼亚塔林理工大学、加拿大韦仕敦大学、英国西英格兰大学、英国法尔茅斯大学、日本城西大学等几十所国外高校建立合作关系，签订学生交换协议、联合培养协议。每年有 400 余名学生到合作院校交流学习。

为加大学生国际化培养力度，在努力促进“海外高校交换交流生”的基础上，着力推进“学生海外访学计划”。学校启动“浙江省优秀本科生出国交流学习项目”，鼓励优秀本科学生在校期间前往国外高水平院校交流学习，帮助他们开阔视野，提升素质。

浙江工业大学还探索各种国际化培养方式，如建设国际化课程、推进国际合作培养等。例如，机械工程学院与美国韦恩州立大学于 2014 年开始合作，共同开设“跨文化工程问题解决”国际课程。课程招收美国韦恩州立大学工学院的本科生和浙江工业大学的本科生，通过中美联合面试的工科专业学生组成混合班，由两位韦恩州立大学教授 Heather Lai 和 Chin-An Tan 全英文授课。学校以此引进国外高水平大学优质师资资源，把国外学科前沿知识、先进教学理念直接带入国内课堂，提升课程教学国际化水平，拓宽本科生国际化视野。

此外，还有美国北伊利诺伊大学的“4+1”项目、美国韦恩州立大学的“3+2”项目、加拿大韦仕敦大学的“2+2”合作项目等，允许符合要求的浙江工业大学本科生在完成本校工程类专业相应年限的本科课程后，进入国外大学学习，学生向浙江工业大学提交其在国外大学所学课程的学分认定和毕业设计，可申请浙江工业大学的学士学位。获得学士学位后，可继续攻读国外大学的硕士学位。

为进一步营建国际化的学习环境，浙江工业大学近年来还加强留学生管理，吸引优秀的留学生来华留学，每年学校各类来华留学生达到 2000 余人，生源国达到 100 个，留学生总人数在浙江省排名第三位，学历生排名第五位。这些留学生全部安排到专业学院学习，从而在校内建立了国际化的学习环境。

学校还通过开设全英文(双语)教学课程，选派教师赴欧美、日韩、我国港澳台地区的著名高校、研究院所开展访问研究和学术交流，邀请国外专家学者来讲学等方式积极推进国际化教育。

3. 浙江工业大学人才培养目标

1) 人才培养总目标

培养知识、能力、素质协调发展，富有社会责任感、创新精神、实践能力和国际视野，具有较强就业竞争力和可持续发展能力，能引领和推动浙江省乃至全国经济社会发展的骨干人才和领军人才。

2) 专业人才培养目标

对接区域经济社会发展需求，不断深化人才培养模式改革，以拔尖创新型人才为引领，以复合型人才为特色，以高级应用型人才为主体，探索“应用型、复合型、研究型”多类型并举的专业人才培养。

(1) 创新型专门人才培养目标。

以“国家-省-校三级协同创新中心”“健行学院实验班+致远班+各学院实验班”为载体，培养学生广博而扎实的知识，强调学生应掌握本专业领域较为深厚的基础理论，掌握专门知识、管理知识和外语知识，注重加强学生科学探索、学术研究和实践与创新训练，使学生具有国际视野、研究能力、责任意识、创新精神，成为能在专业相关领域分析、研究和解决现代经济社会相关领域复杂问题的创新型专门人才。

(2) 复合型专门人才培养目标。

以实施“一体化双专业”和“辅修专业”培养为载体，突出多学科交叉融合的复合型人才培养，使学生在知识结构复合、专业能力复合等多方面具有较强就业竞争力和可持续发展能力，成为能适应经济社会发展对学科交叉、知识融合、技术集成需求的复合型专门人才。

(3) 高级应用型专门人才培养目标。

以实施“卓越系列人才培养计划”和校部共建“新闻学院”等为载体，强调学生应掌握本专业扎实的基础理论、专门知识和专业技能，注重提高学生思维能力和知识运用能力，培养学生富有国际视野、实践能力、责任意识、创新精神，使学生具有较强就业竞争力和可持续发展能力，成为在专业相关领域能从事产品开发、技术应用、现场管理和经营决策工作的高级应用型专门人才。

3) 人才培养目标确定依据

(1) 学校百年工业教育的办学特质传承。

学校前身可追溯到创办于 1910 年的浙江中等工业学堂，这是浙江最早的一所官立工业学堂。中华人民共和国成立后，经过七十余载特别是近二十年来的跨越式发展，学校已经建设成为国内知名的综合性的教学研究型大学，综合实力稳居全国高校百强，确立了省属高校排头兵的地位。立足浙江，对接区域，走向全国，面向世界，以及为区域经济社会发展培养高级工业教育人才的特质依旧。学校人才培养目标充分体现“厚德健行”的校训，以立德树人为根本任务，以提高教育质量为核心，培养在区域经济、政治、科技和社会各领域宏大人才队伍中的政治精英、学术大师、技术权威、文化名家和工商巨子。

(2)学校引领和推动经济社会发展的必然选择。

学校主动适应我国高等教育由外延式发展到内涵式提升的历史要求，满足经济社会发展的多样化人才需求，提出“建设一流本科教育”，力争以优质的本科教育奠定“区域特色鲜明的综合性研究型大学”的立校之本。多样化的专业人才培养目标，体现学校“做强工科、做优理科、做特人文社科”的专业整体发展规划和布局思路，是适应国家与区域经济社会发展的必然选择。

6.2 建立需求导向的人才培养模式

6.2.1 建立学科支撑专业机制

学校明确专业建设必须有学科支撑、学科必须支撑专业建设，将学科优势转化为专业优势，完善学科负责人承担“学科建设和专业建设”双责，完善专业、核心课程基层教学组织与责任教授负责制。

2012 年，学校依据《浙江工业大学中长期发展规划纲要(2011—2020 年)》文件精神，按照“准确定位、注重内涵、突出创新、加强特色”的原则，以促进培养模式、教学团队、课程教材、教学方式、教学管理等专业发展重要环节的综合改革为抓手，分层分类制订(修订)各本科专业 2012～2015 年建设规划。

2014 年，学校依据浙江省教育厅《关于落实和扩大普通高等学校专业设置管理的指导意见》文件精神，在“十二五”专业建设规划的基础上，组织全校各学院制订 2014～2018 年本科专业发展规划。

学校遵循“面向需求，优化结构，突出优势，打造特色”的指导思想，做强工科，做优理科，做特人文社科。学校依据浙江省经济社会发展的需求、高校专业设置现状和学校专业办学竞争力情况，将专业总数控制在 70 个左右，优化调整专业结构，强化特色。优先发展与浙江省经济发展、产业转型升级密切相关的支柱产业、高新技术产业、优势产业、新兴产业发展所需要的新兴特色专业；加快发展满足经济全球化和教育国际化需要的国际化专业；建设好已获校级以上重点专业称号的重点专业和优势专业；完善与改造传统专业；扶持社会需要的长线专业；建设好近十年设置的新专业。建立健全跨学科专业建设机制，完善专业设置、调整、预警与退出机制，提高人才培养质量，满足经济社会发展需要。

6.2.2　突出专业内涵建设

1. 优化专业结构布局

学校通过学院大类招生+前期大类培养+专业分流的方案，以及对转专业实施细则的调整，进一步扩大学生专业自主选择权，主动对接经济社会发展需求，调整专业布局，优化专业结构。截至 2018 年，学校共有本科专业 70 个，覆盖工学、管理学、理学、文学、艺术学、经济学、法学、教育学、医学等 11 大学科门类，如图 6.1 所示。学校已经形成以工为主、理工结合、经管文法兼备的专业布局。目前全校 1/3 的本科专业(机、电、化、药类等)直接与战略性新兴产业相关，且机械、化工、制药、生物工程类等本科专业具有明显优势，已构成强势专业群；国际经济与贸易、技术经济、工商管理等经济与管理类专业基于学校工科优势形成了复合型特色。

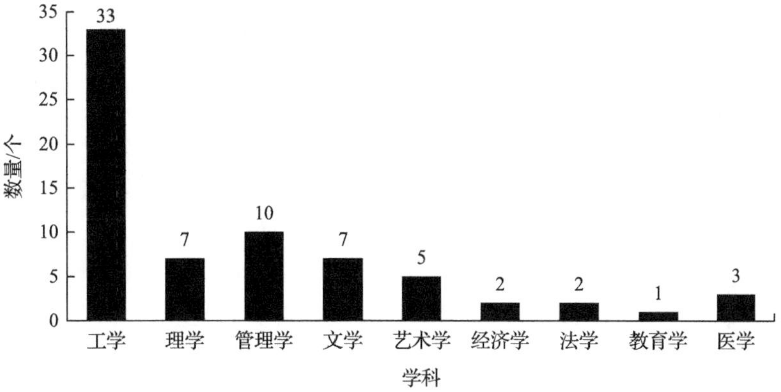

图 6.1　浙江工业大学专业数量及学科门类分布(2018 年)

2. 专业建在优势学科上，高起点设置新专业

学校在控制专业总量的基础上，依据专业所属学科的建设水平，有计划地建设新兴学科和交叉学科新专业。同时加强新专业建设的支撑保障，开展专业建设过程动态监控，对 2010 年以来设置的新专业进行专项检查评估，确保人才培养质量与效果(表 6.1)。

3. 实施“专业内涵提升计划”，提高专业建设水平

学校不断深化专业内涵建设，加强优势专业建设，推进专业综合改革，成效明显。截至 2018 年 12 月，学校通过专业认证的专业数已达 14 个；已有国家级本科专业综合改革试点项目 3 个，国家级特色专业 7 个，“十三五”省级优势专业

表 6.1 学校 2013～2018 年新专业增设情况

序号	专业代码	专业名称	修业年限	学位授予门类	学院	备注
1	081304T	能源化学工程	四年	工学	化工	2013 年招生
2	130506	公共艺术	四年	艺术学	艺术	2013 年招生
3	080502T	能源与环境系统工程	四年	工学	机械	2014 年招生
4	080407	高分子材料与工程	四年	工学	材料	2015 年招生
5	130508	数字媒体技术	四年	艺术学	艺术	2018 年招生
6	083002T	生物制药	四年	工学	生物	2018 年招生
7	080910T	数据科学与大数据技术	四年	工学	计算机	2018 年招生

16 个，省级特色专业 8 个，已经形成了一批优势特色专业，以点带面，提升整体专业建设内涵。教育部首批“卓越工程师培养”试点专业 2 个，教育部“卓越教师培养”试点专业 4 个。

6.3 开展多元协同式的人才培养过程

学校明确“区域特色，全国一流”的办学定位，坚持走内涵式发展道路，以提高办学质量为核心，以增强办学特色为重点，更好地服务于国家与区域经济社会的发展，努力建设地方高水平大学，建立跨学科、跨学院、跨学校、跨国界的开放式多元协同育人体系，培养能引领和推动浙江省乃至全国经济社会发展的骨干人才和领军人才。

6.3.1 不断探索多学科交叉融合培养

学校秉持多学科交叉融合的理念，打破学科壁垒，有效整合多学科资源，推进教学与科研相互融合渗透，探索科研反哺教学，实施以探究和研究为基础的教学模式，因材施教，教学相长，为学生的创新发展打下坚实基础。

学校“地方本科院校主动适应经济社会发展的人才培养模式研究”课题组对浙江省 150 家知名企业就当前高校毕业生与企业用人标准的匹配度进行了调查，结果显示，企业迫切希望引进掌握多种专业知识和技能的复合型人才，其中 91.2%的企业对复合型人才表示极大兴趣。基于原有国贸 3+2、软件工程 2+2、化工+国贸等复合型专业毕业生一直供不应求的趋势，学校从 2007 级开始推出基于学科开放交叉的一体化双专业，打破学院界限、学科界限和专业界限，加大复合型人才培养力度。一体化双专业，是指学校推行的如“计算机+某专业”“某专业+管理”“化工+某专业”等“*X*+*Y*”型复合型专业，以 *X* 为母体专业，将 *X* 与 *Y* 专业一体化整合进行课程设置的人才培养模式，强调专业知识的整体性、人才素质的综合性和思维方式的融合性等三个理念。

目前已经面向全校学生开设了“化工+计算机”“药学类+工商管理”“计算机+自动化”“土木工程+工程管理”等 11 个一体化双专业，毕业生就业竞争力明显提高，受到用人单位的广泛欢迎，在全国高校产生了较大影响。

6.3.2　不断推进校内外整合资源协同培养

学校强化“国家-省-校”三级协同创新体系建设，促进科学研究与人才培养、学科建设、师资队伍建设、社会服务的协同发展，全面提升学校“人才、学科、科研”三位一体的创新能力。目前，学校已立项建设“中小微企业转型升级协同创新中心”等 5 个 2014 年度协同创新中心，“高端激光制造装备协同创新中心”“浙江省膜分离与水处理协同创新中心”成功入选省级 2011 计划，由学校牵头建设的“长三角绿色制药协同创新中心”入选国家“2011 计划”，成为全国首批 14 家 2011 协同创新中心之一。同时，学校以国家级“2011 协同创新中心”为辐射点，以三级协同创新中心为辐射带，推动全校各学科与专业相融合、科研与教学相融合。学校鼓励教师站在学科前沿，不断丰富、充实和提升教学资源，及时将最新的科研成果、学术成就提炼、转化为教学内容，改进教学方法和手段，培养高水平、创新型人才。学校积极探索政产学研合作机制，资源共享，协同创新，不断提高学生的实践创新能力。

1. *科研带动教学*

以“长三角绿色制药协同创新中心”为例，其出台了《关于将科研成果转化为学生自主实验项目的实施办法》，通过工作量认定和平台共享等方式，鼓励创新团队将最新研究成果设计转化为学生实验教学项目。中心正在积极推进自主创新实验室建设，将机械化学、连续萃取、高效发酵和管式反应等具有推广应用价值的绿色制药新方法、新技术融入实践教学环节，开展自主式、体验式和开放式的研究型实验教学。实验室将优先确保满足学生实验教学任务，使学生有机会接触各创新团队最新科研成果，为学生课外科技创新提供便利，以真正实现“科教融合、寓教于研”的教学理念。中心要求课堂教学突出综合能力的检查和评价，积极推进翻转课堂建设，强化项目式、研讨式、案例式的多样化教学方式，力求把科研内容融入课堂教学。例如，“绿色制药技术”课程结合最新的科技研发成果，要求学生课后阅读外文文献，做小组讨论并发言，教师点评打分。这样的课堂教学看似轻松，但学生课外自学的内容量大大超出了传统授课模式。相应地，中心强调学生学习的过程性考核与评价。很多课程期末考试成绩占比不超过 50%，增加交叉学科、实验设计、工艺创新等项目式作业作为平时考察环节，加强学生综合能力检查和评价，提升学习综合性、创新性和有效性。

2. 引进企业资源

学校以研究项目为纽带，以校内校企合作研发中心为平台，开展学生科研实践训练，实现科学研究与人才培养的协同，强化产学研深度合作。以学校工业设计专业人才培养为例，通过实施校企合作研发中心创新实践教学，学生综合素质和创新能力显著提高，近年来共获国内外顶尖设计大赛奖项 300 多项，其中国际创意设计营作品连续两年获“创意杭州”唯一金奖，创省内高校纪录；授权专利 1000 多项，获国家大学生创新性实验计划和省新苗人才计划等 10 余项省级科技资助。该专业每年委派 1～2 名学生通过“亚洲人才计划”进入日本千叶大学深造，20 多名毕业生进入国内外知名学府深造，毕业生就业率达 95%，相当数量毕业生在知名企业及设计公司任设计总监等职务。

同时，学校建立校内“模拟企业”，拓展学生创新实践平台，强化学生创新实践训练，如把恒生、阿里巴巴、浙大网新等著名企业“搬进”校园，在校内建立“模拟企业”。企业出资为“模拟企业”购买开发设备、发放实习津贴、设立奖学金和奖教金。企业技术人员和学校教师共同指导学生进行企业实际项目开发、开展基于项目的研究型学习及课外科技活动，让学生不出校园就可以感受企业文化，接受实际项目开发训练，大大增加了学生参与工程实践的机会。

3. 走进企业基地

学校先后与浙江省内 60 多个市、县(区)建立全面合作或科技合作关系，与 111 家企业共建了联合研发中心。通过政产学研合作，行业企业共同参与人才培养方案设计，组建与培养既有实践经验又有理论水平的企业指导队伍，将先进的教学内容与工程案例引入课堂，让企业深度参与人才培养全过程，共建共享实践基地，让学生通过在企业实习和完成毕业设计等环节，深度参与企业实际工程开发，在“做中学，学中干”的过程中提高实践创新能力。

各学院根据各专业人才培养需要，多渠道广泛开展大学生校外实践教学。例如，学校健行学院基于“健行学院实验班+致远班+各学院实验班”的精英人才分类培养体系，培养具有健全的人格、宽广的国际化视野和高素质的拔尖创新型人才，建立了浙江天堂硅谷资产管理集团有限公司、巨化集团公司、秦山核电站、杭州恒生电子股份有限公司、杭州士兰微电子股份有限公司、武警杭州士官学校等首批 6 家荣誉生博雅教育基地。又如，长三角绿色制药协同创新中心建有 16 个研究生实习基地和 12 个本科生实习基地，实施校企双导师制，培养出的毕业生深受广大医药制造行业的喜爱。

6.3.3 不断加强人才开放共享国际化培养

随着社会国际化发展，国际化能力已成为优秀人才新的评价维度。学校一直注重提高学生的国际化水平，充分运用丰富的国际创新资源，大力推进学校与国际创新力量的协同，通过国际合作培养、访学交换、国外游学、暑期短学期、境内外共享资源等方式，多层面多渠道开展国际化培养，营造校园的国际化氛围，培养学生国际化能力。

1. 开拓渠道，加大学生境外国际化培养

学校不断加强与国外大学联合培养，先后与美国、英国、法国、德国、意大利、加拿大、日本、比利时、澳大利亚、俄罗斯、乌克兰、韩国、瑞典、芬兰、奥地利、爱沙尼亚、马来西亚、泰国、加纳等国家的 70 余所高校建立了校际协作关系，从学分互认、联合授予学位、访学交流、双语教学等方面开展实质性合作，为学生出境学习开拓了广泛的国际资源。学校先后与澳大利亚塔斯马尼亚大学、瑞典布莱京厄理工大学开展中外合作办学，成功开设了计算机科学与技术、软件工程 2 个中外合作办学本科专业，与加拿大韦仕敦大学、美国韦恩州立大学开展“2+2”“3+1”合作培养。在美国威廉·帕特森大学、澳大利亚莫道克大学、英国邓迪大学和日本相爱大学成功设立四个“学生海外培养基地”，不仅提高了大学生的语言能力，而且培养了学生在国际化环境下的交流、学术讨论和工作能力。

为更好地利用国外教育资源，校院两级协同开拓学生交换交流、联合培养渠道。学校制定了《关于学生出国(境)个人访学计划实施办法的通知》，鼓励在校学生到国际一流高校开展 1～2 个学期的课程学习，努力让更多的学生有机会到国外高水平大学学习和研修。学院积极利用第二校园经历资助政策来推进学生的海外游学工作，如健行学院与美国耶鲁大学、乔治·华盛顿大学等名校建立合作关系，学生出境游学、访学比例大幅提升。以 2012 级实验班学生为例，有境外学习经历的学生比例达 47.6%；经贸学院先后与美国威廉·帕特森大学、英国约克大学、韩国国民大学建立学生培养基地，先后 18 次自行组织学生游学和开展学术交流；生环学院利用学校与比利时西弗兰德应用科技大学、德国吕贝克应用科技大学的传统友好关系组织研究生进行学术交流。

2. 多措并举，营造校内国际化培养氛围

学校除了积极推进访学交换、国外游学等出境培养以外，更加注重校园内国际化教育，为学生提供广泛的资源，包括全英文授课专业、全英文授课课程、聘请海外学者进行短期讲学和讲课、国际学术交流平台等。

截至 2018 年 12 月，学校共有计算机科学与技术、国际经济与贸易 2 个省级国际化专业(全英文专业)，化学工程与工艺、机械工程、电气工程及其自动化、生物工程、土木工程、应用化学、通信工程、制药工程(绿色制药)等 8 个校级国际化专业。相关专业要求所有主干课程均采用英文原版教材，至少采用双语教学，提高全英文授课比例，培养学生的英语语言应用与交流能力。与此同时，利用国际化专业，吸引更多的国外留学生来校攻读学位，留学生的增多也更好地营造了校园的国际化氛围。

学校推出了“暑期国际化短学期”项目，课程在暑假开课，邀请境外一流、学术上有较高造诣的专家学者开设全英文课程，通过学校学生和国外大学学生组混合编班等方式，培养学生利用国际前沿知识与技术的意识，提升学生国际竞争力。从 2014 年起，学校每年与美国韦恩州立大学共同开设“跨文化工程问题解决”课程，着力培养学生利用国际全球化进程中的前沿知识与技术，解决如可持续发展、新能源开发利用和环境保护等工程实际问题，学会利用跨文化、跨学科的基本工程原理，提升创造力和工程实践能力。该课程由美国韦恩州立大学、英国邓迪大学和本科生混合编班，两位美方教授和学校教师联合授课。

从 2015 年起，学校开始建设“暑期国际化课程”项目，先后建设了十几门暑期国际化课程。例如，绿色制药协同创新中心邀请美国纽约三位知名专家为 2011 绿色制药协同创新中心开展为期 2 周的全英文授课，课程为“自然科学与制药伦理学”“基因工程”“分子生物学”，传授制药及相关领域具有国际从业竞争力和行业急需的拔尖创新人才的知识技能，培养学生国际学习能力，在主动参与和充分交流中启发学生研究和探索的兴趣，学习科学的思维方式与研究方法。学生由本校药学院及浙江大学、浙江省医科院和浙江省食品药品检验研究院部分学生共 128 人混合组成，课程安排如下：

1)跨文化工程设计

(1)开课单位：浙江工业大学机械工程学院和美国韦恩州立大学

(2)课程情况：64 学时

(3)招生人数：计划招生 25 人，另有外方学生 20 人

2)质量工程

(1)开课单位：浙江工业大学机械工程学院和美国加州州立理工大学

(2)课程情况：64 学时

(3)招生人数：计划招生 24 人，另有外方学生 16 人

3)工程测试设计与分析

(1)开课单位：浙江工业大学机械工程学院和美国加州州立理工大学

(2)课程情况：64 学时

(3)招生人数：计划招生 24 人，另有外方学生 16 人

4) 中外联合设计

(1) 开课单位：浙江工业大学建筑工程学院和德国吕贝克应用技术大学

(2) 课程情况：48 学时

(3) 招生人数：计划招生 18 人，另有外方学生不超过 12 人

5) 先进制造技术

(1) 开课单位：浙江工业大学材料科学与工程学院和日本冈山大学

(2) 课程情况：32 学时

(3) 招生人数：计划招生 35 人(其中参加国外环节的人数达 20 人)，另有外方学生 10 人

6) 土木建筑材料

(1) 开课单位：浙江工业大学建筑工程学院和美国堪萨斯大学、美国得克萨斯大学圣安东尼奥分校

(2) 课程情况：32 学时

(3) 招生人数：计划招生 25 人

7) 微纳材料与器件

(1) 开课单位：浙江工业大学材料科学与工程学院和新加坡科技设计大学

(2) 课程情况：32 学时

(3) 招生人数：计划招生 30 人

8) 纳米技术及其在生物技术和食品科学中的应用

(1) 开课单位：浙江工业大学海洋学院和美国罗格斯大学

(2) 课程情况：32 学时

(3) 招生要求：计划招生 20 人

9) 人文社科研究范式

(1) 开课单位：浙江工业大学人文学院和美国威斯康星大学麦迪逊分校

(2) 课程情况：32 学时

(3) 招生人数：计划招生 40 人

10) 人机交互

(1) 开课单位：浙江工业大学计算机科学与技术学院和美国卡内基梅隆大学、香港科技大学

(2) 课程情况：16 学时

(3) 招生人数：计划招生 30 人

此外，学校还不断开拓国际学术交流平台，鼓励学生参加高端的国际学术会议，这不仅对他们的学术发展、职业发展很有帮助，还加深了对不同文化的理解，在生活上也有许多益处。学校举办的西湖国际中小企业研讨会、WTO 与金融工程国际会议、绿色制药前沿论坛等，每年都会吸引上百余名学生参与学术交流活动，

营造了良好的校园国际化氛围，为本科生在校接受学术前沿、新颖的教学模式提供了很好的机会。

6.4　加强产教融合的师资队伍建设

为建立与“区域特色鲜明的综合性研究型大学”和“一流本科教育”相适应的师资队伍，学校坚持“服务教师、成就教师”，人事处、教务处、教师教学发展中心等部门群策合力，根据人才培养需要，服务教师的职业生涯发展，不断提升教师教学能力和专业水平。

1. 强化政策导向，促进教师发展

学校在坚持引进高水平人才的同时，出台、落实一系列政策措施，建设学术水平和教学水平“双强”的师资队伍。2003 年、2007 年、2013 年学校先后出台加强师资队伍建设的若干意见，在建立教师“须教好”的规范机制、“想教好”的激励机制的同时，建立健全“能教好”的专业水平和教学能力提升机制，形成促进教师发展的政策、制度体系，支持教师攻读学位、国内外访学、参加短期高级研讨班等，同时充分利用和争取国家、省级各类人才项目选拔推优机会，促进教师发展。2012～2018 年，学校共有 243 位教师开展博士后、攻读学位、国内访学、外语培训、参加短期高级研讨班等专业发展活动。

2. 加强机构建设，促进职能整合

2012 年 5 月，学校正式挂牌成立教师教学发展中心，重点为广大教师提供教学培训、教学研讨、教学咨询、教育技术支持，在人员、经费、设施等方面给予充分保障。教师教学发展中心主任由教务处处长兼任，设立两名专职副主任，下设教学培训与研究部、教学资源与技术部，配备工作人员 10 人，另设主讲教师资格认定办公室。在硬件设施上，中心拥有办公、培训和教学支持服务用房面积达 1000 余平方米。2014 年教师教学发展中心获得浙江省财政厅“浙江工业大学教师教学发展基地”90 万项目经费资助，极大地增强了教师教学发展中心的服务能力。

3. 实施助讲培养，提高教学能力

学校教师教学发展中心已建立起提高教师教学能力和整体素质的发展体系。

(1) 结合青年教师导师制、主讲教师资格制度，以青年教师助讲培养为重点，建立比较完善的新教师教学培训体系。2015～2018 年共有 405 位青年教师经考核认定获得主讲教师资格。

(2) 以本科教育需求为导向，自主开发，实施多样化的教师教学能力专项提高项目。教师教学发展中心组织了双语(全英文)授课能力提高班、小规模限制性在线课程(SPOC)专项能力培训等多样化教师培训，组织教师 300 余人次参加全国高校教师网络培训。

(3)以培育教学文化为宗旨，打造教学研讨平台，包括午间教学沙龙、教学示范课观摩、课例研讨、微课教学比赛、编辑电子期刊《师道》供教师浏览。

4. 服务教师生涯，提升职业水平

学校根据教师专业成长与职业生涯发展的不同阶段，出台系列措施服务教师的职业生涯发展。

(1)在新教师进入学校任教的适应期，学校通过岗前培训、导师制(助讲培养)等措施帮助新教师尽快适应新环境、融入学科团队，掌握基本的教育教学能力等，为进一步发展打下良好基础。

(2)在教师专业水平、教学能力快速提升的成长期，实施"青年英才支持计划"，助推青年学术带头人、学术骨干培养；组织教学研讨、教学竞赛(教学技能比赛和微课比赛)、教学研究(教改项目和课堂教改)，提升教学效果，培育教坛新秀。

(3)在教师学术水平提高、教学经验丰富的成熟期，实施教授学术假制度，加强与国内外著名大学、一流学科的交流和合作；鼓励教师申报省级教改项目和教学建设、实验室建设项目，开设教学示范课，培育教学名师。

(4)在教师学术水平稳定、教学成就形成的沉淀期，学校组织开展学术与教学讲座，实现优秀经验共享，充分发挥教师"传帮带"作用，帮助年轻教师成长。

(5)以咨询服务为依托，开展教学持续改进的个性化服务。面向全校教师开通电话预约、网络预约的个性化教学咨询服务平台；推出"名师下午茶"教学咨询新模式；建立教学爱好者 QQ 群，建立开放式的在线服务、交流、咨询平台。

5. 鼓励海外访学，拓宽学术视野

为激励教师拓宽学术视野，学校发布《浙江工业大学 2015 年度教师及其他专业技术职务评聘工作实施意见》规定，2015 年起，45 周岁以下教师(不含体育学科、学生思想政治教育系列以及社会服务与推广型教师)申报教授，应至少有连续 3 个月的在国(境)外高水平大学或研究机构从事学习、研修、访学、合作研究等经历。学校坚持"选拔优秀骨干、派往一流大学、师从一流导师"的原则，鼓励教师通过各类出国项目出国研修，拓宽学术视野，拓展发展通道。2006 年，学校与国家留学基金管理委员会合作开展中青年学术骨干出国研修项目和中青年外语骨干教师短期出国研修项目；2009 年，学校实施青年学术骨干海外培养计划("朝晖计划")，每年资助 30 名青年学术骨干教师到海外进行研修；2012 年，学校实施“中青年学术骨干海外研修支持计划”，进一步扩大教师出国资助范围、加大工资待遇方面的支持力度，三年227位教师赴国外进行为期三个月以上的进修访学，留学单位为全球排名前100名的大学、研修合作学科为全球排名前30位的学科或研修合作导师为该领域全球著名专家的教师数量不断增加。2018年，具有三个月以上海外工作、学习经历的专任教师占比36%。

6.5 持续改进的质量保障体系

6.5.1 建立健全教学质量保障体系

教学质量是学校的生命线，学校不断健全“专业建在优势学科上”的人才培养机制，完善教学质量标准，加强教学质量保障的组织、制度和队伍建设，建立了全过程循环闭合、全方位持续改进的教学质量保障体系。

1. 完善教学质量标准建设

学校经过长期探索与实践，紧紧围绕培养目标与毕业要求，逐渐形成以自我评估为主体，以学生发展为根本，树立学生学习产出导向教育(OBE)理念，以常态数据监测为手段，重点在专业准入退出、专业培养标准、课程标准等方面完善质量标准。

1)不断完善专业准入与退出标准

学校以学科水平为依据，以社会需求为导向，逐步建立专业动态调整的标准。学校设置新专业除满足《普通高等学校基本办学条件指标(试行)》外，还要求主动适应国家和区域经济社会发展的需要，具有较好的学科基础，符合学科专业结构优化的条件。根据《浙江工业大学人才培养专项改革方案》，专业的招生和就业情况、专业大类分流情况、学生转专业情况、本科专业评估结果、办学质量等都将作为专业预警与退出的标准。

2)不断完善专业培养标准

培养计划是专业人才培养的总纲。学校根据OBE理念，按照教育部与各专业教学指导委员会有关专业教学质量国家标准要求，结合毕业生就业状况、毕业生和用人单位反馈、课程教学评价与反馈意见等，认真科学做好专业人才培养方案制(修)订工作，努力使培养目标能反映学生毕业5年左右在社会与专业领域预期能够取得的成就。毕业要求有明确的培养规格，课程体系能支撑毕业要求达成。学校每四年开展一次人才培养方案修订工作，每两年进行一次微调。

3)不断完善课程标准

根据专业培养标准的调整与变化，每门课程按照基本理论、基本知识和基本技能等内容要求，定期开展课程教学大纲的制(修)订工作。新开课程的教学大纲，由学院教学委员会审定。

4) 不断完善教学质量管理规范

学校不断完善各教学环节的教学质量管理规范，修(制)订了关于课程开设、课堂教学、课程考核、毕业(论文、创作)设计、实习、实验等教学过程及环节的质量标准，建立了一系列专项标准，如本科专业建设标准、课程建设标准等。学校出台《浙江工业大学本科教学业绩考核指标体系》，从 2012 年开始全面实施学院教学工作及业绩考核，不断完善校院两级教学质量管理。

2. 构建质量保障模式及体系结构

学校坚持以学生为中心、产出导向和持续改进的教育教学理念，经过多年的探索和实践，初步构建起“一中心”(以学生发展为中心)、“二结合”(自我评估与外部评估相结合)、“三循环”(课内循环、校内循环、校外循环)、“四检查”(期初、期中、期末、日常教学检查)、“五评估”(评学、评课、评教、评管、评专项)、“六反馈”(向学生、教师、学院、部门、领导、社会反馈)的教学质量保障体系结构和运行模式，从理念落实、质量标准建立、质量监控和评估、组织和资源支持、信息收集反馈和利用，全方位形成持续改进的闭环体系(图 6.2)。

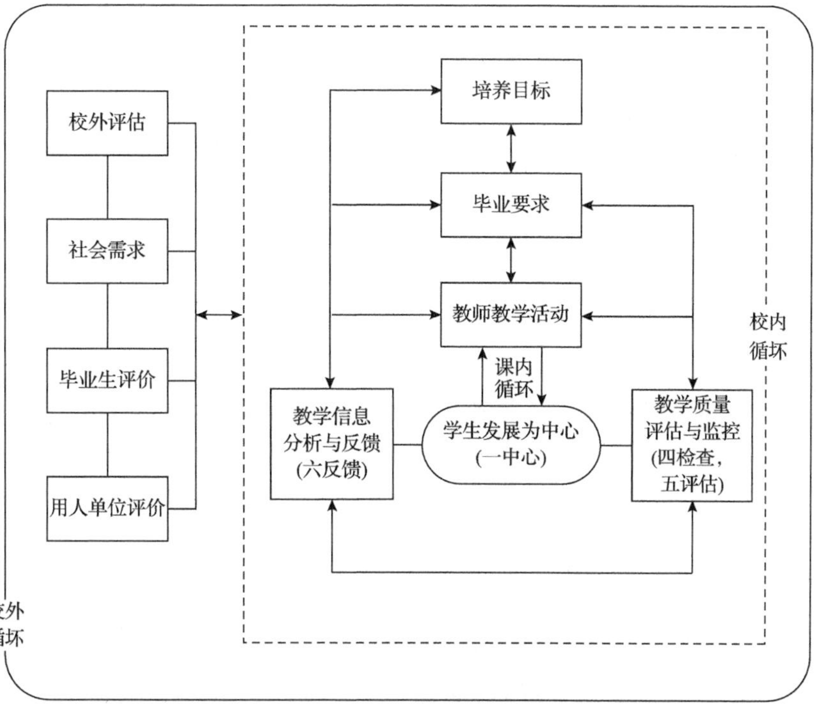

图 6.2　浙江工业大学教学质量保障体系图

3. 强化教学质量保障组织与制度

1) 教学质量保障体系的组织建设

学校现有的教学质量保障体系组织，从功能定位上可分为教学质量指导审核机构、行政管理机构、监督评估机构三类；从层次上可分为校级、院级、学科(专业、课程(群))三级教学质量保障组织机构，各机构之间分工明确、各司其职，又相互协调配合，为教学工作的指导、监督、评价、反馈、改进等提供了有力的组织保障(图 6.3)。

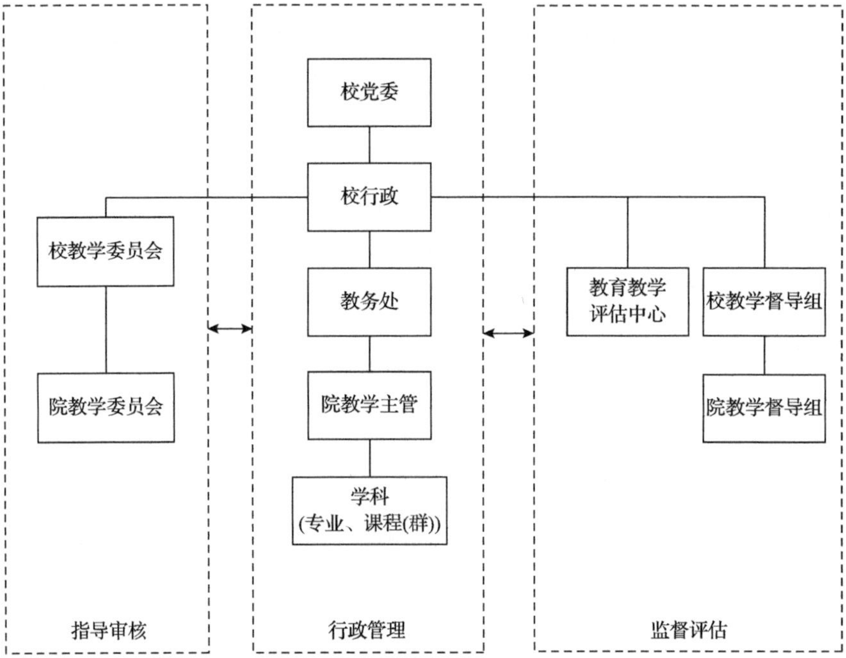

图 6.3　学校教学质量保障体系组织机构图

2) 教学质量保障体系的制度建设

学校不断完善和健全教学质量保障制度，现行教学质量制度体系分三类，包括指导性文件，如制订本科培养计划的原则意见、加强与改进本科教育的若干意见等 14 个；规范性文件，如教学与教学管理事故认定及处理办法、本科教学工作规范等 17 个；专项性文件，如教学建设与管理文件 8 个、教学实践管理文件 5 个、学籍与教务管理文件 25 个，其他文件 6 个，共 75 种，并形成《浙江工业大学本科教学管理文件汇编》。文件覆盖从新生入学到教学过程，再到毕业所有环节，从教师、学生到管理人员所有质量责任主体的所有教学活动和管理活动，确保有制可依，落实到位，使教学质量管理工作走向规范化、常态化和自觉化。

4. 加强教学质量管理队伍建设

为确保教学运行正常和教学质量持续提升，学校不断加强教学质量管理队伍建设。教学质量管理队伍包括校领导、教务处、教育教学评估中心、学院、教学督导组、教师教学发展中心等机构与部门管理人员。

学校日常的教学运行和管理由校院两级教学行政管理人员负责。为体现分类管理的原则，教学行政管理队伍实行职员制。根据《浙江工业大学岗位聘任和岗位津贴制度实施办法》，职员岗位包括正处级、副处级、正科级、副科级、科员、办事员等非领导岗位，保障教学管理人员的晋升通道，提高工作的积极性。学校现有校院两级本科教学管理人员共 79 人。

校院两级教学督导组负责本科教学秩序、人才培养质量及教学管理的监督和指导。《浙江工业大学本科教学督导组工作条例》规定，督导组成员由热爱教育事业、工作责任心强、作风正派、具备较高教学水平和较丰富教学经验或管理经验、具有高级专业技术职称的离退休教师、教学名师和一线优秀中青年骨干教师组成，以第三方独立身份参与学校的各类教学评估工作。学校教学督导组由专职和兼职教学督导人员构成，采取教学线和学生线联动的形式。督导组现有本科校级督导员 22 人，涵盖所有学院。

6.5.2　强化自我评估与质量动态监控

教学质量监控是质量保障体系的重要职能之一，是检查和监督各教学主要环节教学质量是否达标的手段与方式。为确保教学质量监控的有效性，学校认真抓好期初、期中、期末及日常教学四项检查，开展评学、评课、评教、评管、评专项五项评估，形成以“四检查、五评估”为主的常态化、全方位、全过程的教学质量监控体系。

1. 自我评估及质量监控的内容与方式

1）“四检查”

“四检查”贯穿于教学活动开展的全过程，包括期初、期中、期末和日常对所有教学活动的检查工作。

(1)期初教学检查。

每学期期初，学校组织校院两级教学管理人员、督导组，通过听课、看课集中检查教师上课情况、教室资源和教学管理情况等，确保期初教学秩序井然。

(2)期中教学检查。

每学期第 9 周和第 10 周开展期中教学检查，通过师生座谈、听课、教学改革与建设项目汇报会等方式重点检查课堂教学情况、在建的教学改革与建设项目工作进展情况、基层教学组织建设和活动开展情况、实践教学基地建设情况等。

(3)期末教学检查。

每学期第 17 周和第 18 周重点检查试卷、考风考纪情况，由校院两级督导组分别具体执行。

(4)日常教学检查。

日常教学检查贯穿于教学活动的全过程，是对教师课堂教学纪律、授课计划执行情况、学生学习情况、实习实验情况、毕业论文(设计)情况等的不定期检查，以促进优良教风、严谨学风的形成。

2)“五评估”

“五评估”是对影响教学质量保障的学生、教师、课程、管理部门、专项工作进行全面而科学的评价，以评促建，以评促改，以评促管，保证教育质量的持续改进和提升。

(1)评教。

评教是对教师教学效果的评价。为全面、公正、合理地评价教师教学，促进教师教学水平的提升，学校积极改进传统“学评教”的内容与方式，探索建立学生、同行、专家、领导的多维评教体系。评教结果用于教师年度考核、职称评聘和评优评奖。学校将评教过程中发现的问题及时反馈给教师，对相对落后的教师委托教师教学发展中心进行培训。

(2)评课。

评课是对课程内容、教学模式等对毕业要求的支撑度进行评价，以判定课程效果，做出改进课程的决定，探索建立适合专业发展的课程体系。学校正积极建立健全学生、同行、专家和自我评价相结合的四维课程质量评价体系，提高课程质量水平。

(3)评学。

评学是对学生学习效果的评价。近年来，学校基于产出导向教育理念，推进学生学业考核评价改革，注重构建学生学习过程考查和综合能力评价相结合的评价体系。部分基础课程实施“考教分离”，试点国内名校命题，教学团队统一阅卷。学校强化形成性评价，要求期末考核成绩占总成绩比例不得高于 50%，以学业评价方式的改革促进教学改革。

(4)评管。

评管是对教学管理工作的评价。学校每年组织学院教学工作及业绩考核，并按考核结果予以经费奖励。每年开展校院两级教学工作考核，会上先由教务处和学院主要负责人进行教学工作述职，再分别由学院考核教务处教学管理工作，学校考核学院教学工作。

(5) 评专项。

学校每年组织开展教学专项评估与检查，具体包括：①定期组织教学改革与建设项目，包括重点建设专业、新专业、教改项目、课程建设项目等建设情况检查；②定期全面开展校内本科专业认证评估，请校内外评估专家对专业发展进行诊断；③实行毕业设计(论文、创作)检查与抽评制度，校院两级对每届毕业设计(论文、创作)教学工作进行前期、期中、答辩等三段检查，建立论文送审制度，每年抽取部分毕业设计(论文、创作)送请校外专家评审；④加强学生实习、实验检查，定期评估大学生校外实践教学基地，根据检查结果，确定对基地建设经费的支持与否。

2. 自我评估及质量监控成效

学校通过“四查五评”，建立了较为完善的自我评估体系和教学质量动态监控体系，强化了全体教职工的质量意识，有效监控了主要教学环节的教学质量，促进了教师积极投入教学、改革教学，提升了学生学习积极性和主动性，推动了学院教学质量责任的落实，确保了学校本科教学工作的有效运行与质量达成。截至 2018 年，在省教育厅开展的七次本科教学工作业绩考核中，浙江工业大学获得了六次第一名，充分表明本科教学工作自我评估及质量监控的综合效果。

6.5.3　加强质量信息的采集和利用

1. 建设教学基本状态数据库

建设高校教学基本状态数据库是教育信息化的必然趋势，是高等教育教学质量保障体系建设的重要内容。浙江工业大学自 2008 年以来一直重视本科教学基本状态数据的采集、分析、反馈工作，结合日常教学状态数据采集，开展学校年度本科教学业绩考核及教师教学业绩考核等。学校每年采集的信息包括基本信息、基本条件、教师信息、专业、学生信息、专业管理、课程管理等。从 2014 年开始，学校按省教育厅及教育评估院要求，开展教育部本科教学基本状态数据库建设，建立学校教学工作常态监测机制，切实推进学校教学质量保障体系建设。

2. 完善质量信息统计与反馈机制

教学质量信息的统计、分析与反馈，是质量保障体系运行的重要保证。为促进教学质量的持续改进和提高，学校认真分析“四检查、五评估”中获取的教学质量信息，及时将评价结果反馈给教师、学生、领导、学院、相关部门、社会，做好“六反馈”。

(1) 向教师反馈：①教师可在教务管理系统中查看学校每学期“学评教”的结果，对同门课程连续两次综合评价排名后 5%的教师采取重新培训上岗、暂停课程聘任等措施；②同行、专家听课结束后，需要将意见和建议反馈给授课教师；③教代会提案中关于教学工作的意见建议，都逐一将解决方案回复给教师本人；④师生座谈会、教学信息员中获得的信息，也要反馈给教师个人。

(2) 向学生反馈：①学校建立了学生教学信息员制度，定期收集《学生教学信息员信息表》，督导组及时汇总、整理相关信息，送相关领导、学院和职能部门，并将处理结果反馈给学生；②通过在线问答、QQ 群等方式向学生反馈教学信息。

(3) 向领导反馈：学校教学检查和评估的结果都及时向学校领导汇报，部分议题在校长办公会议上讨论决定。

(4) 向学院反馈：①每次本科专业评估后，专家组直接向学院反馈评估情况，提出意见建议，校教务处分别针对各学院情况下发书面整改通知，提出整改要求；②每年开展学院教学工作及业绩考核，学校对采集的数据进行统计、分析和对比，并将考核结果反馈给学院；③每学期定期开展教学工作会议，反馈各学院教学工作中的问题并提出相关改进要求；④通过毕业生跟踪调查、用人单位走访等，了解社会需求，向学院反馈，改进学院各专业人才培养方案。

(5) 向相关部门反馈：学校教务处、评估办还需就学生信息员、教师代表等关于教学工作的情况向相关部门进行反馈。例如，教师的教学激励机制问题，需协同人事处制订相关专业技术职务评聘政策；教室改造及多媒体设备等问题，需协同后勤、房产处共同解决；教师教学发展问题，则反馈给教师教学发展中心与人事处。

(6) 向社会反馈：①每年发布教学质量年度报告，向社会公开学校教学相关数据，接受社会监督与评价；②通过校友活动、企业走访、招生宣传等及时向社会展现学校办学情况。

3. 建立教学质量报告制度

人才培养是学校的根本任务，编制并发布本科教学质量报告是学校开展自我评估、建立健全质量保障体系、完善信息公开制度的一项重要工作，是进一步增强社会责任意识、回应社会关切的重要体现。学校从 2013 年开始了校院两级的本科教学质量报告编制工作，从师资队伍与教学条件、教学建设与改革、学生素质培养、质量保障体系、学生学习效果、特色发展等方面全面陈述本科教学工作，至今已编制并公开发布了 2012～2014 年的《浙江工业大学本科教学质量年度报告》，接受各方面的监督与评价，服务学生、用人单位和社会。

6.5.4　推动基于产出导向教育理念的质量持续改进

持续推进教学质量改进，始终是全面提高大学教育质量的基本策略。一直以来，浙江工业大学坚持推进教学质量改进，形成重视教学质量的质量文化，并取得一定成效。

1）建立内外部驱动的质量标准改进机制

学校通过内外部驱动因素逐步建立培养目标、毕业要求、培养计划、课程大纲、教学过程等完整的教学质量标准持续改进闭环，如图 6.4 所示。外部驱动因素主要来自毕业生跟踪反馈及企业顾问反馈与用人单位调研。内部驱动机制则通过教学评价子系统和教学质量监控系统获取质量信息及反馈意见。

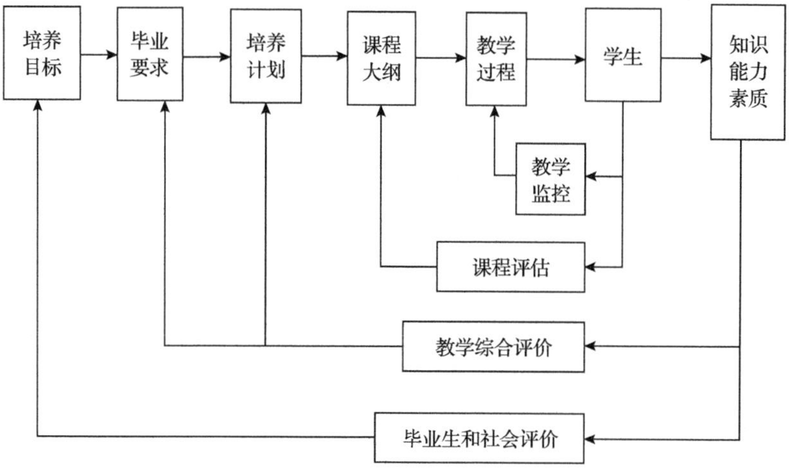

图 6.4　教学质量标准持续改进闭环

教学质量标准持续改进的方法主要包括以下几个：

(1)根据毕业生和用人单位的反馈，提高人才培养定位和目标与经济社会发展需求相一致的认识度，从而促进培养目标与毕业要求的持续完善。

(2)根据各级领导、督导专家、学生评教、试卷评审、毕业设计(论文)抽检中发现的问题，进一步完善人才培养各环节的各项要求与制度。

2）以学生学习效果为导向的课程教学持续改进机制

学校已较好地建立了从招生、培养过程到就业的全过程教学质量保障体系，以学生学习效果为导向，加强课堂教学、实践教学与毕业设计(论文)等关键环节的教学活动持续改进。

面向课程教学建立两个层面的持续改进机制：①通过实时的监督和评价机制，直接与授课教师、教学工作支持部门协调沟通，及时完成课程教学改进，确保良好的教学秩序和教学质量；②建立长期的课程教学持续改进机制，通过课程教学的监督及评价机制，获取该课程教学中存在的一些主要问题，围绕培养目标与毕业要求及时完善课程设置及修订教学内容，提高教学效果(图 6.5)。

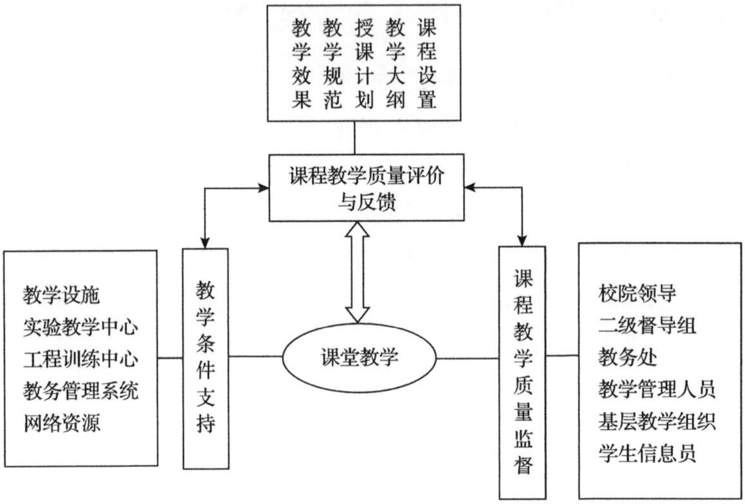

图 6.5　课堂教学质量持续改进闭环

课程教学质量持续改进的反馈途径包括以下几个：

(1)督导组专家、领导干部、教学管理人员听课与学生评教等。

(2)每学期召开期初、期中与期末教学工作会议，定期反馈教学检查与监督情况。

(3)在校师生座谈会。

(4)学生信息员、班主任及学生工作线等反馈。

3)加强教师教学水平持续提升机制

教师在教学质量方面起着主导性作用，学校十分重视建立一支师德高尚、业务精湛、教学能力强的师资队伍，具体措施如下：

(1)加强教师教学能力培训。学校不断强化学校教师教学发展中心职能，规定年龄在 35 周岁以下或从事高校教师工作不满三年的新进教师必须接受导师指导和专项培训。近年来，学校深入推进“青蓝工程”青年教师导师制，充分发挥老教师指导帮助青年教师教学的功能。健全教研室、教学团队等基层教学组织，充分发挥基层教学组织在加强教学研讨、促进教师专业成长等方面的作用。

(2)以教学改革和研究项目提升教学水平。学校以本科教学工程项目为抓手，持续推进教师教学改革和探索，激励教师关注培养方案优化、人才培养模式创新、教学方法改革、考核评价方式探索，不断提高教学效果。

(3)完善教师激励与约束机制。学校开展教学质量优秀教师、优秀毕业论文及各类竞赛指导教师、“学生最喜爱老师”等评选和奖励工作，并对教师教学改革优秀研究成果给予奖励，激发教师教学积极性。学校完善教师分类考核机制，将教学工作量与质的基本要求作为教师职称晋升、岗位聘任和各项评优的基本条件；增设通识教育核心课程和量大面广课程的教学性高级岗位，加强对现有教学性高级岗位的教学业绩考核；加大对教师发表高质量教学研究论文的资助奖励力度，强化学校“教学名师”“教坛新秀”和“教学质量优秀奖”等的激励作用，面向一线教师评选“年度本科教学突出贡献奖”，优先选送教学业绩突出的一线中青年教师赴海外高水平大学进行教学研修。

6.6　本章小结

本章以浙江工业大学为例，系统说明地方高校工程人才培养实践经验。作为生动实践工程人才培养理念的地方高校，浙江工业大学按照 OBE 理念设计培养体系，围绕浙江地方经济社会发展的需要，以专业评估认证为抓手，推进专业综合改革，大幅度提升了专业内涵建设水平。在需求导向的人才培养模式建设方面，学校探索建立了“学科优势支撑专业建设”的保障机制，形成学院“大类招生+前期大类培养+专业分流”的方案，实施了“专业内涵提升计划”；在多元协同式人才培养过程方面，坚持制度创新，探索建立了一体化双专业人才培养模式，强化科教融合，以点带面探索创新型人才培养方式；在强化产教融合师资队伍建设方面，坚持引进高水平人才，加强机构建设，促进职能整合，根据职业生涯不同阶段助推教师专业成长，出台鼓励海外访学的政策，拓宽教师学术视野；在持续改进质量保障体系建设方面，完善教学质量标准，形成专业预警与退出机制，构建质量保障模式及体系结构，建立了以“四检查、五评估”为主的常态化、全方位、全过程的教学质量监控体系；利用互联网优势，完善质量信息统计与反馈机制，采集基本信息、基本条件、教师信息、专业、学生信息、专业管理、课程管理等信息，建立学校教学工作常态监测机制，建立质量报告制度，推动基于产出导向教育理念的质量持续改进。